Inci Y.
Erzähl mir nix von Unterschicht

Inci Y.

ERZÄHL MIR NIX VON UNTERSCHICHT

Die Geschichte einer Türkin
in Deutschland

Piper
München Zürich

Von Inci Y. liegen im Piper Verlag vor:
Erstickt an euren Lügen
Erzähl mir nix von Unterschicht

Mix
Produktgruppe aus vorbildlich bewirtschafteten
Wäldern und anderen kontrollierten Herkünften
www.fsc.org Zert.-Nr. SGS-COC-1940
© 1996 Forest Stewardship Council

ISBN 978-3-492-05133-0
© Piper Verlag GmbH, München 2007
Satz: seitenweise, Tübingen
Druck und Bindung: GGP Media GmbH, Pößneck
Printed in Germany

www.piper.de

»Wir haben in Deutschland die Integration zu lange verschlafen. In vielen Zuwandererfamilien gibt es Talente und Begabungen, die wir dringend brauchen. Sie sind ein Schatz, den wir für Deutschland hüten und pflegen müssen. Integration heißt für mich: Wir leben in einem Land, wir sind aufeinander angewiesen, wir lernen voneinander – und wir stehen vor Herausforderungen, die wir nur gemeinsam lösen können.«

Bundespräsident Horst Köhler

Inhalt

Das Gefängnis der Tradition 9

Ausbrechen aus der Abhängigkeit 50

Ein Freund unter Deutschen 83

Im Schatten der Großfamilie 128

Existenzkampf 180

Zerplatzte Träume 222

Die Zukunft sind die Kinder 262

Epilog 267

Nachbemerkung 271

Inci Y. ist das Pseudonym einer in einer deutschen Kleinstadt lebenden Türkin. Sie erzählte ihre Lebensgeschichte dem Journalisten Jochen Faust und achtete darauf, dass der von ihm aufgezeichnete Text ihre Erzählung originalgetreu wiedergibt. Alle Namen im Buch sind geändert.

Dem Verlag liegen sämtliche Dokumente vor, die den Existenzkampf von Inci Y. belegen, stellvertretend drucken wir eine Kopie eines ihrer Briefe ans Ausländeramt ab (S. 112). Er zeigt nicht zuletzt die Versäumnisse deutscher Schulen, die Inci Y. trotz kaum vorhandener Deutschkenntnisse Jahr für Jahr versetzten. Im Zeugnis stand anstelle einer Note »nf« für »nicht feststellbar«.

Das Gefängnis der Tradition

Millenium

»Wo wollt ihr Silvester feiern – bei Eda oder hier bei Mutter und mir?«, Papa zeigte sich gut gelaunt angesichts der bevorstehenden Feier.

»Treffen wir uns doch alle hier zu Hause«, schlug ich vor.

»Das wäre zu schön, meine Familie geschlossen am Tisch sitzen zu sehen, mit allen Kindern und Enkeln – zum ersten Mal«, freute sich Papa.

»Songül wird erst nach Mitternacht auf der Hauptstraße zu uns stoßen, sie arbeitet noch im Schnellimbiss«, klärte ich ihn auf.

»Schon gut. Ich weiß, deine Schwester engagiert sich in ihrer Arbeit. Wahrscheinlich hat sie sich sogar freiwillig zum Dienst gemeldet.« Papa lachte.

Und so wurde der letzte Abend vor dem neuen Jahrtausend zum ersten, an dem unsere Familie fast vollzählig vereint zusammensaß: Papa, Mutter, meine Schwester Eda mit ihren beiden Kindern, mein Bruder Tufan und ich mit meiner Tochter Sila und meinem Sohn Umut.

Während des ganzen Nachmittags standen wir Frauen in der Küche, bereiteten die feinsten türkischen Spezialitäten für das Festmenü zu. Auch Songül half mit, bevor sie sich um fünf Uhr zur Arbeit abmeldete. Wir deckten im Wohnzimmer eine feierliche Tafel und trugen am Abend auf, was die Küche hergab.

»Wirklich, wir sind alle zusammen, und Songül werden wir ja nachher noch treffen«, Papa mochte es fast nicht glauben.

Selbst Mutter tat zufrieden.

»Fünf, vier, drei, zwei, eins, Prost Neujahr!« Wie Millionen andere Menschen hatten wir die letzten Sekunden des scheidenden Jahrhunderts mitgezählt, wünschten uns nun Glück und Gesundheit.

»Jetzt aber ab nach draußen, damit wir das Feuerwerk nicht verpassen«, rief ich und lief zur Tür.

»Lasst uns das neue Jahrtausend begrüßen«, forderte Papa uns auf.

Die zwei-, dreihundert Meter zur Hauptstraße unserer kleinen Stadt rannte ich fast vor lauter Angst, etwas zu versäumen. Ringsum krachten Böller, zischten Raketen, fackelten bengalische Feuer. Der Himmel schien zu brennen, die Stadt auch.

»Prost Neujahr, prost 2000, alles Gute, Gesundheit und Glück!« Tausende tanzten, Wildfremde lagen sich in den Armen, Sektkorken knallten, die Flaschen kreisten – irgendjemand sorgte immer für Nachschub. Von drei Bühnen entlang der Straße schallte Livemusik, ließen Bässe die Bauchdecke vibrieren. Das Zischen und Knallen wurde immer heftiger, als würde es nie mehr enden.

Noch einmal »Prost Neujahr, prost Neujahr!«, Songül hatte uns gefunden und begrüßte uns lachend.

»Für uns reicht es, Mutter und ich gehen jetzt nach Hause«, meinte Papa wenig später.

»Ich gehe mit den Kindern mit«, schloss sich Eda an. Gemeinsam mit Sila, Tufan und Songül feierte ich weiter. Irgendwann gingen die drei auch heim.

»Tanzt du mit mir?« Ich blieb nicht lange alleine. Vor einer Livemusikbühne nahm mich ein Italiener an der Hand, zog mich in die Menge der Tanzenden. Wir legten los. Er war jung, hübsch, er hatte überschäumendes Temperament und konnte phantastisch tanzen. Sein Name spielte keine Rolle. Wie lange hat mir so etwas gefehlt!, schoss es mir durch den Kopf.

Nach vier, fünf Tänzen nahm er mich bei der Hand: »Komm mit.«

Wir zogen gemeinsam durch die Straßen. Tobten miteinander durch die Kneipen. Überall Musik, ausgelassene Fröhlichkeit, lachende, singende, tanzende Menschen, Sekt und »Prost Neujahr«. Irgendwann gegen fünf Uhr morgens wollte er mich atemlos in eine dunkle Ecke ziehen.

»Nein«, ich entwand mich seinen Armen, tauchte in der Menge unter.

Immer noch feierten Hunderte ausgelassen, fröhlich und friedlich vor den Musikbühnen. Nicht einmal in meinem Leben hatte ich so etwas bisher erlebt. Es war ein unbeschreibliches Gefühl. Ich war angekommen.

Das ist Deutschland, das ist meine neue alte Heimat. Wie Silvesterraketen zischten Gedanken durch meinen Kopf: Davon hatte ich schon während all der tristen Ehejahre in Anatolien geträumt, und später in Izmir, nach meiner Scheidung, hatte ich sehnsüchtig jedem Flugzeug nachgeschaut, mir eingebildet: Das fliegt nach Deutschland, und ich sitze drin! Jetzt bin ich angekommen. Hier werde ich erneut und diesmal richtig zu Hause sein, denn hier bin ich geboren. Strahlend und hell sah ich die Zukunft vor mir. Die altehrwürdige Kirche tanzte, beschwipst, wie ich war, im Rot, Gelb, Grün, Orange der letzten versprengten Feuerwerkskörper.

Längst hatten die Glocken sieben geschlagen, als ich mich zu Hause, in der Wohnung meiner Eltern, trunken vor Glück auf die Matratze fallen ließ, die ich mit meinen Kindern teilte. Papa und Tufan schliefen noch. Ihre Betten standen im gleichen Zimmer.

Kalte Wut

Am Vormittag trafen mich böse Blicke. Ich hatte es gewagt, länger als Mutter liegen zu bleiben. Heute Morgen hatte sie die beiden Spiegeleier selbst braten müssen, die Papa jeden Morgen zum Frühstück erwartete. Eigentlich war das meine Aufgabe, und Mutter blieb im Bett liegen, schlief bis in den Mittag. Währenddessen hatte ich die Hausarbeit zu verrichten.

»Wo warst du, wo hast du dich herumgetrieben?«, Papas Stimme klirrte wie Glas – er hatte kein echtes Interesse an der Antwort, zu hören war nur der reine Vorwurf.

»Unterwegs«, antwortete ich knapp, stand auf, ging ins Zimmer und warf mich wieder auf die Matratze.

Dieser eine Tag Familienharmonie war wohl schon zu viel für sie, schoss es mir durch den Kopf. Und ich grübelte weiter: Was hat sich schon gegenüber damals geändert? Nachdem meine Eltern mich mit einem Jahr für zehn Jahre zur Oma in die Türkei geschickt und mit elf Jahren ebenso unvermittelt zurückgeholt hatten, um mich vier Jahre meiner Jugend bei ihnen leben zu lassen, ehe sie mich als fünfzehnjähriges Mädchen nach Anatolien in die Zwangsehe mit einem wildfremden Mann getrieben haben? Nichts!

Ich spürte eine kalte Wut in mir aufsteigen. Sie würden sich niemals ändern: Für sie war ich Tochter. So etwas wie ihr Eigentum. Ich hatte zu parieren. Solange meine Kinder und ich bei ihnen wohnten, würden sie wie eh und je jede meiner Bewegungen kontrollieren, ohne Pause darüber wachen, dass ich nach ihrer sogenannten Moral lebe.

Dass ich mittlerweile als erwachsene neunundzwanzigjährige Frau zurückgekommen bin, dass ich zwei Kinder zur Welt gebracht habe – Sila war elf und Umut sieben Jahre alt –, dass ich mich aus eigener Kraft nach neun qualvollen Ehejahren in der

Türkei hatte scheiden lassen, dass ich das mir zugesprochene Sorgerecht für Sila und Umut ganz alleine verteidigt habe – gegen ständige, teils lebensbedrohende Repressalien ihres Vaters und seiner Familie –, ist ihnen völlig entgangen oder absolut gleichgültig.

Noch heute, über sieben Jahre nach meiner Rückkehr nach Deutschland, steigt immer wieder Wut auf meine Eltern in mir auf. Wenn ich mit ihnen rede, sage ich selten »Mutter« oder »Vater« – und wenn, dann nur, weil es sich so gehört, nicht, weil ich sie als »meine Familie« empfinde. Oma ist meine ganze Familie. Immerhin ist Vater in Gedanken »mein Papa«, Mutter aber wird in meinem Herzen niemals »Mama« sein.

Papa

Papa ist ein stattlicher Mann, fast einen Meter neunzig groß, schlank – einer von denen, die essen können, was sie wollen, ohne auch nur ein Gramm zuzunehmen. Mittlerweile sind sein Schnurrbart und seine Haare weiß geworden. Ich sehe in ihm so etwas wie unseren familiären »Reparatur- und Servicetechniker«. Wieder und wieder ist er gefordert, setzt seine ganze Kraft dafür ein, die Spannungen in der Familie auszugleichen, Mutters Fehlentscheidungen auszubügeln, den Frieden zu erhalten oder wiederherzustellen. Gemäß seinem Weltbild, versteht sich. Und er ist der, der für alles bezahlt – in jeder Beziehung. Sein ganzes Leben besteht aus Arbeit – Arbeit für uns. Vor vierzig Jahren kam er nach Deutschland, begann als Maschinenführer bei einer Weltfirma, hat sich auf eine sehr gut bezahlte, leitende Position im Produktionsbereich hochgearbeitet. Im Frühjahr

2006 feierte er sein Betriebsjubiläum mit größter Anerkennung der Geschäftsleitung.

Ich bin mir sicher, dass Mutter nur deshalb nach allen ihren wilden Eskapaden immer wieder zu ihm zurückkehrt, weil er der Einzige ist, der ihrem zügellosen Leben den verlässlichen finanziellen Hintergrund gibt.

Seine Kinder liebt er abgöttisch. Und ich bin seine Lieblingstochter – jahrelang hat er mich finanziell unterstützt. Schon während meiner Zwangsehe mit Hikmet in Anatolien, dann Monat für Monat, als ich mich nach der Scheidung in Izmir alleine mit Sila und Umut durchschlagen musste.

Ich werde meinen Vater stets achten und lieben. Aber ich werfe ihm vor, dass er zu schwach ist. Dass er Mutter kein Paroli bietet. Dass er sich ihrer Meinung kritiklos beugt. Dass er tatenlos zusah, als Mutter mich als Kind täglich grün und blau geschlagen hat. Dass er nicht für meinen Schulabschluss und den meiner Geschwister gesorgt und vor allem, dass er unsere Zwangsverheiratung nicht verhindert hat.

Wenn sich jemandem in unserer Familie die Möglichkeit geboten hat, über den Tellerrand hinauszuschauen, dann war er es. Seit Jahrzehnten arbeitet er Seite an Seite mit deutschen Kollegen, hatte Zeit genug, um sich mit deren Lebensweise auseinanderzusetzen. Längst hätte er lernen können, die Welt mit anderen Augen zu sehen. Es tut mir weh, dass er stattdessen wie eingemauert in seinem konservativen, kleinbürgerlich türkischen Mief verharrt.

Aus seiner Sicht hatte Papa unsere Rückkehr perfekt organisiert: Er hatte für mich die Ehe mit dem zum Islam konvertierten Mustafa, einem Freund meines Bruders Tufan, in die Wege geleitet. Mustafas deutschen Nachnamen trage ich heute noch. Papa hatte wirklich darauf gebaut, dass wir miteinander glücklich würden. Er fiel aus allen Wolken, als unsere Verbindung unmittelbar nach unserer Ankunft in Deutschland an der Homosexualität meines neuen »Ehemanns« scheiterte. Wie selbstverständlich hatte Papa erwartet, dass ich nach der Trennung von Mustafa mit meinen Kindern unauffällig bei ihnen zu Hause leben und mich im Haushalt nützlich machen würde. Bis er den nächsten »brauchbaren« Mann für mich finden und diesem die »Verfügungsgewalt« über mich weiterreichen würde wie den Stab beim Staffellauf. Er konnte gar nicht anders denken, denn in seinen Augen war es mir als Frau unmöglich, auf eigenen Füßen zu stehen. Alle sahen es damals so. Aber ich wollte mich nicht damit abfinden.

Mutter

»Habt ihr schon gefrühstückt? Koch mir Tee!«

Es läuft jeden Morgen gleich ab, wenn Mutter aufsteht. »Bitte« sagt sie prinzipiell nicht. Deshalb haben wir es auch nicht gelernt. Noch heute kommt dieses kleine Wort nur selten über meine Lippen.

In einer konservativen türkischen Familie ist die Mutter der Kopf. Es gibt Ausnahmen. Ich weiß davon, kenne aber nur wenige. Die Mutter bestimmt die Zukunft. Sie führt die Kinder ins Leben, sie ist verantwortlich für deren Erfolg oder Misserfolg.

Die Mutter unserer Familie gibt sich nach außen freundlich und hilfsbereit. Wenn jemand in Not ist, teilt sie den letzten Cent mit ihm. Anderen Menschen hilft Mutter sehr gern. Für alle ist sie jederzeit und immer da. »Das verlangt unsere Familienehre«, antwortet sie, wenn man sie darauf anspricht.

Dieser sogenannten Familienehre ordnet sie sich selbst sklavisch unter, wir alle haben ihrem Beispiel zu folgen. Auch wenn das nur mit Lug und Trug möglich ist. Ihr ganzes Leben geriet zu einem Gespinst aus Betrug, Lüge und Intrige, mit dem sie ihr ausschweifendes Leben, ihre sexuellen Eskapaden, ihre eigenen und auch unsere Schwächen nach außen, vor uns und auch vor sich selbst zu vertuschen sucht. So sehr ist sie in diesem Teufelskreis aus Lüge, Dichtung und Wahrheit gefangen, dass sie nicht einmal mehr unterscheiden kann, ob ihr eine Lüge nützt oder schadet. Etwa wenn sie auf die Frage, warum sie Analphabetin geblieben ist, lapidar antwortet: »Ich bin ganz alleine schuld. Euer Opa hat mich ja in die Schule geschickt. Ich sollte eine gute Ausbildung bekommen. Aber ich habe geschwänzt.«

In Wirklichkeit, gestand sie mir einmal in einer unserer wenigen stillen Stunden, hatte ihr Vater Bildung bei Mädchen für völlig überflüssig gehalten, sie habe keine Schule jemals von innen gesehen.

»Aber warum nimmst du dann die Schuld auf dich?«, fragte ich völlig überrascht.

»Soll ich den Leuten die Wahrheit erzählen und damit die Familie blamieren?«, antwortete sie.

So sehr sich Mutter um andere Leute kümmert, so wenig konnte sie uns geben. Uns hat sie vielmehr in ein Desaster geführt. Wäre die Familie eine Firma – mit ihr als Chefin wären wir schon nach kurzer Zeit pleite gewesen.

Heute ist mir klar, dass Mutter keine Chance hatte. Die Tatsache, dass sie nicht lesen und schreiben gelernt hat, dass sie keinerlei Bildung in der Schule und durch ihre Familie erfahren hat, führte sie zwangsläufig in die Isolation. Spurlos ging die Entwicklung der Gesellschaft ihr Leben lang an ihr vorüber.

Die Basis, sich zu bilden, wurde bei ihr nicht gelegt, ihr Interesse nie geweckt. Seit fünfunddreißig, vierzig Jahren sitzt sie tagtäglich mit den gleichen türkischen Frauen zusammen. Die meisten von ihnen sind ihrerseits Analphabetinnen. Sie tratschen über Gott und die Welt. Gleich einer Liturgie wiederholen sich ihre Themen wieder und wieder: Geld, Männer, die »Tugendhaftigkeit« ihrer Töchter, der Stolz auf ihre Söhne und vor allem: die vermeintlichen »Sünden« der anderen – wirkliche oder ihrer Phantasie entsprungene sexuelle »Fehltritte« türkischer Frauen. Keine ist vor dem Schmutz sicher, der ihrer Einbahnstraßenphantasie entspringt. Dahinter verbergen sie ihre eigenen, trotz aller Eskapaden unerfüllten Träume.

Männer bleiben außen vor. Männer dürfen alles. Auch mit deutschen Mädchen »trainieren« – mehr aber nicht. »Türke sucht Türkin«, lautet das ungeschriebene Gesetz. Also wird eine Jungfrau aus den eigenen Reihen geheiratet – ausgesucht von beiden Familien. Oft sehen sich die Brautleute am Hochzeitstag zum ersten Mal. Noch völlig »intakt«, wird die Braut dem Bräutigam zur »Inbetriebnahme« auf dem silbernen Tablett der nahezu öffentlich vollzogenen Hochzeitsnacht serviert. Wehe, sie erweist sich bei dieser Prüfung als »benutzt«, dann darf er sie »schadenersatzfrei« zurückgeben. Das heißt, die Familie der Braut hat für alle durch die Hochzeit entstandenen Kosten aufzukommen.

Besteht die Braut die Prüfung, haben die beiden zuallererst für Nachwuchs zu sorgen – möglichst noch bei der Entjungferung. Danach herrscht strikte Aufgabenteilung: Er hat künftig seinen Beruf auszuüben und für das Familieneinkommen zu sorgen, sie führt den Haushalt, erzieht die Kinder und verlässt die Wohnung nur in Begleitung.

Das System funktioniert, solange wir Frauen uns dem Mann – und meist auch seiner Familie – willenlos unterordnen. Wehe aber, eine Frau begehrt auf, lässt sich scheiden oder ihr Mann stirbt und sie ist plötzlich gezwungen, auf eigenen Füßen zu stehen. Das hat sie nicht gelernt, damit kann sie nicht umgehen.

Sie wurde auf ihre Aufgaben in der Ehe vorbereitet, nicht auf den Fall, dass diese scheitert.

Getreu diesem Weltbild hat Mutter uns – meine Schwestern Eda, Songül und mich, aber auch unseren Bruder Tufan – erzogen. Letztlich gab sie nur das weiter, was ihr von meiner Oma eingetrichtert worden war. Die wiederum hatte die gleiche Gehirnwäsche durch Uroma erlitten. Die Kette reicht zurück bis in die Anfänge unserer Kultur. Generation für Generation gingen die Frauen so verloren. Auch die meiner Generation sind verloren. Natürlich gibt es die Ausnahme, die »moderne türkische Frau«. Sie wohnt in den westlichen Metropolen der Türkei, in den Städten der Touristengebiete an den Küsten, oder sie ist durch eine gesellschaftliche Spitzenstellung aufgeklärter Eltern bevorzugt und erhält die entsprechende Erziehung und Bildung.

Nur selten gelingt es aber der einen oder anderen von uns, die nicht das Glück einer derart privilegierten Erziehung genießen konnte, allein auf sich gestellt und aus eigener Kraft diesen Teufelskreis zu durchbrechen.

Eda

Die Opfer dieser unseligen Tradition sind wieder und wieder die Kinder. Wie Eda. In ihrer Kindheit war sie völlig auf Mutter fixiert, klammerte sich an sie, konnte sich ein Leben ohne sie gar nicht vorstellen.

Sie ist auch heute noch eine hübsche Frau, gertenschlank und groß gewachsen. Nicht nur türkische Männer drehen sich nach ihr um. Selbst wenn sie gelegentlich Blümchenrock und Kopftuch trägt, verbirgt das ihre Ausstrahlung nicht. Und sie hat jenen Blick in ihren großen dunklen Augen, der manchen Mann über Grundsätze und Standhaftigkeit nachdenken lässt.

Mit dreizehn verlor sie in einem türkischen Fünf-Sterne-Hotel ihre Unschuld – Mutter hatte uns während meiner »Deportation« von Deutschland in die Türkei wegen ein paar Nächten mit einem gelegentlichen Liebhaber alleine gelassen. Danach war Edas »Wert« auf dem »offenen Heiratsmarkt« gleich null. Eine »seriöse« Ehe nach Mutters Vorstellungen ließ sich keinesfalls mehr arrangieren.

Mit fünfzehn hatte Eda zwei geplatzte Verlobungen in der Türkei hinter sich gebracht, beide inszeniert von Mutter – eine mit Cemil, einem polizeibekannten Mafiakiller und weitläufigen Verwandten. Der überzeugte sich von ihrer Unberührtheit auf seine Art: Er machte sie betrunken, ließ sich die Geschichte jener Nacht in dem Fünf-Sterne-Hotel brühwarm von ihr erzählen, vergewaltigte sie danach brutal und warf sie uns schließlich wie ein benutztes Handtuch vor die Füße.

Eda war gerade sechzehn, als Mutter sie endlich unter der Haube hatte – in Izmir, mit einem psychisch kranken Alkoholiker. Vor dessen Gewalttätigkeit floh meine Schwester schon nach kurzer Zeit. Nach der Trennung stand Eda alleine da – verzweifelt, hoffnungslos und ziellos. Unsere Eltern lebten ja in Deutschland. Mutter hatte wieder einmal einen Scherbenhaufen hinterlassen, und Papa blieb nichts anderes übrig als aufzuräumen. Er kam in die Türkei, regelte die Scheidung und beendete die Nachstellungen von Edas Exmann. Sie konnte daraufhin nach Izmir zurückkehren, wohnte mal in meiner Wohnung, mal bei unserem Onkel Halil, mal bei Oma.

Indes war Papa nicht mit »leeren Händen« angereist. Im Handgepäck hielt er einen neuen Bräutigam für sie parat: Bekir, seinen Neffen, den Sohn von Mutters Schwester. Der lebte und arbeitete in Deutschland und hatte schon lange ein Auge auf seine Cousine geworfen. Er wollte sie haben, sie ihn aber nicht. Es blieb ihr keine Wahl, Papa hatte alles arrangiert.

Und Mutter musste ein anderes Problem aus der Welt schaffen: Eda war nach ihrer gescheiterten Ehe schwanger. Gemeinsam mit Tante Hatice reiste sie aus Deutschland nach Izmir und ließ das Kind abtreiben. So machte sie Eda bereit für ihr neues Leben mit dem Cousin. Auch der wurde schließlich eingeflogen und ging mit seiner »Eroberung« in Izmir zum Standesamt.

Ich wollte, dass Eda ihn in Weiß heiratet. Keiner war meiner Meinung. Heute fragen Sibel, ihre Tochter, und Burak, der Sohn, nach den Hochzeitsbildern, die in jeder türkischen Wohnung die Wände und Fotoalben zieren.

Kurz nach der Hochzeit flog Bekir alleine heim nach Deutschland. Vier Wochen später stand es fest, die beiden waren ihrer Pflicht pünktlich nachgekommen: Eda war erneut schwanger. Bekir profitierte nur wenig von der Erfüllung seines »patriotischen Solls«. Unmittelbar nach seiner Heimkehr verstieß ihn seine Familie. Der Grund: Er hatte über deren Kopf hinweg eine geschiedene Frau geheiratet.

Eda brachte Sibel noch in Izmir zur Welt. Die beiden folgten Bekir kurze Zeit später nach Deutschland. Papa hatte für ihn einen Job in seinem Betrieb besorgt, zunächst als Maschinenführer. Mittlerweile ist er zum Schichtführer aufgestiegen. Noch heute schätzen ihn seine Kollegen als zuverlässig, pünktlich und fleißig.

Nach einem Jahr kam Burak auf die Welt. Eda wohnte damals schon mit ihrer Familie in den eigenen vier Wänden. Sie galten bei den Türken in unserer Stadt als vorbildlich. Bekir genoss Ansehen am Arbeitsplatz, Sibel und Burak strotzten vor Gesundheit. Kurz gesagt: Meine Schwester entsprach dem Klischee einer glücklich verheirateten türkischen Frau. Jedenfalls damals war es so.

Songül

Im weitverzweigten Netz unserer Verwandtschaft trifft es immer wieder den einen oder anderen: Das »Pummelchen« unserer Familie ist Songül, meine jüngste Schwester. Anfangs trug Mutter das Ihre zu Songüls Körperfülle bei: Pausenlos schleppte sie die Kleine auf dem Arm mit sich, stopfte ihr ständig etwas in den Mund – vor allem Süßigkeiten. Wollte Songül nicht essen, schlug sie ihr ins Gesicht.

Später stellte sich heraus, dass Songül wegen einer Lernschwäche Schwierigkeiten auf der Grundschule hatte. Deshalb wechselte sie an eine Sonderschule. Den Hauptschulabschluss hat sie auch dort nicht geschafft, was weder in der Schule noch in unserer Familie jemanden gestört hat. Aber sie selbst störte es. Entschlossen ergriff sie die erste Chance, die ihr das Berufsleben bot: Mit bewundernswerter Energie erarbeitete sie sich in dem Schnellimbiss auf der Hauptstraße unserer kleinen Stadt Anerkennung und Bestätigung. Zu ihrem Glück erkannte ihr Chef ihre Stärken und Schwächen gleich zu Anfang und arbeitete sie mit großer Mühe und unendlicher Geduld ein. Nicht ohne Grund war sie es, die in der Silvesternacht den ungeliebten Dienst übernahm, den Imbiss bis Mitternacht offenzuhalten.

Jetzt ist sie einsfünfundsiebzig groß, und sie hat – wie wir sagen – »schwere Knochen«. Mutter gab ihr das hübsche Gesicht und die weiße Haut mit, nicht aber ihre blonden Haare. Trotz aller Anstrengungen gelang es ihr nicht, die jüngste Tochter in Deutschland zu ihrer Zufriedenheit zu »vermarkten«.

Ende 2000 flogen Songül und Mutter im Urlaub in die Türkei. Dort verliebte sich meine Schwester in Ismael. Dem war nach einer Kinderlähmung ein verkrüppelter Arm geblieben, weshalb er nur schwer »an die Frau zu bringen« war. Auch in unserer Familie lehnte ihn deshalb jeder ab. Noch heute geht unter uns die Mär um, der Arm werde eines Tages abfallen.

»Den will ich, ich bin alt genug«, beharrte Songül. Sie war damals neunzehn, und sie weigerte sich standhaft, mit Mutter heimzukommen: »Ich bleibe hier, bis wir geheiratet haben.«

»Dann fliege ich alleine«, drohte Mutter.

»Dann flieg doch. Ich bleibe. Und wenn es sein muss, heiraten wir halt ohne euch.«

So kam Mutter ohne Songül zurück. Noch von Deutschland aus versuchte sie immer wieder, ihre Tochter umzustimmen. Schließlich gab sie nach und flog mit Papa zur Hochzeit in die Türkei. Anschließend trafen Mutter und Songül zunächst wieder alleine in Deutschland ein. Damit Ismael nachkommen konnte, besorgte Papa ihm einen Job als Kommissionierer in einer Fabrik.

Mit der ihr eigenen Zielstrebigkeit fand Songül rasch eine Wohnung für sich und ihren Mann. In weiser Voraussicht wählte sie diese gleich groß genug aus. Mit Recht, auch die beiden lagen voll im Soll: ihre Tochter Yasemin ist heute sechs Jahre, ihr Sohn Hakan vierzehn Monate alt. Und Songül hat sich zu einer vorbildlichen Hausfrau und Mutter gemausert, was ihr keiner von uns – ich am allerwenigsten – vorher zugetraut hatte. Ismael und sie führen eine der wenigen guten türkischen Ehen, die ich kenne.

Tufan

Als meine Eltern mich mit elf Jahren aus der Türkei zurück nach Deutschland holten, wusste ich noch nicht, dass ich mittlerweile einen kleinen Bruder bekommen hatte. Meine Eltern hatten mich ja als Baby nach einem Jahr zur Oma in Ankara abgeschoben. Dort habe ich meine Kindheit verlebt. Kontakt zu meiner Familie gab es während dieser Zeit kaum. In den Ferien habe ich sie einmal besucht, und gelegentlich bekam ich sie in ihrem Urlaub zu Gesicht. Ich wurde offensichtlich noch nicht als Teil der Familie empfunden. Also hatte es keiner für nötig gehalten, mich von der erneuten Schwangerschaft meiner Mutter zu unterrichten.

Das Erste, was ich von meinem Bruder wahrnahm, war sein Weinen, als ich – direkt vom Flugplatz kommend – die Wohnung meiner Eltern betrat.

»Wer ist das Baby?«

»Das ist dein Bruder Tufan«, klärte Papa mich auf.

Ich nahm ihn aus dem Bettchen, auf die Arme und wollte ihn überhaupt nicht mehr hergeben. Immer wenn ich aus der Schule kam, trug ich ihn umher, sorgte mich um seine angeschlagene Gesundheit, gab ihm pünktlich seine Medikamente. Er wurde mein Liebling. Für ihn würde ich heute noch alles tun.

Tufan entwickelte sich prächtig, ist heute einsfünfundachtzig groß und – wie ich finde – ein gut aussehender junger Türke.

Er ist Papas einziger Sohn – entsprechend haben ihn die Eltern verwöhnt und verwöhnen ihn heute noch. Er darf sich alles erlauben. Schon mit elf, zwölf Jahren schauten Papa und Mutter ihm vom Wohnzimmerfenster aus beim Rauchen auf dem Balkon zu. Es setzte keine Hiebe, wie wir Mädchen sie hätten einstecken müssen. Im Gegenteil, sie lachten: »Donnerwetter, unser Sohn wird langsam erwachsen.«

Als Stammhalter hatte und hat er einen Freibrief, alle seine pubertären Sünden sahen ihm die Eltern nach, selbst als er Alkohol und ein paar Mal Haschisch ausprobierte. Er kennt keine Pflichten, musste bisher noch keinerlei Verantwortung übernehmen. Trotz allem hat er sich prächtig entwickelt, zeigt die Ruhe seines Vaters und nicht eine Spur von Aggressivität. Als Folge einer Kinderkrankheit leidet er allerdings unter einer Sprachbehinderung: Er kann nur langsam sprechen.

Und er hat Papas Gang – wie ich auch. Wer uns zusammen sieht, erkennt gleich, dass wir Geschwister sind: die gleichen Bewegungen, der gleiche Tonfall.

Sila und Umut

Kurz nach Silvester saß ich mit den Kindern an einem Vormittag allein in der Küche. Papa war längst zur Arbeit gefahren, Mutter irgendwo in der Nachbarschaft zum Tratschen unterwegs.

Sila schaute mich mit ihren großen dunklen Augen traurig an: »Mama, wir wollen nach Hause.« Ich sah, wie sie die Tränen unterdrückte. Umut presste sich an sie und nickte heftig.

Auch sein Blick hielt mich traurig fest. Ich wusste, was sie mit »nach Hause« meinten: Izmir. Und dann brach es aus Sila heraus: »Wir drücken uns hier nur in der Wohnung herum, sehen niemanden außer Familie – höchstens mal Besucher, mit denen wir nichts anfangen können. Auf der Straße spielen dürfen wir auch nicht.« Sie klang verzweifelt.

»Wir haben uns Deutschland anders vorgestellt«, Umuts Stimme zitterte.

Ja, wir hatten uns das Leben im »gelobten Land« allerdings einfacher vorgestellt, hatten geglaubt, den täglichen Kampf ums Überleben in der Türkei zurückgelassen zu haben.

»Ich will hier weg. Ich habe Sehnsucht nach meinen Freundinnen. Hier kenne ich niemanden.« Sila zuckte mit den Schultern, presste die Hände ineinander.

Umut hörte nur zu. Verzweiflung stand in seinen Augen, die zwischen seiner Schwester und mir hin- und herwanderten.

Ich verstand sie nur zu gut: In Izmir spielten sie mit ihren Freunden, wo und wann immer sie wollten, in der Wohnung oder auf der Straße. Bei ihren Klassenkameradinnen war Sila beliebt. Jeden Tag holten sie sie ab, gingen lachend und singend miteinander in die Schule. Nachmittags saßen sie gemeinsam an den Hausaufgaben und tobten danach fröhlich herum. Auch Umut hatte in der Vorschule schon Freunde gefunden.

»Jeden Morgen werde ich wach und fühle mich einsam. Auch meine Freunde schreiben, dass sie traurig sind, weil ich ihnen fehle. Und unsere schöne Wohnung vermisse ich auch.« Mittlerweile kämpfte Sila mit den Tränen. »Und wir hatten unsere eigenen Zimmer. Hier bei Oma fühlen wir uns immer noch wie Fremde, sie gibt uns ständig das Gefühl, sie zu bestehlen, wenn wir uns was aus dem Kühlschrank nehmen. Es ist nicht mehr ganz so schlimm wie in den ersten Wochen, aber du siehst doch ihre bösen Blicke selbst, merkst, wie sie Eda, Burak und Sibel bevorzugt. Opa ist nett. Ich glaube schon, dass er uns gern hat. Doch auch bei ihm haben wir das Gefühl, dass es ihm lieber wäre, wir wohnten in unserer eigenen statt in seiner Wohnung. Mama, bitte, bitte, wir wollen nach Hause.«

Ich brauchte einige Zeit, ehe ich Worte fand: »Kinder, auch ich möchte wieder heim. Ich zermartere mir den Kopf, wie wir das anstellen könnten. Es wird wahrscheinlich einfach nicht gehen. In Izmir haben wir nichts mehr. Ihr wisst doch, dass ich alles, was dort in unserer Wohnung stand, verkauft habe. Das Geld haben wir längst ausgegeben. Wir hätten nicht einmal einen Platz, an dem wir während der ersten vier Wochen leben könnten, geschweige denn Arbeit und Geld.«

Sie hörten mir aufmerksam zu und Sila nickte: »Ja, Mama, das verstehen wir. Aber hier bei Oma halten wir es nicht mehr lange aus.«

»Ich verspreche euch: Wir werden aus Omas Wohnung bald

fortgehen. Ob wir zurück nach Izmir können oder in Deutschland in eine eigene Wohnung ziehen, weiß ich selbst noch nicht. Ihr könnt euch drauf verlassen, dass ich eines von beiden wahr machen werde. Das hier müsst ihr nicht mehr lange aushalten.«

Wir nahmen uns in die Arme und fühlten uns, als ob wir die Welt aus den Angeln heben könnten. Meine Kinder waren toll. Sie folgten mir durchs Leben voller Vertrauen darauf, dass ich immer versuchen würde, das Beste für sie zu erreichen. Dieses Vertrauen wollte ich ihnen und mir mit aller Kraft erhalten. Ich schuldete ihnen ihre Zukunft, und das machte mich unendlich stark.

Ich erinnerte mich an den Anwalt, der einige türkische Bekannte bei behördlichen Angelegenheiten unterstützte. Mit ihm konnte ich reden. Ich schilderte ihm meine Situation so gut ich konnte.

»Die Entscheidung, ob Sie zurückgehen oder nicht, kann ich Ihnen nicht abnehmen«, meinte er schließlich. »Aber ich kann Ihnen erklären, wie Sie es am besten bewerkstelligen, falls Sie sich dafür entschieden haben.«

»Meine Eltern haben unsere Pässe. Die werden sie nicht herausgeben, weil sie ahnen, warum ich sie haben will.«

»Darum müssen Sie sich keine Gedanken machen. Sie werden sie Ihnen geben, dafür kann ich sorgen.«

»Und ich habe kein Geld für die Tickets.«

»Auch das ist kein Problem. Das Sozialamt wird sie bezahlen, wenn Sie sich verpflichten, nicht mehr zurückzukehren.«

Ich habe die Wahl, frohlockte ich innerlich, wenn ich hierbleibe, dann ist es meine freie Entscheidung. Ich kann mich später nicht mehr auf die Ausrede zurückziehen: Dir hat ja das Geld für den Flug gefehlt. Mir fiel ein Stein vom Herzen.

Ich musste eigenes Geld verdienen, das wurde mir immer deutlicher. Ich wollte Papa nicht mehr um jede Zigarette, um jede Cola für die Kinder bitten müssen. Außerdem wollte ich mir etwas zur Seite legen, falls wir tatsächlich zurückfliegen würden.

Dass das nicht einfach sein würde, wusste ich längst und nahm in der Großküche eines Restaurants eine Aushilfsstelle an. Voller Erwartung trat ich eines Abends den Dienst an – nach vier Stunden hatte mich die Chefin wieder fortgeschickt.

»Du hast wirklich keine Ahnung von der Arbeit hier. Wir brauchen eine Hilfe und nicht jemanden, der nur im Weg rumsteht. Komm morgen wieder und hol dein Geld ab.«

Vom eisigen Nordwind des deutschen Winters durchgefroren bis auf die Knochen, sank ich auf dem Heimweg in der großen Kirche auf eine leere Bank und betete tränenüberströmt: »*Allah'im yardim et* – Gott hilf mir.«

Völlig am Boden zerstört, kam ich mitten in der Nacht nach Hause. Papa bereitete mir den gleichen eisigen Empfang wie am Neujahrsmorgen: »Wo hast du dich rumgetrieben?«

»Lass mich in Ruhe«, fauchte ich, stürzte an ihm vorbei ins Zimmer und ließ mich neben Sila und Umut auf die Matratze fallen. Die beiden schliefen fest.

Schweigend folgte mir Papa am nächsten Morgen mit den Augen, als ich ihm seine beiden Spiegeleier briet. Als sie fertig waren, servierte ich sie, goss Tee für uns ein und setzte mich zu ihm an den Tisch. Wir waren alleine in der Küche, die anderen schliefen noch.

»Sagst du mir jetzt, was du gestern getrieben hast, wo du so lange warst?« Seine Stimme klang wärmer als heute Nacht.

»Ich war arbeiten und bin rausgeflogen«

»Wo war das? Was ist passiert? Komm, erzähl.«

»Es war unten in dem Restaurant, das immer die Touristen-busse abfertigt. Ich sollte in der Küche helfen. Zehn Mark pro Stunde. Mein Gott, ich wusste überhaupt nicht, wie mir ge-schah. Drei Köche, sieben, acht Gehilfen, alle sprachen Deutsch. Ich verstand kein Wort. Keiner hat mir gezeigt, was ich tun soll-te. Ich stand eigentlich nur hilflos rum. Nach vier Stunden hat mich die Chefin nach Hause geschickt.«

»Mach dich nicht verrückt. So einen Job findest du immer wieder«, beruhigte er mich. Und dann kam, was ich befürchtet hatte: »Wozu willst du überhaupt arbeiten? Das hast du doch gar nicht nötig. Bleib hier mit deinen Kindern. Hier bist du doch zu Hause. Du kannst mit Mutter den Haushalt führen.«

Du meinst, dass ich für sie putzen und kochen darf, damit sie bis Mittag im Bett liegen bleiben kann?, noch heute würde ich mich nicht getrauen, diese Frage laut zu stellen. Ich habe Res-pekt vor meinem Vater und habe ihn lieb, aber trotzdem machte er mich langsam richtig wütend.

»Und noch was«, mahnte er, »Du musst auf den guten Ruf der Familie achten. Deine Schwester ist verheiratet. Was immer du in der Öffentlichkeit tust, fällt auch auf sie zurück. Man könnte euch verwechseln.«

»Du meinst, ich habe mich gut zu benehmen, wie ihr das nennt, damit Edas Ruf gewahrt bleibt?« Ich rebellierte innerlich. Das ist doch unfassbar. Was habe ich mit Edas Verhalten, was hat ihres mit meinem zu tun? Ich wusste, was er unter »schlecht benehmen« verstand.

»Das fordert die Familienehre. Sie ist deine Schwester. Wenn du dich schlecht benimmst, ziehst du sie und uns alle mit dir in den Schmutz.«

Natürlich hat er aus seiner Sicht recht. So und nicht anders schreibt es unsere Tradition vor. Es ist hoffnungslos, er wird sich niemals ändern, dachte ich deprimiert.

Für einen Moment hatte ich geglaubt, gehofft, wenigstens mit Papa über meine Gedanken, meine Gefühle reden zu können, hatte vergessen, dass er selbst ein Teil dieser verstaubten Welt ist, in die ich wieder zurückgekehrt war und an deren Regeln ich mich so lange zu halten hatte, wie ich von ihr abhängig war. Aber wie sollte ich mein Leben unabhängig und alleine meistern, wenn ich mich weiterhin anpasste?

Am Vormittag ging ich zu dem Restaurant. Die Chefin hatte gesagt, ich solle mein Geld abholen, und ich verzichte niemals auf etwas, was mir zusteht.

»Bitte Sie, Entschuldigung«, stotterte ich los.

»Weißt du, wenn in der Küche richtig Betrieb ist, gibt es nur kurze, klare Anweisungen. Für Höflichkeit ist dann keine Zeit. Hier ist dein Geld.«

Sie gab mir vierzig Mark. Auch wenn ich gescheitert bin, sind es die ersten »Deutschmark«, die ich mir im Land verdient habe, dachte ich mit ein wenig Stolz. Als ich mich bedanken und verabschieden wollte, hielt mich die Chefin zurück: »Halt, warte. Komm um siebzehn Uhr wieder und zieh dich gut an.«

»In Ordnung«, ich war so überrascht, dass ich nicht einmal fragte, um was es eigentlich ging.

Zum Glück war niemand in der Wohnung, als ich in meine besten Kleider schlüpfte, so entging ich lästigen Fragen. Die Chefin erwartete mich schon, als ich pünktlich um siebzehn Uhr im Restaurant eintraf. Ich setzte mich zu ihr in ihren großen Mercedes Geländewagen, und wir fuhren quer durch die Stadt. Während der Fahrt redete sie auf mich ein: »Wir haben noch ein Geschäft, es ist das ›Doppelherz‹, ein Tanzcafé. Dort hätte ich Arbeit für dich. Du siehst gut aus und bist eine gepflegte Erscheinung. Keine Angst, wir führen ein durch und durch seriöses Haus. Auf unseren guten Ruf legen wir größten

Wert und tun alles, um ihn zu erhalten. Dunkle Anzüge und Abendkleider sind Standard. Viele Paare gehören zu unseren Stammgästen – verheiratete und verliebte. Sie wollen sich amüsieren, tanzen. Natürlich kommen auch Alleinstehende, lernen bei uns einen neuen Partner kennen – für einen Flirt die einen, fürs Leben die anderen. Wie sie das handhaben, liegt ganz bei ihnen. Wir stellen den romantischen Rahmen – mehr nicht. Wenn wir feststellen, dass bei der einen oder anderen Frau kommerzielle Interessen im Spiel sind, wissen wir schon, wie wir das abstellen. Und unseren Mädchen ist jeder Kontakt mit Gästen während der Arbeitszeit untersagt.«

So oder so ähnlich muss sie erklärt haben, was mich erwartete. Heute ist mir das klar. Damals hatte ich von dem, was sie sagte, nur wenige Worte verstanden, mit denen ich kaum etwas anfangen konnte. Anmerken ließ ich mir aber nichts. Was im »Doppelherz« lief, bekam ich erst nach und nach mit.

Allmählich wurde mir dieses Spiel mit der Sprache zur Gewohnheit: Ich konnte aufmerksam zuhören, zustimmend nicken oder den Kopf schütteln, und alle glaubten, ich hätte alles mitbekommen. Wie beim Roulette landete ich immer wieder einen Treffer. Wenn nicht, zog ich mich irgendwie aus der Affäre.

»Welche Arbeitszeit?«

»Freitags und samstags ab achtzehn Uhr bis etwa fünf Uhr morgens.«

Mittlerweile waren wir vor dem »Doppelherz« angekommen. Es sah von außen toll aus: Lichterketten um die Fenster, blinkende Leuchtreklame, aber alles seriös, kein bisschen marktschreierisch. Mit einer Handbewegung, als serviere sie mir das Café auf dem silbernen Tablett, versicherte die Chefin: »In der Küche bist du eine Katastrophe. Aber hier kannst du mit deinem Aussehen Geld verdienen. Hast du eine Arbeitserlaubnis?«

»Nein, noch nicht.« Ich hatte so viel Angst, dass sie mich jetzt wegschicken würde, dass ich mich nicht einmal nach meinem Verdienst zu fragen traute. Wie viel es sein würde, erfuhr ich später von meinen Kolleginnen: hundert Mark pro Nacht.

»Egal, ich kann dich sowieso nicht anmelden. Du kannst gleich anfangen.«

Richtig, es war ja Freitag.

Wir traten ein, und ich war überwältigt. Vier Theken gab es in dem riesigen Raum. Auf einer niedrigen Bühne spielte die Band. Davor eine runde Tanzfläche, umgeben von den Tischen. Auf jedem sichtbar eine Nummer, ein Telefon und eine diskrete Lampe. Die Beleuchtung mit tollen Effekten auf der Tanzfläche und dezentem Licht im Saal – sie musste ein Vermögen gekostet haben. Der ganze Raum strahlte eine warme, romantische Atmosphäre aus.

Ein Dutzend Mädchen arbeitete hinter den Tresen und im Service – bildhübsche Frauen, angezogen wie Topmodels. Später erfuhr ich, dass nur drei von ihnen fest angestellt waren, unter ihnen die einzige Deutsche. Die anderen arbeiteten schwarz – wie ich auch. Im Fall einer Kontrolle sollte ich sagen: »Nur auf Probe hier. Heute erster Tag.«

Der Laden könnte auch in Izmir sein, schoss es mir durch den Kopf. Vor Staunen war ich stehen geblieben.

»Komm mit, ich will dich den Mädels vorstellen.« Noch war es leer, Gäste kamen ja erst ab achtzehn Uhr.

Die Chefin warf mich ins kalte Wasser: »Du übernimmst am Tresen drei den Ausschank. Die Namen der Getränke und das Mixen der Cocktails dürftest du in den Griff kriegen, die Zutaten stehen auf den Getränkekarten.«

»Kein Problem.« Ich spielte mein Sprachroulette.

Wenigstens stehst du hinterm Tresen, und kein Gast kann dich anfassen, sagte ich mir, meine flatternden Nerven beruhigend. Vielleicht würde ich mit ihnen reden müssen, was meinem Deutsch guttun würde.

Kaum war die Chefin gegangen, hänselten mich die Kolleginnen: »Was willst du denn hier?« Sie merkten, dass ich von den Getränken keine Ahnung hatte, und machten den Kasper des ganzen Geschäfts aus mir. Eigentlich hatte mir die Chefin versprochen, dass ich einen Monat lang eingearbeitet werden würde, aber ich konnte nur einen Abend lang zuschauen, was die anderen machten. Gezeigt oder erklärt hat mir keine etwas.

»Zeig deine Kreativität«, spotteten sie, als sie mich am zweiten Abend alleine den Ausschank machen ließen.

Gleich zu Anfang bestellte die Band eine Runde Schorle. Ich konnte mich nur an die großen Gläser erinnern und füllte sie mit Mineralwasser. Großes Gelächter, und ich hatte meinen Spitznamen weg: »Schorle«.

Außerdem hatten sie sich für mich noch etwas Besonderes einfallen lassen: Nach Feierabend hatte ich die Toiletten zu putzen.

»Sollen wir das etwa machen? Schorle, das ist doch genau die richtige Arbeit für dich«, lachten sie.

Ich fühlte mich erniedrigt, sie hatten mir den Stolz genommen. Aber ich hielt durch. Noch heute bedrückt es mich, wenn ich an die ersten Wochen im »Doppelherz« zurückdenke. Natürlich habe ich mir mit der Zeit meine Position erarbeitet und mir auf meine Art Respekt verschafft. Aber die »Schorle« und das Toilettenputzen blieben die gesamten drei Jahre, die ich dort arbeitete, an mir hängen.

Während dieser Zeit erkannte ich mich selbst nicht wieder: Völlig haltlos trieb ich mich in den Kneipen der Stadt herum. Stundenlang beobachtete ich die Tänzer in der Disco. Selbst tanzte ich nur ganz selten, und oft kam ich erst am Morgen heim. Männerbekanntschaften waren das Letzte, was ich suchte. Daran hatte ich momentan keinerlei Bedarf. Aber natürlich wussten es alle besser, und sofort kursierten unter den Türken in fünfzig, hundert Kilometer Umkreis die abenteuerlichsten Gerüchte über mich. Jeder kennt da schließlich jeden, aber mir war's egal. Sie stempelten mich als Hure ab – mich ließ es kalt. Türken und Türkinnen gehen sehr leichtfertig mit dem Begriff »Hure« um. Dazu kann eine Frau schon werden, wenn sie den Blick eines Mannes erwidert, statt sittsam und verschämt zu Boden zu schauen. Ab und zu ließ ich mich zwar von Männern einladen, aber es ging mir dabei nicht um Sex. Ich wollte Menschen kennenlernen. Ich suchte ganz einfach Ablenkung, musste das Karussell meiner Gedanken zum Stillstand bringen, konnte keine Luft mehr in der Enge des Schlafzimmers holen, in dem wir zu fünft miteinander auskommen mussten.

Ich muss unausstehlich gewesen sein, gab meinen Eltern nur patzige Antworten, ignorierte ihre Strafpredigten, scherte mich keinen Deut um ihre Vorhaltungen und um das, was über mich gezischelt wurde. Dabei war es mir tief im Innern durchaus bewusst, dass sie im Recht waren, wenn sie mir vorwarfen: »Du vernachlässigst deine Kinder.« Oder: »So verhält sich keine zweifache Mutter.« Ich stellte mich taub, ein schlechtes Gewissen ließ ich einfach nicht zu.

Ende Januar ging ich wieder ziellos »auf Tour«. In irgendeiner Kneipe bestellte ich ein Pils. Vor Kälte zitternd, nahm ich den ersten Schluck. Wo war ich gelandet? Ich kam aus einem warmen Land. Hier im eiskalten deutschen Winter konnten mich nicht einmal die fünf altmodischen Pullover wärmen, die ich mir übergestreift hatte. Ich beobachtete die Leute, und ich schaute mich im Spiegel hinter dem Tresen an: ein Wesen von einem anderen Stern, blass, mit trüben Augen und genervtem Gesichtsausdruck.

Schlagartig war mir klar, was ich die ganze Zeit nicht wahrhaben wollte: Ich will nach Hause. Und darunter verstand ich genau das Gleiche wie meine Kinder: Izmir. Was hatten wir dort alles aufgegeben! Unsere wunderschöne Wohnung im achten Stock, hoch über der brodelnden, mediterranen Metropole, mit Dachterrasse und freier Aussicht über die flirrend blaue Bucht. Sila und Umut hatten ihre eigenen Zimmer. Jeder Raum war nach meinem Geschmack eingerichtet mit neuen Möbeln, Teppichen und Bildern an der Wand.

Ich hatte Oma zurücklassen müssen, die einzige wirkliche Bezugsperson meines Lebens. Sie war jetzt schon über neunzig, und ich wusste nicht, ob ich sie jemals wiedersehen würde.

Ich hatte meine Kinder aus ihrem Umfeld gerissen und musste hilflos mit ansehen, wie unglücklich sie hier waren. Und ich hatte Bener verlassen müssen. Den einzigen Mann, der mir je etwas bedeutet hat. Bener, den ich einmal geliebt habe, obwohl wir niemals zusammenkommen konnten. Er war verheiratet und wird es bleiben. Unsere Beziehung hat das nicht gestört. In seiner Familie lebte er nur noch für seine Kinder – wie ich auch. Sein ältester Sohn hat gerade ein Studium abgeschlossen und ist in die Firma, ein international agierendes Bauunternehmen, eingetreten.

Bener – Tag und Nacht muss ich an ihn denken. Er ist der Einzige, der mich gelegentlich in meinen Träumen daran erinnert, dass ich eine Frau bin. Was hatte ich mir dafür eingehandelt? Papas Spiegeleier würde ich ja gern jeden Tag braten – aber doch nicht um diesen Preis. Ich wollte aktiv leben, wollte Menschen kennenlernen, Freunde gewinnen, in der Gesellschaft eine Rolle spielen, an deren Entwicklung teilhaben.

Sollte ich etwa wie Mutter werden? Sollte ich mich wie sie mit ständig wechselnden Liebhabern im Kreis drehen, immer wieder diesem kurzen trügerischen Kick nachhecheln, den sie für eine neue Liebe hält und der sie jedesmal tiefer abstürzen lässt?

Was kann ich meinen Kindern in Deutschland schon bieten?

Ich konnte keinen klaren Gedanken mehr fassen, wusste nur noch eins: Ich will raus aus diesem Land, weg von der seelischen Kälte in meiner Familie, zurück dahin, wo ich hingehöre. Ich träumte vom goldenen Licht von Izmir, vom Blau der Ägäis, wollte Oma in die Arme nehmen können, Sila und Umut wieder fröhlich mit ihren Freunden herumtollen sehen, wieder diese verrückten Abende und Nächte mit Bener erleben, die so schön waren, dass wir glaubten fliegen zu können. Ohne Bener und Oma fühlte ich mich einsam und allein.

Heimweh

»Ich will nicht hierbleiben! Ich will zu Oma! Ich will zu dir«, fast schon hysterisch rief ich Bener an jedem zweiten, dritten Tag an. Mal weinte ich am Telefon – er ist der Einzige, der von meinem Weinen wissen darf –, mal flehte ich ihn an, mal beschimpfte ich ihn haltlos.

»Warum hast du mich gehen lassen? Warum hast du das nicht verhindert? Warum wolltest du mich loswerden? Was bist du überhaupt für ein Mann?«

Er sagte jedesmal geduldig: »Du wolltest damals gehen, weil du keine Möglichkeit mehr gesehen hast, zu bleiben. Was hätte ich tun können?«

Tief im Innern wusste ich, wie recht er hatte. Insgeheim aber hoffte ich auf andere Worte: Komm zurück! Mach dir keine Sorgen! Ich bin für dich da. Ich helfe dir. Ich besorge dir ein Haus, einen Job. Ich liebe dich! Ich warte auf dich! Doch so reagierte er nicht, obwohl er die Möglichkeit dazu durchaus gehabt hätte. Ich fühlte mich leer, elend und im Stich gelassen. Damals verlor ich das Vertrauen in alle Menschen.

Gleichzeitig war mir klar, dass ich ein solches Angebot von Bener unter keinen Umständen angenommen hätte. Aber ich erwartete, dass er mir eine Perspektive gab und die Chance, »Nein« zu sagen. Nächtelang lag ich wach, grübelte und grübelte. Landete immer wieder bei der gleichen bitteren Erkenntnis, die mich schon damals so weit gebracht hatte, auf Papas Plan einzugehen, Mustafa zu heiraten und alles in Izmir hinter mir zu lassen: In der Türkei hätte ich ohne die Hilfe anderer keine reelle Chance. Mindestens zwei Jahre würde ich brauchen, um den Schulabschluss nachzuholen, und mindestens weitere drei Jahre für eine Ausbildung mit anerkannter Prüfung. Erst wenn ich die in der Tasche hätte, könnte ich mir von Bener mit seinen Kontakten helfen lassen, eine lohnende und sichere Anstellung zu finden. Wie sollte ich die Zeit ohne jedes Einkommen überbrücken? Mit Aushilfsjobs, wie sie Frauen wie ich allerhöchstens finden können? Mit diesen Arbeiten kann man sich ein Zubrot verdienen. Für eine dreiköpfige Familie reicht das selbst bei einfachsten Ansprüchen nicht vorne und nicht hinten. Wie hätte ich unser Leben finanzieren sollen? Wie die Miete bezahlen? Wie meine Kinder ernähren? Wie die Kosten für ihre Ausbildung aufbringen?

Die Träume vieler türkischer Frauen, die geglaubt hatten, aus Zwangsehen und geistiger Unterdrückung ausbrechen zu können, scheitern genau an dieser unerbittlichen Realität. Ich wollte nicht an der gleichen Endstation landen wie viele, die ich in

Izmir kennengelernt hatte: im Rotlicht der Bar. Um zu überleben, verkaufen sie dort am Ende das einzige Kapital, das ihnen ihre Eltern mit auf den Weg gegeben haben: ihre Weiblichkeit.

Papa würde mich in der Türkei nicht weiter unterstützen. Mehr als einmal hat er mir das unmissverständlich klargemacht. In Izmir kann mir Oma zwar ihre Liebe, ihre Nähe und Wärme geben, mehr aber nicht.

Und Bener? Mir von ihm fünf Jahre lang und vielleicht noch länger jeden Kaffee bezahlen zu lassen? Er hätte das getan. Aber das war ja die letzte Situation, in die ich geraten wollte: mich als seine Geliebte aushalten zu lassen.

Wie hätte ich, wie hätte er das ertragen sollen? Alles Schöne und Einmalige wäre uns zwischen den Fingern zerronnen, wäre in peinlichen Nebensächlichkeiten vergangen.

Alltagspflichten

»Du musst die Kinder in der Schule anmelden, es ist allerhöchste Zeit.« Papa brachte mich auf den Boden der Tatsachen zurück.

»Was muss ich tun?«

»Ganz einfach, du gehst in die Schule und meldest sie im Sekretariat an. In welche Klasse ist Sila zuletzt in Izmir gegangen?«

»In die fünfte.«

»Gut, dann kommt sie hier in die Hauptschule. Umut wird in die erste Klasse der Grundschule gehen. Die wissen dort, was du zu tun hast, und sagen es dir schon. Ich bring dich morgen früh auf dem Weg zur Arbeit hin und setz dich ab.«

»Aber mein Deutsch.«

»Du willst ja immer alleine zurechtkommen. Das schaffst du schon. Deine Kinder müssen es ja auch.«

Der Alltag hatte mich eingeholt. Für Träume und Visionen gab es jetzt keinen Raum.

Die Angestellte im Sekretariat war jung, hübsch, elegant, vor allem aber sehr freundlich und hilfsbereit.

»Sie kommen recht spät. Geben Sie mir bitte Ihre Papiere«, forderte sie mich auf. Trotz ihrer Freundlichkeit geriet ich in Panik, wie immer wenn es »amtlich« wird. Ich ließ mir nichts anmerken und gab ihr unsere Pässe.

»Haben Sie auch die Anmeldebestätigung dabei?«

»Was ist das?«

»Wie ich sehe, sind Sie ja verheiratet. Ihr Mann wird sie bei seinen Unterlagen haben. Fragen Sie ihn doch. Und kommen sie gleich wieder, wenn er sie Ihnen gegeben hat.«

Ich stürzte heim, konnte es kaum erwarten, dass Papa von der Schicht zurückkam.

»Was ist eine Anmeldebestätigung, und wo bekomme ich die?«

»Du hast sie nicht? Dann muss Mustafa sie haben. Hoffentlich war er überhaupt mit euren Pässen beim Einwohnermeldeamt.«

»Er hat sie bisher nicht von mir haben wollen.«

»Dann haben wir ein Problem«, stellte Papa nüchtern fest.

Womit er recht behielt. Denn Mustafa war nach unserer Trennung einfach abgetaucht. Schon seit fast zwei Monaten konnten wir ihn weder in seiner Wohnung noch am Telefon erreichen.

Am nächsten Abend kam Papa mit einer Hiobsbotschaft nach Hause: »Ich hab mich erkundigt. Er hat euch nicht angemeldet. Weder bei der Stadt noch bei der Krankenkasse. Ohne Meldebestätigung nehmen sie die Kinder nicht in der Schule auf. Und daran, dass einer von euch ernsthaft krank wird oder einen Unfall hat, möchte ich gar nicht erst denken.«

Ich hatte von all diesen bürokratischen Formalitäten damals

nicht die geringste Ahnung und konnte sie deshalb nicht in Angriff nehmen. Wie auch mit meinem kläglichen Deutsch? Ich kannte ja nicht einmal das Wort »Krankenkasse«. Außer bei meinen gelegentlichen Besuchen im Café war ich bisher nicht mit Deutschen in Kontakt gekommen.

Unter uns sprachen und sprechen wir ausschließlich türkisch. Uns besuchten ausnahmslos Landsleute. Die neuesten Nachrichten empfingen wir über die »Schüssel« direkt aus Ankara im Originalton. Die Skandale und das Liebesleben Prominenter in Istanbul, Izmir und der Provinz brachte uns die »türkische Bildzeitung« täglich ins Haus. Wir wussten alles über die Kriminalität in Istanbul, kannten die Verkehrsprobleme von Ankara, waren bestens über Änderungen unseres Schulsystems unterrichtet – von deutscher Politik, von den lokalen Problemen unserer kleinen Stadt hatten wir keinen blassen Schimmer. In unserer Wohnung kam Deutsch buchstäblich nicht vor – höchstens auf einem vergessenen amtlichen Formular, das sowieso keiner in die Hand nahm, geschweige denn verstand – außer Papa. Zum Glück wusste wenigstens er einigermaßen Bescheid.

Im März erwischte Papa Mustafa endlich frühmorgens vor seiner Wohnung. Er zwang ihn sofort in sein Auto, rief in der Firma an, nahm sich eigens frei, fuhr mit ihm in die Stadt und ließ ihn nicht aus den Augen, bis er wirklich überall alle Formalitäten erledigt hatte.

Stolz präsentierte ich der hilfsbereiten Frau im Schulsekretariat am nächsten Tag die Unterlagen. Sie sah die Papiere durch.

»Da gibt es ein Problem«, sie sah hoch und schwenkte Umuts Pass.

Nicht schon wieder, dachte ich, spürte mein Herz klopfen.

»Wir haben eine Bestimmung, nach der die Kinder die Schule besuchen müssen, die in dem Bezirk liegt, in dem sie wohnen. Ihre Tochter ist hier in unserer Hauptschule richtig. Für Ihren

Sohn ist aber die Sophie-Scholl-Grundschule in der Beethoven-straße zuständig. Haben Sie mich verstanden?«

Natürlich gab ich nicht zu, dass ich sie überhaupt nicht ver-standen hatte. Nur so viel reimte ich mir erschrocken zusam-men: Sie würden Sila aufnehmen, Umut nicht. Warum denn das? Den Straßennamen und die Schule hatte ich vergessen, noch ehe ich wieder auf die Straße trat. Umzudrehen und noch mal zu fragen traute ich mich nicht. Sollte sie etwa denken, Silas Mutter ist dumm?

»Wie ist es gelaufen? Ist alles klar?«, fragte Papa am nächsten Morgen über seine beiden Spiegeleier hinweg.

»Selbstverständlich«, schwindelte ich. Er sollte nicht mitbe-kommen, dass ich schon wieder nicht zurechtkam. Ich wollte endlich damit anfangen, meine Angelegenheiten alleine zu regeln.

Als er zur Arbeit gegangen war, brachte ich Sila in ihre Schule und machte mich dann mit Umut auf die Suche nach seiner. Das war noch schwieriger, als ich befürchtet hatte. Einige Tage durchkämmten wir beide die Stadt, in der ich als Kind immer-hin fünf Jahre lang gewohnt hatte. Aber was hatte ich damals kennengelernt? Unser »türkisches Dorf« an der Peripherie und den Weg mit dem Bus in die Berufsschule. Passanten traute ich mich überhaupt nicht mehr zu fragen. Ich hatte es ein paar Mal versucht und meist eigenartige Blicke geerntet, als ich sie – auf den ersten Blick als Türkin erkennbar – mit dem Kind an der Hand ansprach. Einige verhielten sich fast so, als müssten sie eine Bettlerin abwehren.

Mit Papa konnte und wollte ich nicht darüber reden, lieber hätte ich mir die Zunge abgebissen. Ich hatte ihm ja vorgeflun-kert, es sei alles in bester Ordnung. Wie hätte ich zugeben kön-nen, dass es gar nicht so war?

Umut und ich gingen in alle Gebäude, die einer Schule ähnlich sahen. Manchmal merkten wir sofort, dass wir nicht richtig sein konnten, weil wir keine Klassenzimmer fanden. Manchmal lief uns jemand über den Weg, ehe wir klammheimlich verschwinden konnten.

»Hier Grundschule für Sohn?«, fragte ich dann verlegen in jämmerlichem Deutsch, zeigte die Papiere, deutete auf Umut und erntete Kopfschütteln, manchmal auch wortreiche Erklärungen. Eine sehr hilfsbereite Sekretärin gab uns sogar einen Stadtplan mit, auf den sie zwei Kreuze eingezeichnet hatte: eines für unseren Standort und eines für das heiß ersehnte Ziel.

Endlich landeten wir an der richtigen Stelle – und wurden furchtbar enttäuscht: Die Schulleiterin wollte Umut nicht mehr in die erste Klasse aufnehmen.

»Die Schüler sind jetzt im Lehrstoff schon viel zu weit. Umut wird im Unterricht nicht mehr mitkommen, zumal er ja kein Wort Deutsch spricht. Wir erweisen ihm einen großen Gefallen, wenn er bis zum Beginn des nächsten Schuljahrs die Vorschule besucht«, beschied sie uns sehr freundlich und besorgt.

Dass alles so kompliziert sein würde, hatte ich nicht erwartet. Eines aber ließ mich hoffen: In beiden Schulen waren die Menschen freundlich zu uns. Das klang ganz anders, als der barsche Befehlston, den ich von türkischen Schulen gewohnt war. Vor allem aber hatte ich das beruhigende Gefühl, dass es ihnen darauf ankam, die beste Lösung für die Kinder zu finden.

Drei dicke Pluspunkte für Deutschland, gestand ich mir ein, und schlagartig ging es mir besser.

»Warum ziehen wir nicht einfach offiziell von Mustafas Wohnung hierher zu dir?«, fragte ich Papa am Abend. »Umut hätte es viel näher in die Schule.«

»Das hat mit der Ausländerbehörde zu tun. Wir können Umut hier anmelden, damit er in die Schule in der Nähe gehen kann. Du aber musst zwei Jahre mit Mustafa zusammenwohnen, ehe du dich trennen darfst und die Scheidung einreichen kannst.«

»Aber er ist doch homosexuell, niemand kann von mir ernsthaft erwarten, dass ich mit einem schwulen Mann zwei Jahre wie mit meinem Ehemann zusammenlebe!«

»Das interessiert die Behörden nicht. Wenn ihr euch trennt, war es für sie eine Scheinehe, die du nur geschlossen hast, um die Aufenthaltserlaubnis für Deutschland zu bekommen. Die werden sie dir, Sila und Umut dann verweigern.«

»Was ist dann?«

»Dann werdet ihr ausgewiesen und müsst zurück.«

»Aber es war doch keine Scheinehe. Ich hatte ernsthaft vor, mit Mustafa eine Familie zu gründen. Nur kannte ich seine Neigung da noch nicht. Du weißt das doch am besten.«

»Das zählt nicht, weil wir es nicht beweisen können.«

»Aber ich bin doch in Deutschland geboren.«

»Das zählt nicht.«

»Ich habe hier meine Kindheit verbracht, meine Schulzeit beendet.«

»Das zählt nicht.«

»Aber ich bin doch in der Türkei ganz alleine, habe nur noch Oma, und die ist neunzig. Ihr, also meine ganze Familie, meine Schwestern, mein Bruder, wohnt hier, alle mit unbefristetem Aufenthalt. Und ich soll als einziges deiner vier Kinder nicht hierbleiben dürfen?«

»Das interessiert die nicht. Du bist dann ja in die Türkei gezogen und hast dort deine eigene Familie gegründet.«

In einer Ehe, in die mich Mutter ohne die geringste Chance auf eine eigene freie Entscheidung brutal hineingezwungen hat, dachte ich bitter. Papa durfte ich das nicht sagen, noch heute glaubt er Mutters Märchen, ich hätte Hikmet heiraten müssen, weil sie mich damals in Tokat mit ihm erwischt hätte.

Das zählt leider auch nicht, sagte ich mir bitter.

Es tut mir weh, dass ich mit Papa nicht offen reden kann. Bis heute hat er sich keinen einzigen Schritt aus seiner konservativen Welt herausbewegt. Eine Lektion hat er allerdings gelernt: Er kümmert sich darum, dass seine Enkelkinder gute Leistungen in der Schule bringen – sowohl die Jungs als auch die Mädchen. Ich habe das Gefühl, er will damit etwas von dem gutmachen, was er bei seinen eigenen Kindern versäumt hat.

Seit diesem Gespräch beherrschte mich eine neue Angst: Würden wir etwa gezwungen, Deutschland zu verlassen? Wäre es nicht mehr meine Entscheidung, sondern die eines Amtes, wie ich mein Leben gestaltete? Würde ein fehlender Stempel in unseren Pässen meine Existenz und damit auch die meiner Kinder vernichten? Was könnte ich ihnen dann überhaupt noch mit auf den Weg geben?

Heute weiß ich, dass ich damals nur noch ein neurotisches Bündel voller Ängste war. Mein Selbstvertrauen war gleich null. Ich hatte jede Orientierung verloren. Mit einem Mal sah ich alle Grundsätze, an denen ich bisher mein Leben festgemacht hatte, infrage gestellt. Mir war, als stünde ich mitten in einem reißenden Fluss und könnte die Steine nicht sehen, die mir sicheren Halt für den nächsten Schritt geben würden. Und das Schlimmste: Ich wusste nicht einmal, in welche Richtung ich zu gehen hatte, um wieder festen Boden unter den Füßen zu gewinnen. Zusätzlich musste ich noch auf jedem Arm eines meiner Kinder balancieren, die sich an mich klammerten und weinten: »Mama, Mama, bring uns hier weg!«

Ich hatte ja rational längst erkannt, dass ich in der Türkei untergehen würde, egal wie und mit welchen Mitteln ich mich dagegen wehren würde. Nur emotional hatte ich mich noch nicht abgenabelt. Mein Kopf war längst in Deutschland angekommen, während mein Herz immer noch in Izmir schlug.

Seit jenen Tagen weiß ich, dass es kaum eine schlimmere Situation gibt, als an einer Gabelung des Lebenswegs zu stehen und sich nicht entscheiden zu können, in welche Richtung man gehen soll. Noch schlimmer ist es aber, die Entscheidung nicht selbst treffen zu können, sondern von außen gezwungen zu werden. Keine Wahl zu haben kommt einer Erniedrigung gleich, die größer kaum vorstellbar ist.

Noch gab ich nicht auf, denn eines hatte mir bisher niemand nehmen können: meinen Willen, mich nicht in die Knie zwingen zu lassen und selbst in schier aussichtsloser Situation noch für meine Ziele zu kämpfen.

Operation

Schon vor der Schwangerschaft mit Sila hatte eine türkische Ärztin festgestellt, dass ein Myom außen an meiner Gebärmutter wucherte. Gott sei Dank konnte sie mir versichern, dass es gutartig war. Dass das so bleiben würde, konnte sie mir allerdings nicht versprechen. Ich hatte von Operationstechniken in Deutschland gehört, die Patientinnen vor der Totaloperation bewahrten und auch ihre Fähigkeit, Kinder zu bekommen, erhielten. Also machte ich mich auf den Weg in das Krankenhaus unserer Stadt, in dem sie mir als Kind den Blinddarm entfernt hatten, und fragte nach einem Gynäkologen.

Er untersuchte mich sofort, als ich ihm, so gut ich konnte, mein Problem geschildert hatte. Ich hatte mir die deutschen Begriffe aus einem Wörterbuch herausgesucht.

»Es ist zu einem großen Myom angewachsen. Eine Operation wird sehr schwierig sein, und ich kann nicht versprechen, dass sie hundertprozentig gelingt. Aber wir werden uns alle Mühe geben, Ihre Gebärmutter zu retten«, erklärte er mir, als er alle Ergebnisse der Untersuchungen und Tests in der Hand hatte.

Blind unterschrieb ich einige Formulare. Mir war alles egal, Hauptsache, er würde mich nicht wegschicken und so schnell wie möglich operieren. Das Krankenhaus hat mich damals sofort aufgenommen. Ich konnte es kaum fassen.

»Wie wir erwartet hatten, war es eine sehr lange, komplizierte Operation. Ich bin aber sicher, dass sie uns hundertprozentig gelang. Wenn keine Komplikationen auftreten, werden Sie weitere Kinder haben können«, brachte mir der Arzt bei der ersten Visite die gute Nachricht ans Bett.

Dann machte er mein Glück perfekt: »Bei der histologischen Untersuchung hat sich das Myom tatsächlich als völlig gutartig erwiesen.«

»Das ist Deutschland«, schoss es mir durch den Kopf. Wenn ich mir dagegen das Blutbad vor Augen rief, die würdelose Behandlung bei den Geburten von Sila und Umut in der Klinik von Izmir, kam ich mir jetzt vor wie in einem Fünf-Sterne-Hotel. Hier wird der Mensch geachtet, hier kümmert man sich nicht nur um seine Gesundheit, sondern auch um seine Würde, besonders wenn er krank oder behindert ist.

Das gab mehr als drei Punkte auf meiner Bewertungsskala für bleiben oder gehen. Ich wollte, dass meine Kinder in der Sicherheit dieser perfekten medizinischen Versorgung aufwuchsen. Noch hatte das Herz nicht verstanden, dass sich der Kopf dafür entschieden hatte. Noch fehlte der entscheidende Anstoß.

Den lieferte mir Sila, als sie mich nach einer Woche am späten Nachmittag zum ersten Mal allein besuchte. Man hatte mir gerade das Abendessen gebracht. Sie saß mit traurigen Augen an meinem Bett.

»Mama, darf ich deinen Joghurt essen?«

»Natürlich, Sila.«

Sie strahlte, riss den Deckel ab und begann eifrig zu löffeln.

»Mama, Oma gibt mir nichts zu essen. Sie sagt, ich sei zu dick geworden. Wenn ich maule, schreit sie mich an und schlägt mich ins Gesicht und mit allem, was sie gerade zur Hand hat, überallhin, wo sie nur treffen kann.«

Mutter, dachte ich entsetzt, Mutter, hat es dir nicht gereicht, dass du meine Kindheit mit deinen täglichen Prügeln in Stücke geschlagen hast? Vergreifst du dich jetzt auch noch an meinen Kindern? Noch heute trifft es mich tief, wenn ich an diesen Tag zurückdenke. An die kindliche Freude in Silas Augen, als sie sich über den Joghurtbecher hermachte, an den Schmerz und das Entsetzen in ihrem Blick, als sie von Mutters Gewalt berichtete. Immer werde ich diesen Stich im Herzen fühlen. Mein Magen, mein ganzer Körper hat gebrannt.

Seit ihrer Geburt lebte ich tagtäglich mit den Kindern zusammen. Habe mich ohne Pause für sie verantwortlich gefühlt. Jetzt hatte ich sie einmal in die Obhut meiner Eltern gegeben, sie dort in Sicherheit gewähnt und geglaubt, ich könne mich zum ersten Mal um mich selbst kümmern. Ich war mir sicher gewesen, dass Mutter es nicht wagen würde, Sila zu schlagen. Jetzt musste ich erkennen, wie naiv ich gedacht hatte, und fühlte mich wie nach einem Absturz im freien Fall.

Eigentlich fiel meine Entscheidung in dem Moment, als Sila das Krankenhauszimmer verlassen und die Tür hinter sich geschlossen hatte: Ich werde in Deutschland den Kampf um unsere Existenz aufnehmen – ohne meine Familie, schwor ich mir. Die Würfel waren gefallen.

Ich redete mit mir selbst: Du musst allein handeln, allein entscheiden, ohne ihre Hilfe stark sein. Für unsere Unabhängigkeit gibt es drei Voraussetzungen. Erstens: die Aufenthaltsgenehmigung. Zweitens: eine eigene Wohnung. Drittens: Arbeit. Du musst über eigenes Geld verfügen. Du wirst das schaffen. Du wirst künftig weder in Deutschland von Papa noch in der Türkei von Bener abhängig sein.

Ich glaube, das ist typisch für mich: Immer wenn ich mit dem Rücken zur Wand stehe und es keinen Ausweg mehr zu geben scheint, dann endlich kann ich handeln. Heute erinnert mich dieser Moment an einen Spruch, den Jochen, den ich kurze Zeit später kennenlernte, einmal zitiert hat:

»Es gibt so viele Gründe, alles beim Alten zu lassen, und nur einen einzigen, doch endlich etwas zu verändern: Du hältst es einfach nicht mehr aus.«

Diese Worte beschreiben meine Situation von damals so passend, dass man meinen könnte, sie wären für mich geschrieben worden.

Ich klingelte nach der Schwester. »Ich möchte nach Hause. Jetzt gleich, sofort, bitte rufen Sie den Arzt.«

»Das geht nicht, den erreiche ich jetzt nicht mehr. Ich glaube auch kaum, dass er Sie gehen lassen wird. Nach Ihrer schweren Operation brauchen Sie mindestens noch eine Woche, ehe sie so weit sind.«

»Ich will mit dem Arzt reden. Wann erreichen Sie ihn wieder?«

»Morgen früh vor der Visite.«

»Dann will ich morgen früh heimgehen. Ich muss sofort zu meinen Kindern.«

»Hoffentlich geht das gut. Ich will sehen, dass der Arzt gleich morgen früh zu Ihnen kommt.«

Zunächst kam am Abend der evangelische Pfarrer zu meiner Bettnachbarin. Sie erholte sich von einer Totaloperation – Krebs. Mit ihr hatte ich mich über viele meiner Probleme unterhalten, soweit ich mich in meinem gebrochenen Deutsch verständigen konnte. Sie erzählte dem Pfarrer von meinen Schwierigkeiten, und dann saßen wir zu dritt zusammen und redeten. Die Aufmerksamkeit der beiden tat mir unendlich gut.

»Bete, mein Kind, bete zu Gott«, riet er mir. »Egal welcher Religion du angehörst – du bist ihm in jedem Gotteshaus nahe.« Er fühlte meine Schmerzen, das konnte ich deutlich spüren, und er zeigte Mitgefühl.

Ich weinte die ganze Nacht, konnte nicht schlafen, schleppte mich die Korridore auf und ab, obwohl ich kaum laufen konnte.

Am nächsten Morgen nahm mich meine Bettnachbarin an der Hand und führte mich zu der Krankenhauskapelle im ersten Stock. Wir beteten gemeinsam. Für einen Muslim ist das Beten in einer christlichen Kirche eine schwere Sünde. Mir hat es an diesem Vormittag geholfen.

»Es gibt Schwierigkeiten mit meinen Kindern, ich kann sie nicht mehr alleine lassen. Ich muss sofort nach Hause«, erklärte ich dem Arzt, als er endlich zur Visite kam.

»Das kann ich nicht verantworten. Sie haben viel Blut verloren, und die Nähte sind mit Sicherheit noch nicht stabil.«

»Ich muss!«

»Ich kann sie nicht mit Gewalt festhalten. Wenn Sie absolut gehen wollen, können Sie das tun. Aber Sie müssen unterschreiben, dass Sie es gegen meinen ausdrücklichen ärztlichen Rat durchgesetzt haben.« Ich sah die Sorge in seinem Gesicht. Er konnte mich nicht umstimmen – ich hätte alles unterschrieben, wenn ich nur nach Hause kam.

Meine Reisetasche hatte ich gepackt und auf der Station stehen lassen. Mochte Papa sie später holen. Natürlich hatte ich keinen Pfennig dabei, und ich wusste, dass Papa zur Arbeit gefahren war, mir zu Hause also niemand Geld fürs Taxi würde geben können. Also ging ich die zwei Kilometer nach Hause. Vor der Klinik führte eine steile Abfahrt den Berg hinunter. Ich hätte sie fast nicht bewältigt. Immer wieder blieb ich stehen, stöhnte vor Schmerzen und weinte vor Wut.

Vor unserem Haus traf ich unseren Hoca, der die kleine Moschee, die sich bei uns im Erdgeschoss befindet, leitete.

»Mein Gott, wie siehst du denn aus? Was willst du schon wieder hier, das ist doch sicher viel zu früh«, er stammelte fast vor Bestürzung, denn er wusste, wo ich gewesen war und warum.

»Ich muss zu meinen Kindern!« Den Grund habe ich ihm selbstverständlich nicht genannt, das war »Familiensache«. Jedenfalls tat es gut, endlich wieder türkisch reden zu können.

»Um Gottes willen, bist du den ganzen Weg alleine gelaufen? Warum hast du mich nicht angerufen? Ich hätte dich doch abgeholt!«

Trotz meiner Schmerzen lächelte ich ihn an und dachte, ihr kennt mich alle noch nicht. Ihr wisst noch gar nicht, wie verrückt ich sein kann.

Er half mir die Treppe hinauf. Die Kinder waren zur Schule gegangen, Mutter schlief noch. Ich war heilfroh darüber, so musste ich keine Fragen beantworten.

Ich blieb zu Hause, habe geputzt, gekocht und gewartet, dass die Schmerzen aufhören, dass ich gesund werde. Die ganze Familie konnte sehen, wie schlecht es mir ging, und sie taten das Beste, was in diesem Fall möglich war: Sie ließen mich in Ruhe. Selbst Mutter stellte vorübergehend alle Boshciten cin.

Dann meldete ich mich im »Doppelherz« zurück. Durch das dort verdiente Geld hatte ich ein bisschen Unabhängigkeit erreicht – mehr aber auch nicht, gestand ich mir ein. Richtig frei würde ich erst dann sein, wenn ich mit den Kindern in einer eigenen Wohnung lebte, in einem richtigen Beruf genug eigenes Geld verdiente und niemanden mehr um Hilfe bitten musste.

Ausbrechen aus der Abhängigkeit

Probleme

»Wenn du in Deutschland bleiben willst, musst du so schnell wie möglich einen Arbeitgeber finden, der dich fest anstellt und bei der Krankenkasse sowie beim Finanzamt anmeldet. Wenn du dann ein Jahr lang ununterbrochen bei ihm arbeitest, hast du ein Recht zu bleiben.«

Ich war wieder bei dem Anwalt, der mich schon einmal beraten hatte.

»Aber das kann ich sowieso, ich bin doch mit einem Deutschen verheiratet?«

»Ihr müsstet drei Jahre lang tatsächlich zusammenwohnen. Du und deine Tochter seid zwar noch bei ihm gemeldet, wenn das Ausländeramt aber dahinterkommt, dass ihr euch getrennt habt, dass du mit deinen Kindern bei den Eltern wohnst, werden sie euch in die Türkei abschieben.«

Papa hatte also recht gehabt. Nur jetzt, als ich es von dem Anwalt hörte, nahm es eine ganz andere Dimension an. Er hatte die Betroffenheit in meinem Gesicht bemerkt und wiederholte eindringlich: »Finde für mindestens ein Jahr einen offiziellen festen Arbeitsplatz, dann haben wir eine Chance.«

»Das gilt nur, wenn ich dann ein Jahr dort bleibe und nicht in einen anderen Betrieb wechsle?«

»Genau – das entbehrt zwar jeder Logik, ist aber nun mal so.«

Ich war sehr erschrocken. Bisher hatte ich über deutsche Gesetze wenig nachgedacht. Niemand hat mich jemals über solche Zusammenhänge aufgeklärt. Ich wurde ausschließlich auf eine Ehe vorbereitet. Alles andere war »nichts für Mädchen«, galt ausschließlich als »Männersache«.

Erst jetzt begann ich schlagartig zu begreifen, wie prekär meine Situation eigentlich war: Unsere Aufenthaltsgenehmigungen galten jeweils nur für ein halbes Jahr. Die nächste Verlängerung wurde unmittelbar fällig. Ich musste also wieder zur Ausländerbehörde, wo sie uns wie lästige Bittsteller von oben herab behandelten.

Von nun an durchlitt ich tausend Ängste: Beobachtete mich schon die Polizei? Was wäre, wenn sie unsere Trennung schon entdeckt hätten? Würden sie mich verhaften?

Ich fühlte mich deprimiert, isoliert, erniedrigt und meiner Identität beraubt. Im Land meiner Nationalität würde ich keine Existenz aufbauen können. Das Land, in dem ich geboren war, dessen Schule ich besucht, das ich ja nicht freiwillig verlassen hatte, wollte mich plötzlich nicht mehr haben. Meine ganze Familie befindet sich in Deutschland. Vater, Mutter, meine beiden Schwestern, mein Bruder, Onkel, Tanten, Cousins, Cousinen – fast alle meine Verwandten wohnen und viele von ihnen arbeiten seit Jahrzehnten hier. Sie alle haben unbefristetes Aufenthaltsrecht. Und ausgerechnet mich und meine Kinder wollten sie in die Türkei abschieben, wo ich völlig auf mich allein gestellt wäre? Cem, mein Lieblingsonkel war tot, Onkel Halil würde uns im Sommer gelegentlich zum Barbecue einladen, mehr aber nicht. Und was hatte ich von meiner über neunzigjährigen Oma noch zu erwarten? Warum traf es ausgerechnet mich? Wer war ich? Was hatte ich falsch gemacht? Wo lag meine Schuld? Was hatte ich verbrochen? Was musste ich ändern? Es gab nur Fragen, keine Antworten.

Ausbruch

»So kann es nicht weitergehen. All diese Fragen ohne Antworten nutzen dir nichts, du drehst dich nur im Kreis, kommst keinen Schritt weiter«, hielt mir meine Freundin Kader vor. »Du – und niemand anders als du – musst jetzt handeln. Keiner kann dir das abnehmen. Und du musst schnell handeln. Und du musst überlegt, nach Plan, handeln. Und du musst gut sein, sonst wirst du scheitern und letztlich kapitulieren.« Bei aller Anteilnahme klang sie sehr bestimmt.

Kader und ich hatten fünf Jahre im gleichen Haus gewohnt – bis Mutter mich in die Zwangsehe ins anatolische Tokat »deportierte«. Das konnte unserer Freundschaft nichts anhaben, selbst die Tatsache nicht, dass »mein Mann« mich in den neun Jahren unserer Ehehölle fast völlig isoliert hatte. Kader und ich waren immer in Kontakt. Als ich 1999 nach Deutschland zurückkam, war sie in ein Dorf in der Nähe umgezogen. Mein erster Besuch galt ihr, und wir sehen uns bis heute ein-, zweimal in der Woche. Gelegentlich übernachte ich bei ihr.

»Ich dachte immer, ich hätte Probleme. Aber wenn ich dich sehe, weiß ich, dass ich bisher noch keine echten hatte«, gestand sie mir ein, als ich ihr wieder einmal mein Herz ausgeschüttet hatte. Sie und ihr Mann Muhsin hören immer geduldig zu und wissen stets Rat, egal in welchen Schwierigkeiten ich gerade stecke.

Äußerlich wirken die beiden mit ihren drei Söhnen wie der Prototyp einer konservativen türkischen Familie. Sie trägt Kopftuch, niemals Hosen, und ihr Mann verrichtet Tag für Tag die vorgeschriebenen fünf Gebete. Sie leben streng nach dem Koran und führen ein vorbildlich religiöses Leben.

Wenn man sie besser kennenlernt, treten ihre modernen Ansichten und ihre Weltoffenheit deutlich zutage. Im muslimischen Glauben fest, aber gesellschaftlich offen, sind sie für mich das Musterbeispiel für gelungene Integration von Türken in Deutschland. Ganz intensiv kümmern sie sich um die Fortschritte ihrer drei Söhne in der Schule. »Wenn sie hier in Deutschland am Arbeitsmarkt bestehen wollen, müssen wir beste Voraussetzungen für sie schaffen«, erklärte mir Muhsin einmal. Wenn nur meine Eltern früher genauso gedacht hätten!

Kader und Muhsin können mir immer sagen, was ich richtig und was ich falsch mache. Nicht aus der Sicht einer unterwürfigen Hausfrau oder eines Paschas in der Ehe, sondern aus der eines freien modernen Ehepaars – mit Aufgaben in der Gesellschaft.

»Okay, ich weiß, was du meinst, Kader. Ich muss ein Ziel haben und mir dann überlegen, welcher Weg dahin führt. In Ordnung, planen wir. Was brauche ich? Zuallererst einen Vollzeitjob für mindestens ein Jahr. Dann eine eigene Wohnung, einen eigenen Haushalt, damit meine Kinder sich endlich wohlfühlen und ich mein eigenes Leben ohne die ständigen Maßregelungen meiner Eltern führen kann. Ich muss Arbeit finden, genügend verdienen, um von Papa unabhängig zu werden.«

»Und du brauchst eine gehörige Portion Glück«, stimmte Kader zu.

»Vor allem, dass ich das eine Jahr durchstehe und meine Aufenthaltsgenehmigung bis dahin jedes Mal verlängert bekomme.«

»Richtig. Ich wünsche dir die Stärke, um mit der Situation klarzukommen, um die ich dich wahrhaft nicht beneide.«

Also machte ich mich auf Arbeitssuche. Zunächst sprach ich mit meinen Schwestern, die ja die Verhältnisse in Deutschland besser kannten. Eda konnte mir nicht weiterhelfen:

»Wo willst du Arbeit finden? Und auch noch fest für ein Jahr? Das ist eine Illusion. Was hast du zu bieten? Du hast keinen Schulabschluss, keinen Beruf. Du kannst Aushilfsjobs finden –

für ein paar Wochen, vielleicht auch für zwei, drei Monate. Und die meisten melden dich nicht fest an. Schwarzarbeit gibt's für unsereinen, sonst nichts.«

Am Abend kam Songül nach Hause, ich erzählte es ihr.

»Bei uns im Imbiss ist momentan nichts frei. Aber geh doch mal in den Fast-Food-Laden auf den anderen Seite der Hauptstraße. Ich habe gehört, die suchen speziell Ausländerinnen in deiner Situation«, überlegte sie. Gleich am nächsten Morgen stellte ich mich dort beim Schichtführer vor.

»Das könnte etwas werden, wir suchen jemanden für die Arbeit an der Kasse. Kannst du das?«

»Selbstverständlich.« Ich hätte in diesem Moment alles versprochen.

Er notierte sich meine Daten. Zwei Tage später rief mich der Geschäftsführer aus der Zentrale an: Ich hatte den Job. So, wie ich es vorgeschlagen hatte: Von Sonntag bis Donnerstag, jeweils von vier Uhr nachmittags bis Mitternacht. Einen Vertrag erhielt ich noch nicht, den sollte ich später bekommen, wenn ich mich bewährt hätte. Trotzdem fühlte ich mich königlich. Aus Angst, irgendetwas könnte jetzt noch schiefgehen, hatte ich nicht einmal gefragt, was ich verdienen würde.

Du brauchst diese Stelle, du kannst nicht wählerisch sein. Jetzt hast du sie und musst mindestens ein Jahr lang aushalten – egal was passiert, beschwor ich mich selbst. Am siebten Juni trat ich meinen Dienst an und tanzte von nun an erst einmal auf zwei Hochzeiten. Von Sonntag bis Donnerstag schaffte ich es selten vor ein Uhr nachts aus dem Fast-Food-Imbiss herauszukommen, und im »Doppelherz« ging es jeden Freitag und Samstag sogar von halb sechs Uhr abends bis in die frühen Morgenstunden.

Zu Hause sahen sie mich jetzt immer seltener. Und die Situation wurde vor allem für die Kinder von Tag zu Tag unerträglicher. Jeden Morgen wachte ich mit dem Gedanken auf: Du musst eine Wohnung finden.

Moderne Sklaverei

An meinem Arbeitsplatz war ich »die Neue«, und die Neue wird behandelt wie der letzte Dreck. Ihr werden alle Arbeiten aufgehalst, die keiner erledigen mag. Aber an der Kasse kam ich – entgegen meinen Befürchtungen – relativ schnell zurecht.

Die Arbeitsbedingungen waren furchtbar. Sie hielten uns wie moderne Sklaven. Wir durften unseren Platz nicht eine Minute verlassen. Selbst wenn wir zur Toilette mussten, hatten wir das Okay des Schichtführers einzuholen. Der saß meistens in seinem Büro, trank Kaffee, wenn er nicht gerade über seinen Abrechnungen brütete, und ließ uns warten. Erst wenn er sah, dass für einen Augenblick wenig Kundschaft im Laden war, gab er uns die Erlaubnis zu gehen.

Auch die Schichtführer wechselten ständig. Vier, fünf von ihnen habe ich kennengelernt. Einer, ein Kroate, war ein verkrachter Philosophielehrer, der alle Neuen hasste. Mich besonders. Ich ihn auch, denn er behandelte mich wie einen Hund. Ein anderer kam aus Ostberlin. Der »Ossi«, wie wir ihn nannten, war halb blind, aber er hörte alles.

Persönliche Kontakte gab es praktisch nicht. Keiner interessierte sich für die Probleme des anderen. Ob man krank zur Arbeit kam, unter Schmerzen litt, ob man Schwierigkeiten mit den Kindern, dem Vermieter oder gar dem Ausländeramt hatte, keiner interessierte sich dafür. Unter den rund fünfzig Mitarbeitern, die ich in den beiden Filialen in unserer Stadt kennengelernt habe, gab es nur zwei Deutsche und einen deutsch-italienischen Roma. Ich fing an, das System zu verstehen: Der Fast-Food-Konzern beschäftigt nur Leute wie mich, die alle Bedingungen blind akzeptieren müssen, weil sie wegen mangelnder Ausbildung oder ohne die entsprechende Aufenthaltserlaubnis keine Wahl haben.

Und eines wurde mir immer deutlicher: Wenn du in Deutschland in meiner Situation überleben willst, musst du bereit sein, die Arbeiten anzunehmen, für die sich kein Deutscher findet. Entweder weil sie anstrengend und zu schlecht bezahlt sind, oder weil die Deutschen meinen, der Job sei unter ihrer Würde. Allmählich fühlte ich mich auf der untersten Ebene der deutschen Gesellschaft angekommen.

Nach zwei Wochen bekam ich meinen festen Arbeitsvertrag. Er galt unbefristet und – wie vereinbart – von Sonntag bis Donnerstag für die Spätschicht.

Jetzt hast du einen Teil deines Kampfes um die Unabhängigkeit geschlagen und gewonnen, dachte ich überglücklich.

Wenn ich um sechzehn Uhr im Imbiss antrat, waren die fünf Kassen noch besetzt. Nach und nach gingen jedoch alle Kollegen der Frühschicht heim, ab neunzehn Uhr war ich dann mit einer Küchenhilfe und dem Schichtführer allein. Eine Schlange von acht, zehn und mehr Kunden stand danach immer an der Kasse. Wir mussten wie Roboter arbeiten, um den ständigen Ansturm zu bewältigen.

Lächeln: »Was darf's sein?«

»Drei Hamburger, Pommes, Salat, Cola.«

Lächeln: »Hier essen? Mitnehmen?«

»Hier essen.«

Lächeln, kassieren, auf den Teller legen, Beilagen dazu, Cola zapfen.

Lächeln: »Guten Appetit.«

Auf das Lächeln legten sie größten Wert.

Der Nächste.

Lächeln: »Was darf's sein?«

Pausenlos, stundenlang nur Druck. Die Schichtführer, die das schon jahrelang kannten, zogen sich meist ins Büro zu ihren Abrechnungen und Stornos zurück. Wenn es ihnen trotzdem auffiel, dass die Tische von gebrauchtem Geschirr überquollen, übernahmen sie mal die Kasse, und ich musste abräumen. Mir war das recht, ich sah es als willkommene Unterbrechung: Entspannung für fünf, zehn Minuten. Wenn es dem Schichtführer aber nicht in den Kram passte, hatte ich keine Chance, von der Kasse wegzukommen.

Eine Unterhaltung mit den Gästen? Ausgeschlossen. Für private Worte gab es keine Zeit. Nicht einmal mit Stammgästen, bei denen man schon wusste, was sie bestellen würden. Wagte man es doch, zog schon der Nächste in der Schlange ein böses Gesicht. Es ging sechs, sieben endlose Stunden lang wie am Fließband: bestellen, kassieren, ausliefern – bestellen, kassieren, ausliefern – bestellen, kassieren, ausliefern …

Am schlimmsten war es aber, wenn dieser eintönige Rhythmus unterbrochen wurde. Dann herrschte ein nervenzerfetzendes Chaos. Meist war der Anlass in der sogenannten Vorproduktion. Die Küche bereitete die Artikel auf Vorrat zu und legte sie in den »Stock« – auf eine nach Produkten unterteilte Rutsche in einem Warmhalteregal. Wir nahmen immer die vordersten für den nächsten Kunden heraus.

Eine Vorschrift der Geschäftsleitung besagt, dass kein Teil länger in der Vorproduktion liegen darf als fünf Minuten. Danach muss es weggeworfen werden. Wenn sich jeder Mitarbeiter weltweit in jeder Filiale des Konzerns an diese Vorschrift hielte, wäre der in einem Monat pleite. Deshalb übt die Geschäftsleitung einen permanenten Druck auf die Schichtführer aus. Sie haben dafür zu sorgen, dass nicht mehr produziert wird, als in fünf Minuten verkauft werden kann. Sie müssen jedes Teil, das weggeworfen wird, als Schaden im Tagesbericht eintragen.

Den Druck gaben sie – verstärkt – direkt an uns weiter. Wenn wir Überschuss meldeten, gab es ein Riesentheater. Dabei wusste jeder genau, dass es sich überhaupt nicht vermeiden ließ. Es ging ganz schnell, ohne dass wir es hätten verhindern können. Selbst eine lange Schlange garantierte nicht, dass sich der heiße Vorrat kontinuierlich abbaute. Ein paar Gäste, die nur Getränke bestellten, vielleicht auch noch mit großen Geldscheinen bezahlten, reichten, und schon war es passiert: der Stock lief über. Um dem Druck der Schichtführer auszuweichen, verkauften wir die Ware, die eigentlich hätte weggeworfen werden müssen, trotzdem.

Mit erfahrenen Kunden konnten wir dieses Spiel nicht spielen. Sie machten richtig Terror, wenn wir ihnen mal etwas servieren wollten, was sechs, sieben Minuten im Stock lag. Ich stand daneben, als einmal ein aufgebrachter Kunde einer Kollegin einen heißen Hamburger ins Gesicht warf und sie beschimpfte: »Wieso verkaufst du mir diese abgelaufene Ware?« So waren wir ständig der Puffer, auf der einen Seite machten die Kunden Druck, auf der anderen die Schichtführer.

Richtig schlimm war die Angst vor den anonymen Prüfern, die der Konzern unangemeldet in die Läden schickte. Das waren die eigentlichen Herren über unseren Arbeitsplatz. Wehe, sie merkten, dass wir Abgelaufenes aus dem Stock verkauften, dass die Tische nicht abgeräumt waren oder – das war am schlimmsten – dass wir nicht FREUNDLICH LÄCHELTEN. Mit freundlichem Lächeln hatten wir auch denen zu begegnen, die uns provozierten, weil wir Ausländer waren, und uns mit verletzender Arroganz behandelten:

»Bei dir schlafen einem ja die Füße ein, so langsam bedienst du.«

Lächeln.

»Muss man dir alles dreimal sagen? Wenn du kein deutsch verstehst, geh doch nach Hause in dein Land.«

Lächeln.

»Ich hab nicht einen Salat bestellt, sondern ›keinen Salat‹ gesagt. Kannst du nicht zuhören?«

Lächeln, lächeln, lächeln, egal, was passiert, egal, was sie sagen, egal, was du fühlst, egal, wie es dir geht. Deine Sorgen interessieren keinen. Du bist ein seelenloser Roboter, hast einfach nur zu funktionieren.

Es war eine Ironie, dass sich dabei das größte Handicap von uns Ausländerinnen manchmal als Schutzmechanismus entpuppte. Viele der Beleidigungen, mit denen sie uns überschütteten, konnten wir ohne Schwierigkeiten mit einem unbeteiligten Lächeln quittieren: Der Sprache nicht mächtig, haben wir sie schlicht und einfach nicht verstanden.

Ständig fühlten wir uns beobachtet. Jeden Kunden, den wir nicht kannten, beobachteten wir mit Misstrauen. War er ein Spion des Konzerns? Kam er von der Ausländerpolizei, vor der fast jeder im Imbiss Angst hatte? Würden wir entlassen, verhaftet, abgeschoben? Um das Maß vollzumachen, zeichneten auch noch Kameras jede unserer Bewegungen auf. Über vierzig Stunden pro Woche im Imbiss arbeiten hieß, über vierzig Stunden lächeln bei über vierzig Stunden Druck, Misstrauen, Angst um den Arbeitsplatz. »Wenn du unter diesen Umständen nicht klarkommst, kannst du gehen, hinter dir stehen vier, fünf andere, die deinen Job gerne übernehmen würden«, diesen Satz kannte jeder von uns auswendig.

Wenn ich heute in einen dieser Läden gehe, und die Bedienung arbeitet langsam, behandelt mich unfreundlich, steht mit langem Gesicht an der Kasse, versuche ich sie aufzumuntern, denn ich weiß, was dahintersteckt. Ich kenne den Druck, die Angst vor den Spionen, die lange Arbeitszeit, das wenige Geld, das man verdient, die familiären Belastungen, die Sprachschwierigkeiten, die Angst vor der Ausländerbehörde, vor dem Schichtführer. Wie oft bin ich angeschrien worden, weil ich einfach nicht verstanden hatte, was man von mir erwartete. Dabei hatte ich Angst davor, zu fragen und damit meine Schwäche zuzugeben. Jeder von uns befürchtete dann, den Job zu verlieren, denn ganz schnell hieß es: »Die können wir nicht gebrauchen, die versteht ja nicht, was man ihr sagt.«

Aber wenn mich heute jemand nach meinen schlimmsten Erinnerungen an die Zeit im Imbiss fragte, würde ich spontan antworten: »Die Geräusche, der immerwährende Krach.« Immer noch träume ich vom »piep, piep« der elektronischen Kassen, von den dauernden Zurufen des Personals untereinander, vom Geschrei der Kinder, die manchmal in Klassenstärke bei uns einfielen, vom nervösen Gemotze unzufrieden wartender Gäste, die ihren Frust an uns ausließen.

Wenn ich nach Feierabend aus dem Fast-Food-Imbiss kam, summte ein Bienenschwarm in meinem Kopf, und ich fürchtete, der werde gleich platzen. Ich ging immer direkt heim, legte mich sofort ins Bett und fiel in einen komaähnlichen Schlaf. Am schlimmsten waren die Sonntage, wenn ich um fünf, um sechs, manchmal auch noch später vom Nachtdienst im »Doppelherz« nach Hause kam und um vier Uhr am Nachmittag schon wieder im Imbiss antreten musste. Oft wurden die Kinder gerade wach und wollten auch noch etwas von ihrer Mutter haben – wenigstens eine Viertelstunde lang, ehe ich erschöpft einschlief.

Je näher das Ende des ersten Arbeitsmonats rückte, desto höher stieg meine Spannung. Ich konnte es kaum erwarten, die erste Abrechnung in Händen zu halten. Da musste sich doch einiges angesammelt haben. Natürlich würden sie für den Stress nichts zusätzlich bezahlen. Aber sie hatten Zulagen für die Sonntags- und Nachtarbeit versprochen. Ich rechnete mit einer Summe um etwa achtzehnhundert, vielleicht sogar zweitausend Mark.

Aufgeregt riss ich den Umschlag auf. Es fällt mir schwer, den Schock zu beschreiben. Ich hatte das Gefühl, ins Bodenlose zu fallen, ohne mich irgendwo festhalten zu können. Meine Hände zitterten so stark, dass ich die Zahl kaum lesen konnte: Knapp über zwölfhundert Mark würden sie auf mein Konto überweisen. Zwölfhundert Mark für einen Monat Schinderei von über vierundvierzig Stunden pro Woche, zwölfhundert Mark fürs Nacht für Nacht auf der Matte Stehen, zwölfhundert Mark fürs ständig erzwungene Lächeln, zwölfhundert Mark fürs Ertragen der Launen des Schichtführers, fürs Einstecken der Beleidigungen mancher Gäste. Zwölfhundert Mark – dafür würde ich eine Wohnung mieten und uns drei ernähren müssen. Unfähig, einen weiteren Gedanken zu fassen, saß ich zitternd hinter dem Tresen. Tränen strömten über mein Gesicht. Ich versuchte nicht einmal, sie – wie sonst immer – zurückzuhalten.

»Inci, was ist los?« »Ossi«, der Schichtführer aus Ostberlin, gab sich besorgt, setzte sich zu mir. Ich zeigte ihm die Abrechnung, die er überflog.

»Was hast du denn erwartet? Du bist in Steuerklasse fünf.«

»Was bedeutet das?«

»Nun, ihr seid verheiratet, und dein Mann ist in die vorteilhafte Steuerklasse drei eingestuft, nicht du.«

Da fiel es mir wie Schuppen von den Augen. Wir lebten ja offiziell noch zusammen. Er reißt sich die ganzen Steuervorteile für Eheleute unter den Nagel, ich versorge die Kinder und gehe leer aus. Unterhalt zahlt er sowieso keinen.

»Wie viel macht das denn aus?«

»Genau kann ich es dir nicht sagen. Sie ziehen dir rund fünfhundert Mark Steuern und Solidarzuschlag ab. Ich schätze, in Steuerklasse drei wären es höchstens hundert Mark.«

»Man hat mir Sonntagszuschlag versprochen.«

»Das musst du falsch verstanden haben. Für uns alle hier ist der Sonntag ein ganz normaler Arbeitstag.«

»Und einen Zuschlag für die Nachtarbeit.«

»Den bekommst du auch. Hier steht es: hundertvierundsechzig Mark.«

»Für einundzwanzig Nächte, die ich jeden Monat hier im Laden stehe? Das ergibt ja nicht einmal acht Mark pro Nacht – brutto. Und was ist mit den Überstunden?«

»Da haben sie dir knapp drei Stunden angerechnet.«

»Aber ich komme hier ja kaum je vor ein Uhr, manchmal sogar erst nach halb zwei aus dem Haus.« Von der halben Stunde, die ich jeden Tag früher da sein musste, wollte ich gar nicht erst reden.

»Die Zeit, die du zur Vorbereitung und zum Aufräumen brauchst, zählt nicht als zusätzliche Arbeitszeit. Du musst das so organisieren, dass du pünktlich bei Feierabend damit fertig bist.«

»Also die bezahlte Arbeitszeit endet dann, wenn wir hier schließen?«

»So isses.«

Er wusste genau, dass das unmöglich war. Ich sagte nichts mehr, denn ich kannte die zynische Antwort im Voraus: »Wenn du unter diesen Umständen nicht klarkommst, kannst du gehen, hinter dir stehen vier, fünf andere …« Diese Lektion hatte ich damit endgültig gelernt.

Ich fühlte mich leer und ausgebrannt. Nur der Gedanke an meine Kinder hielt mich aufrecht. Ihr werdet bald nicht mehr bei Oma und Opa wohnen müssen, hatte ich ihnen versprochen. Und ich werde mein Versprechen halten. Wenn, ja wenn ich erst eine eigene Wohnung gefunden habe.

Es dauerte noch qualvolle zweieinhalb Monate. Ende August rief Eda an: »Inci, ich weiß eine Wohnung für euch. Möbliert. Bekir hat sie gefunden.«

Auf ihren Mann war Verlass.

»Wo denn?«

»Gleich bei uns – nur zwei Häuser weiter. Es ist nichts Besonderes, aber fürs Erste würde es euer Problem lösen.«

»Bei wem muss ich mich melden?«

»Auch dieses Haus gehört unserem Vermieter. Ich könnte einen Termin vereinbaren.«

»Bitte mach das!«

Ich wusste damals noch nicht, wer der Vermieter ist. Er und seine Frau gehören in unserer kleinen Stadt zu den bedeutendsten Grundstücks- und Hauseigentümern. Er besitzt unter anderem die Vertretungen dreier deutscher Autohersteller mit großen Werkstätten und Filialen in der Umgebung. In seinem Berufsverband bekleidet er seit Jahren Spitzenpositionen. Auf jedem offiziellen Empfang wird er an vorderster Stelle als Ehrengast begrüßt, und das »mit besonderer Freude«, falls er »sogar mit Gattin« erscheint. Die, so sagt man, hält in Wirklichkeit die Zügel in der Hand. Bei vielen kommunalpolitischen Entscheidungen spinnen die beiden im Hintergrund ihre Fäden.

Die Wohnung entpuppte sich als feuchtes, stickiges, sogar schimmeliges Loch. In dem Wohnhaus war offenbar der Zugang zur Straße hin verlegt worden und man hatte den ehemaligen Eingangsbereich zu einer »Zweizimmerwohnung« mit Küche und Dusche umfunktioniert. Herausgekommen war ein etwa fünfzehn Meter breiter und viereinhalb Meter tiefer Schlauch, an dessen Stirnwand zugemauerte Türen von seiner ehemaligen Funktion zeugten.

Öffnete man die Eingangstür, kam man direkt ins Wohnzimmer. Links hatte man eine dünne Trennwand eingezogen und so ein ungefähr viereinhalb mal viereinhalb Meter großes »Schlafzimmer« erhalten. Das Gleiche wiederholte sich rechts, nur dass dort eine weitere Trennwand quer eingezogen worden war. Dadurch ergaben sich zwei Schläuche von etwas über zwei mal viereinhalb Metern, die als »Küche und Bad« bezeichnet wurden. Was in der Mitte übrig blieb, galt als »das Wohnzimmer«. Das Ganze erinnerte mich fatal an jenen umgebauten Schafstall, in dem ich einige Zeit mit meinem Exmann in Izmir gewohnt hatte – hier standen wir allerdings wenigstens nicht auf gestampftem Lehm. Und es gab Fenster. Das Niveau der Wohnung lag allerdings unter dem des Bürgersteigs vor dem Haus. Die beiden Schlafzimmerfenster waren so tief angebracht, dass ich mich nie getraute, sie zu öffnen. Und wenn ich doch lüftete, hielt ich mich in der Nähe auf, ich hatte Angst, ein großer Hund könne hereinpinkeln oder jemand seine Zigarettenkippen auf die Kinderbetten werfen.

Die Möbel sind schnell beschrieben: Es gab nicht ein Stück, das ich nicht bei der nächsten Sperrmüllsammlung entsorgt hätte, wenn es mein Eigentum gewesen wäre.

»Du bist Bekirs Schwägerin, die Schwester von Eda?«, fragte mich die Frau des Vermieters, die solche Angelegenheiten regelte.

»Ja.«

»Hast du unbefristeten Aufenthalt in Deutschland?«

»Nein.«

»Dann kann ich dir die Wohnung nicht geben.«

»Ich bleibe hier.«

»Das sagst du, das sagen alle. Wenn du hier wohnen willst, muss dein Schwager die Wohnung mieten.«

Aha, dachte ich, so geht das. Zur Vermieterin sagte ich: »Das ist kein Problem. Wieviel soll das kosten?«

»Sechshundert Mark pro Monat und zwei Monatsmieten Kaution.«

»In Ordnung, ich nehme sie.«

»Plus hundert Mark für Nebenkosten – Wasser, Abwasser et cetera. Es gibt Ölöfen mit zentraler Versorgung. Für den Verbrauch rechnen wir vierzig Mark pro Person pauschal pro Monat.«

»Das wären hundertzwanzig Mark?«

Sie gab sich gönnerhaft: »Eines Ihrer beiden Kinder rechnen wir nur zur Hälfte – dann sind es hundert.«

»Ist das jetzt alles?«

»Dazu kommen noch die Kosten für Strom und Müllabfuhr, die bezahlen Sie direkt an die Stadtwerke.«

»Wie viel?«

»Hundert bis hundertzwanzig Mark, schätze ich.«

Ich rechnete nach: das wären mindestens neunhundert Mark – Monat für Monat. Welch ein Betrag für diese Bruchbude, welch ein Preis für die Freiheit! Es verschlug mir die Sprache. Meine Eltern bezahlten für die komfortable Fünfzimmerwohnung, in der sie seit Jahren wohnten, gerade mal etwas mehr als die Hälfte.

Die ist sich so sicher, die weiß, dass du Ja sagen musst, weil du gar keine andere Wahl hast, schoss es mir durch den Kopf. Wer bist du schon? Eine Türkin ohne Aufenthaltsgenehmigung, alleinstehende Mutter zweier Kinder, seit wenigen Monaten erst in Deutschland, seit zwei Monaten in Arbeit. Genau solche Mieter suchen diese beiden »ehrenvollen Bürger unserer Stadt« für solche Löcher, die sie »Wohnung« nennen, und nutzen deren Notlage schamlos aus. Dabei kommen sie sich noch »edel, hilfreich und gut« vor. Denn sie gehen ja angeblich ein Risiko ein, indem sie an »derartige Menschen« vermieten. Kein »normaler Mensch« würde in dieses Loch einziehen – nicht einmal für ein Drittel der Miete. Das störte sie nicht. Wie lautete der Satz im

Imbiss, der mich seither ständig verfolgt? Wenn du nicht klar kommst – du musst nicht. Hinter dir stehen fünf andere.

»Einverstanden«, sagte ich nur kurz und knapp. Sie hatte gewonnen. Trotz allem erschien es mir besser, hier zum Wucherpreis zu wohnen und dafür Ruhe vor der Familie zu haben.

Mein nächster Weg führte zur Bank. Dort richtete ich einen Dauerauftrag an meinen Schwager ein, über den alle Zahlungen laufen mussten.

Wenige Tage später zogen wir ein. Unsere ganze Habe hatte in zwei Koffern Platz gefunden. Zuallererst sichteten wir das, was als »möbliert« bezeichnet worden war. Es erwies sich als durchweg unbrauchbar. Lediglich die Klappcouch im Wohnzimmer wollte ich zum Schlafen nehmen.

»Mama, wir ekeln uns vor den Betten. Da können wir nicht drin schlafen«, jammerten die Kinder. Ich verstand sie gut. Auch mich würgte es, als ich mir das Ganze näher ansah.

»Es muss ein paar Tage lang gehen, dann kaufe ich alles neu für euch«, versprach ich ihnen. Allerdings wusste ich nicht, wie ich mein Versprechen einlösen sollte, denn nach Zahlung der Kaution war mein Konto völlig geplündert. Und ich hatte das Haus meiner Eltern mit einem festen Vorsatz verlassen: Ich werde sie nicht wieder um Geld bitten. Ich werde ohne ihre Hilfe zurechtkommen. Daran habe ich mich bis heute eisern gehalten.

Die Situation war klar: Ich musste alles neu anschaffen. Vom Kühlschrank über die Waschmaschine bis hin zur gesamten Küchenausstattung. Das wenige, das sich in den heruntergekommenen Schränken befand, war komplett unbrauchbar.

Mit der Wohnungseinrichtung war es lange nicht getan. Sila und Unmut fingen jetzt an, richtig Geld zu kosten – Schule, Kleidung. An Spielsachen oder den geringsten Luxus wagte sowieso keiner von uns zu denken – von Taschengeld konnten die Kinder nur träumen. Den Fernseher würde ich nicht anmelden können, ehe ich die Gebühren dafür aufbringen könnte. Er und die Uraltversion eines Gameboy brachten die einzige Ablenkung in ihren Alltag.

Ich rechnete und rechnete, konnte es aber drehen und wenden, wie ich wollte. Nach den wöchentlichen Einkäufen beim Discounter und im Supermarkt blieb für all diese Dinge so gut wie nichts übrig. Kindergeld bekam ich noch keines. Man hatte mir mitgeteilt, dass der Antrag auf Eis liege, bis meine Aufenthaltsfrage geklärt war. Ich würde zwar – wenn alles positiv verlief – alles nachgezahlt bekommen, aber in meiner damaligen Situation half mir das kein bisschen. Das Fazit blieb immer das gleiche: Ich brauchte mehr Geld. Fünfhundert Mark fehlten uns Monat für Monat.

Dann hätte ich die festen Kosten bezahlen, das Nötigste Schritt für Schritt anschaffen und uns einen ganz einfachen Lebensstandard ermöglichen können.

Was blieben mir für Möglichkeiten? Ich sah keine Chance, nach einer anderen Stelle zu suchen, in der ich angemessener bezahlt würde als für die Arbeit im Fast-Food-Imbiss. Zum einen glaubte ich nicht daran, dass ich etwas finden würde, zum anderen konnte ich jetzt nicht aufgeben. Ein Viertel von dem »Pflichtjahr«, in dem ich meinen Arbeitgeber nicht wechseln durfte, hatte ich schon »abgedient«. Selbst wenn ich einen anderen offiziell angemeldeten Job finden würde, hätte ich wieder von vorne anfangen und mit meiner Angst, entdeckt zu werden, drei Monate länger leben müssen. Neun Monate galt es noch durchzuhalten, mich von dem Fast-Food-Konzern ausbeuten zu lassen. Dort mehr Geld zu fordern war reine Illusion.

Wenn Mustafa bereit gewesen wäre, sich mit mir wegen der Steuer zu einigen, wäre das ein erster Schritt gewesen. Vergeblich hatte ich gehofft, mein »Noch-Mann« werde das einsehen, da die Kinder ja bei mir wohnten. Zufällig traf ich ihn in der Stadt, sprach ihn an: »Die Steuerklasse drei steht mir zu, denn ich habe die Kinder.«

»Was meinst du damit?«

»Wir gehen zum Finanzamt und lassen das umschreiben«, forderte ich ihn auf.

»Was gehen mich deine Kinder an? Was habe ich mit ihnen und mit deinen Schwierigkeiten zu tun?«, lamentierte er und drohte mir knallhart: »Wenn du mir den Steuervorteil nehmen willst, gehe ich zum Ausländeramt und sage dort, dass wir uns getrennt haben und dass du keinen Tag bei mir gewohnt hast.«

Auch er erpresste mich, das war mir klar, und eine eiskalte Wut stieg in mir hoch. Ich musste mich beherrschen. Am liebsten hätte ich ihn auf offener Straße geohrfeigt. Aber es gelang mir, meine Wut in den Griff zu bekommen: Du musst das schlucken, er hat dich in der Hand, du bist noch neun Monate auf seine Kooperation angewiesen. Von ihm kannst du dir nicht einen Pfennig erhoffen.

Kurz entschlossen startete ich am nächsten Samstagnachmittag bei der großen ehrwürdigen Kirche und klapperte systematisch alle Cafés und Gaststätten auf der Hauptstraße und in den angrenzenden Seitengassen ab.

»Ich suche Arbeit. Montag bis Freitag acht bis zwölf. Egal, ob Küche, putzen, bedienen.«

Ganz am Ende der Straße, im »Casa Mexikana«, wurde ich fündig.

»Wir suchen jemanden, der die Küche in Ordnung und sauber hält. Die Arbeitszeit würde passen.«

»Angemeldet?«

»Ja, als Nebentätigkeit.«

»Wie viel Geld?« Ich hatte dazugelernt.

»Fünf Mark pro Stunde.«

Ich rechnete schnell nach. Rund vierhundertfünfzig Mark. Es würde reichen. »In Ordnung, am Montag fange ich an.«

Wie fast immer, wenn man es am wenigsten brauchen kann, war ausgerechnet am Sonntagabend im Imbiss die Hölle los. Die Gäste nörgelten an allem herum, der Stock quoll mal wieder über, der »Ossi« benahm sich unausstehlich, und der Kollegin unterlief Fehler auf Fehler. Als ich völlig erschöpft nach Hause kam, wurden die Kinder wach. Sie weinten, weil sie mich fast nicht mehr zu sehen bekamen. So fiel ich erst nach drei Uhr in einen viel zu kurzen traumlosen Schlaf. Als der Wecker um sieben Uhr meinen ersten Arbeitstag im »Casa« einläutete, kam ich kaum aus dem Bett. Ich hatte furchtbare Angst. Wenn die Atmosphäre dort genauso schlimm wäre wie im Imbiss und im »Doppelherz«, das würde ich nicht auch noch aushalten.

»Mein Gott, wie siehst du denn aus? Bist du krank?«, rief Walter, der Koch, als ich blass und übermüdet eintraf.

»Nein, nein, es ist überhaupt nichts«, wehrte ich ab. Jetzt schicken sie dich gleich nach Hause, befürchtete ich.

»Komm her, mach mir nichts vor. Iss erst mal eine heiße Suppe, die bringt dich wieder auf die Beine.«

Vor Überraschung konnte ich nicht antworten. Seit Langem war mir niemand mehr so freundlich begegnet. Überhaupt: Vom ersten Moment an liebten mich alle Kollegen im »Casa« – sowohl die in der Küche als auch die im Service. »Du bist unser Putzengel«, lobten sie mich immer wieder. Das war Musik in meinen Ohren. Auch die Gäste verhielten sich dort ganz anders, als ich es gewohnt war. Viele von ihnen kamen regelmäßig zum Frühstück, lasen Zeitung, diskutierten das Tagesgeschehen. Wenn sie mich sahen, begrüßten sie mich mit einer Herzlichkeit, die ich selten erfahren habe. Wir lachten und scherzten miteinander, und die Arbeitszeit verging oft wie im Flug.

Ihre Freundlichkeit ist echt, sagte ich mir, überhaupt herrscht hier ein ganz anderes Niveau als im Imbiss, ein höheres sogar noch als im »Doppelherz«. Es fällt mir schwer zu beschreiben, wie gut es mir tat, endlich einmal anerkannt zu werden, endlich gezeigt zu bekommen, dass ich alles richtig mache, dass ich nicht die »unfähige, vertrottelte Ausländerin« bin, als die mich viele nur deshalb hinstellen, weil sie von der eigenen Unfähigkeit ablenken wollen. Die Arbeit im »Casa« empfand ich als Lichtblick und freute mich jeden Abend bei der Quälerei im Imbiss darauf, meine Kollegen und die Gäste am nächsten Morgen wiederzusehen.

Über ein Jahr habe ich dort gearbeitet. Nicht einmal erhielt ich irgendeine Anweisung, was ich zu tun hätte. Nicht einmal wurde ich kritisiert. Dabei war es ganz einfach: Ich hab geputzt und gespült, was schmutzig, und weggeräumt, was sauber war oder im Weg stand.

Walter war begeistert von mir: »Wenn du willst, arbeite ich dich in der Küche ein. Du könntest das Frühstück zusammenstellen, die Beilagen und Salate richten, die Teller dekorieren.«

»Nein, ich kann das nicht. Ich hab zur Zeit absolut keinen Kopf zum Lernen. Ich putze, räume auf und gehe wieder. Sei mir nicht böse, ich kann nicht anders.« Sein Angebot hätte ich gern angenommen, aber ich konnte und wollte ihm nicht erzählen, warum ich ein Jahr im Imbiss bleiben musste. Außerdem war mir klar, dass sie mir höchstens einen Teilzeit- aber sicher keinen angemeldeten Vollzeitjob anbieten würden.

Pünktlich um zwölf durfte ich gehen, benötigte eine knappe halbe Stunde, um nach Hause zu laufen. Um drei war es schon wieder Zeit, mich in meine Fast-Food-Uniform zu werfen und zum Dienst anzutreten. Nur am Freitag und Samstag hatte ich zwei Stunden mehr »Freizeit«, weil ich erst um achtzehn Uhr im »Doppelherz« anfing. Dafür kam ich dort selten vor sechs Uhr früh raus.

Heute noch plagt mich mein Gewissen, wenn ich daran denke, welches Leben ich Sila und Umut in dieser Zeit zumuten musste. Seit ich im »Casa« arbeitete, stand ich morgens gemeinsam mit ihnen auf – besser ausgedrückt: riss mich der Wecker nach weniger als fünf Stunden aus dem Schlaf. Die Kinder hatten dann so gut wie nichts von mir, denn immer noch steckte mir die anstrengende Nacht im Fast-Food-Imbiss in den Knochen, und niemand durfte mich ansprechen. Nach wie vor machten sie sich alleine für die Schule fertig und schlichen aus dem Haus, während ich versuchte, unter der Dusche einen klaren Kopf zu bekommen.

Ich hatte ihnen eingeschärft, sofort nach dem Unterricht auf direktem Weg heimzukommen. Wenn ich aus dem »Casa« eintraf, hatte ich gerade mal eine Stunde für sie Zeit. Davon abgesehen, mussten sie alleine zurechtkommen. Auch mit ihren Problemen, die sie in der Schule hatten. Ich hatte in den kurzen Erholungsphasen weder die Nerven noch die Geduld, noch die Kraft, um mit ihnen darüber zu sprechen. Wenn ich es doch einmal versuchte, scheiterte ich schnell. Ich war ja sowohl in der türkischen als auch in der deutschen Schule, die ich hier in unserer kleinen Stadt besucht hatte, nur von Klasse zu Klasse »durchgereicht« worden. Meine Eltern erwarteten von mir nicht im Geringsten, dass ich mich am Unterricht beteiligte (Mädchen werden verheiratet – und das war's). Die Lehrer zogen sich mit einem einfachen Trick aus der Affäre: Ich erhielt keine Noten im Zeugnis, sondern wurde mit dem Kürzel »nf« für »nicht feststellbar« versetzt. Das hieß im Klartext: Ohne dass es irgendjemanden gestört hätte, habe ich türkische Romane gelesen, statt mich am Unterricht zu beteiligen. Wie sollte ich da etwas von dem Stoff mitbekommen haben, den meine Kinder in der Schule durchnahmen? Was könnten sie mich fragen, wenn sie Hilfe bei den Hausaufgaben benötigen? Bis heute hat sich das nicht geändert, im Gegenteil, es wird ja von Klasse zu Klasse schwieriger. Sie lernen Dinge, von denen ich keinen blassen Schimmer habe. Natürlich tut es mir weh, wenn ich sie sagen höre: »Mama brauchen wir ja gar nicht erst zu fragen, die weiß es ja sowieso nicht.«

An den Wochenenden sah es noch schlimmer aus, denn Samstag und Sonntag kam ich ja erst morgens heim. Oft wurden Sila und Umut da gerade wach, mussten sich aber ruhig verhalten, weil ich nach einer Nacht im »Doppelherz« nichts als müde war. Ich konnte wirklich nicht mehr auf sie eingehen. Manchmal schlief ich schon ein, während sie noch aufgeregt versuchten, mir etwas zu erzählen.

Im Haushalt verrichtete ich nur das Nötigste. Eigentlich lege ich großen Wert auf Sauberkeit und Ordnung in meiner Wohnung. Jetzt gewöhnte ich es mir aber an wegzusehen, wenn es nicht anders ging. Zum Kochen kam ich überhaupt nicht, ernährte die Kinder mit Fast-Food aus dem Imbiss.

Nur am Samstag hatten wir zwei, drei Stunden für uns. Um zwölf stand ich auf. Wir frühstückten gemeinsam. Aber selbst hier standen wir unter Druck, denn ich konnte es mir nicht erlauben, kostbare Zeit mit Spielen und Erzählen zu verschwenden oder mich nach ihren Fortschritten in der Schule zu erkundigen. Stattdessen setzten wir uns gemeinsam in Papas Auto und verlegten unser Familienleben auf den Wocheneinkauf. Wo hätte ich sonst mit ihnen hingehen sollen? Ich kannte nur den einen Supermarkt, den einen Discounter. Wann hätte ich Zeit gehabt, Neues zu entdecken, geschweige denn, Menschen kennenzulernen, Freunde zu finden?

Selbst beim gemeinsamen Einkauf wollte ich, dass wir uns beeilen. Wenn ich es schaffte, rechtzeitig wieder zu Hause zu sein, könnte ich vielleicht selbst etwas für die Kinder zu essen zubereiten – ausnahmsweise. Gern wäre ich nur noch für sie da gewesen und hätte immer für sie gekocht, besonders für Sila. Ähnlich veranlagt wie Songül, trägt sie immer schon etwas mehr Gewicht mit sich herum. Schon damals wurden bei ihr die ersten Folgen der Fast-Food-Ernährung deutlich sichtbar: Sie wirkte aufgeschwemmt, nahm unproportional zu. Mir tat das weh, aber wie hätte ich es ändern sollen?

So geht es den Kindern immer noch besser, als bei Mutter und Papa zu wohnen, bei jedem Schritt beobachtet zu werden und mit dem ständigen Druck, dem Geschrei, der grundlosen Kritik und dem Hunger vor dem gefüllten Kühlschrank klarzukommen, tröstete ich mich. Ich hatte Arbeit, konnte ihnen wenigstens ein paar kleinere Wünsche mit meinem eigenen Geld erfüllen, sah wenigstens ab und zu ihre Augen strahlen. Dann erlebten wir für einen Augenblick einen kleinen Ausgleich dafür, dass wir sonst nur wenig voneinander hatten, und ich fühlte, dass sich die tägliche Schinderei lohnte.

Alles, was ich hier schildere, wäre niemals möglich gewesen, hätte Eda nicht in der Nachbarschaft gewohnt. Ohne sie hätte ich mir keinen Rat gewusst. Sila und Umut spielten täglich mit Sibel und Burak – entweder bei Eda oder bei uns. Oft gingen sie auch alle miteinander spazieren oder fuhren gemeinsam mit Edas Mann Bekir zu einem Ausflug im Auto in die Umgebung. Ohne diese Möglichkeit wären sie nach der Schule völlig auf sich allein gestellt in die Wohnung »verbannt« geblieben, denn ich verbot ihnen ausdrücklich, auf der Straße zu spielen oder zu jemand anderem zu gehen als zu Eda. Wie hätte ich jemals dem zusätzlichen Druck während der Arbeit standgehalten, hätte ich meine Kinder nicht zu Hause oder bei Eda in Sicherheit gewusst?

Eines möchte ich hier ganz deutlich sagen: Wenn ich an damals zurückdenke, erfüllt mich unsagbarer Stolz auf meine beiden Kinder. Die Art, mit der Sila und Umut die Hektik, den Druck, die Entbehrungen und die Herausforderung jener Tage bewältigten, nötigen mir höchsten Respekt ab. Noch heute höre ich ihre Stimmen, wenn sie mich tapfer ermutigten: »Mama, mach dir keine Sorgen, wir schaffen das.«

Da das »Doppelherz« am anderen Ende unserer kleinen Stadt lag, gab mir Papa sein Auto, um zum Dienst zu fahren. Gelegentlich, wenn er den Wagen brauchte, half mir Bekir aus. Eigentlich hatte mein türkischer Führerschein nur für ein halbes Jahr Gültigkeit. Aber wann hätte ich Unterricht für den deutschen nehmen können? Und vor allem: Wer hätte das bezahlt? So fuhr ich fast zwei Jahre lang schwarz zur Arbeit und zum Einkaufen, ohne die Verkehrsregeln in Deutschland genau zu kennen. Noch heute bin ich den deutschen Autofahrern dankbar dafür, dass sie sich so vorsichtig im Straßenverkehr bewegen und mich mit einem Unfall verschonten.

Der »Professor«

Allmählich verstand ich, dass ich mein Leben in Deutschland nur dann in den Griff bekommen würde, wenn ich meine eigenen Gesetze schuf. Ich fuhr mit einem ungültigen Führerschein, arbeitete »schwarz« im »Doppelherz« – bis vor wenigen Monaten hatte ich noch nicht einmal gewusst, was Schwarzarbeit ist. Ich verheimlichte die Trennung von meinem Mann, war gemeinsam mit Sila noch bei ihm gemeldet – Umut dagegen bei Papa. In Wirklichkeit wohnten wir alle ohne Anmeldung in einer Wohnung, die mein Schwager Bekir gemietet hatte. Diese Situation empfand ich allmählich als unerträglich, denn eigentlich wollte ich in Deutschland gesetzestreu leben. Nur sah ich keinen Weg, auf dem ich kurzfristig etwas hätte ändern können.

Etwas vermisste ich schmerzlich: Augenblicke, die mir allein gehörten. Stille Minuten mit der Chance, mich – ohne Ablenkung von außen – nur mit mir und mit meinen Schwierigkeiten zu beschäftigen. Deshalb schuf ich ein Refugium: Möglichst oft gönnte ich mir nach den langen Nächten im »Doppelherz« die Fahrt zur Uferpromenade am großen Fluss, setzte mich dort für ein paar Minuten auf eine der Bänke am Ufer und schickte den Stress der vergangenen Tage in die aufgehende Sonne. In diesen wenigen kurzen Momenten ungestörter Selbstbesinnung, tankte ich neue Kraft für die kommende Woche.

Etwa einen Monat später wurde es mir im Imbiss plötzlich schwindlig, dann schwarz vor Augen, und ich fiel einfach um, hörte noch einen lauten Knall, ein Krachen, ein Knirschen, dann war es still. Für Sekunden muss ich ohnmächtig gewesen sein. Als ich meine Augen wieder öffnete, lag ich in einem Karton mit Eiswaffeln. Der war aufgeplatzt, und die Waffeln lagen zerbröselt um mich herum. Einen Moment lang herrschte erschrockene Ruhe, dann trafen sich meine Augen mit denen meiner Kollegin. Wir mussten laut und fast hysterisch lachen. Schon kam der Schichtführer – der, den wir den »Professor« nannten – um die Ecke. Ich konnte mich sekundenlang nicht rühren, saß mitten im Waffelbruch, während er mich anschrie: »Mein Gott, du blöde Kuh, was gibt es da zu lachen? Und bleibst auch noch sitzen – steh endlich auf!«

Meine Kollegin wandte sich prustend ab. Der »Professor« sah aus wie eine Elvis-Presley-Karrikatur: rappeldürr, schwarze Klamotten, die Haartolle seines Vorbilds mit Festiger sorgsam über Stirn und Nacken fixiert. Mir war zwar im Grunde nicht zum Lachen zumute, aber selbst in meiner Lage konnte ich mich der Komik der Situation nicht entziehen. Mit ausgebreiteten Armen stand dieser Mann wild gestikulierend wie ein zerzauster Rabe drohend über mir. Die Tolle schwankte verdächtig.

Mühsam rappelte ich mich hoch, stand schließlich mit weichen Knien vor ihm. »Gib mir bitte zehn Minuten Pause«, bat ich.

»Jetzt bist du erst seit einer Stunde im Dienst, und schon willst du eine Pause? Was bildest du dir ein? Halt den Mund, und mach dich an die Arbeit!«

Vor der Kasse stand eine lange Schlange. Alle bekamen mit, wie er mir eine Abfuhr erteilte. Keiner half mir, nicht einmal einer der Stammgäste. Die ärgern sich nur, dass sie länger auf ihre Bestellung warten müssen, vermutete ich und versuchte sie zu verstehen: Sie wissen ja nicht, wie viel ich arbeite.

Ich biss die Zähne zusammen und stellte mich wieder hinter die Kasse. Den ganzen Abend über suchte der »Professor« Streit. Bei der geringsten Kleinigkeit schrie er mich an. Nach fünf Stunden konnte ich nicht mehr und rief ihm zu: »Ich geh jetzt in die Pause.«

»In welche Pause?«

»In die halbe Stunde, die mir jetzt zusteht.«

Mir bedeutete diese halbe Stunde, die auch im Arbeitsvertrag festgeschrieben stand, sehr viel, sie war mein einziges Vergnügen während der Rennerei des ganzen Abends. Ich schloss mich gewöhnlich im Pausenraum ein, aß innerhalb von zehn Minuten etwas und schloss für die restlichen zwanzig Minuten die Augen, genoss die Stille und hoffte immer wieder vergebens, dass sie niemals enden würde.

»Wann du Pause machst, bestimme ich«, herrschte der »Professor« mich an.

»Was ist? Du willst mir das einzige Recht nehmen, das mir zusteht?«

»Geh an deine Arbeit«, wiederholte er drohend.

Da ließ ich ihn alleine an der Kasse stehen, ging raus, lief die Hauptstraße hinunter, setzte mich hinter der Kirche auf den Rand des Brunnens und weinte. Ich zitterte vor Angst, meinen Job zu verlieren. Aber mit der Kälte, der Bosheit, der Verachtung, mit der mir der »Professor« heute Abend entgegengetreten war, hatte er die Grenze überschritten.

Ich rief Bekir an. Meinen Schwager schätze ich besonders wegen seiner intelligenten, überlegten und abwägenden Art, mit der er immer auf Ausgleich bedacht ist. Er kam sofort, und ich erzählte ihm alles.

»Dem sag ich die Meinung«, brachte er zwischen den Zähnen hervor, drehte sich auf dem Absatz um, lief entschlossen zum Imbiss und stellte den »Professor« zur Rede. Für mich dauerte es eine Ewigkeit, ehe er wiederkam.

»Komm, Schwägerin, ich habe mit ihm geredet und ihm deine Situation ausführlich erklärt. Er hat Verständnis gezeigt, er wusste ja nicht, wie hart du arbeitest, unter welchem Druck du stehst. Er ist eigentlich ganz in Ordnung. Komm, wir gehen jetzt zu ihm hin. Ihr müsst euch ja nicht gleich lieben, aber du wirst sehen, es ist alles wieder gut.«

Zum Glück standen kaum Kunden in der Schlange, als wir zurückkamen, so fanden wir an diesem Abend Zeit, miteinander zu reden. Zum ersten Mal überhaupt sprach ich mit einem Außenstehenden über meine Schwierigkeiten. Und er brachte die Geduld auf, die damals nötig war, wenn sich jemand mit mir auf Deutsch unterhalten wollte. Ich kannte seinerzeit nur die wichtigen Worte, konnte noch nicht einen einzigen zusammenhängenden Satz formulieren.

Ich versuchte, ihm von mir zu erzählen, er versuchte, mich zu verstehen. Von da an kamen wir gut miteinander aus und unterhielten uns oft, wenn abends weniger Betrieb war. Mit dem »Professor« lernte ich zum ersten Mal systematisch Deutsch und bat ihn, mich immer zu korrigieren, wenn ich etwas falsch sagte.

Wenn ich nachts heimkam und den Kindern das Essen gab, das ich mitgebracht hatte, blieb oft für mich nichts übrig. Der »Professor« durchschaute meine Situation.

»Komm Inci, iss erst etwas, ehe du zu arbeiten anfängst.«

Und nach Feierabend packte er mir wieder ein Esspaket für

die Kinder ein. Er war der Erste, der mich im Imbiss wie einen Menschen behandelte. Seine Fürsorge gab mir damals viel.

Angst

Etwa sechs Monate vergingen auf diese Weise, ohne dass ich das geringste Gefühl für den Ablauf der Zeit gehabt hätte. Die Tage und Nächte kamen, vergingen, ohne Gefühle, ohne Gedanken, ohne Schmerzen. Mittlerweile funktionierte ich wie eine Maschine: Wecker, aufstehen, spülen, putzen, aufräumen, Kinder, Haushalt, Kasse, Kunden, lächeln, Cocktails, Tanzmusik, Sonnenaufgang, schlafen, Wecker.

Sich eigene Gesetze zu schaffen ist das eine, stark genug zu sein, danach leben zu können, das andere. Mich jedenfalls beherrschte eine ständige, lähmende Angst. Sie war das Einzige, das in mein auf den monotonen Arbeitsablauf programmiertes Bewusstsein drang. Jegliches Vertrauen war mir abhandengekommen. Bei jedem Fremden, der sich im Imbiss vor der Kasse anstellte, blinkten bei mir alle Alarmlampen: Jetzt haben sie entdeckt, dass du nicht mehr mit Mustafa zusammenlebst. Du wirst verhaftet, eingesperrt, ausgewiesen. Hundertachtundsiebzig, hundertsiebenundsiebzig, hundertsechsundsiebzig – wie eine Strafgefangene zählte ich die Tage bis zum Ablauf meines »Pflichtjahres« rückwärts. Je kleiner die Zahl, desto übermächtiger wurde die Angst. Jeder neue Gast im »Doppelherz« erschien mir suspekt: Ist der von der Ausländerpolizei, von der Steuerfahndung? Sechs, sieben Monate arbeitete ich mittlerweile »schwarz«. Den Satz »Ich ersten Tag hier, ich nur auf Probe« hielt ich ständig parat. Irgendwann wurde mir bewusst, dass bei der Polizei auch Frauen arbeiten – das verdoppelte mein Misstrauen.

Wenn Polizei in Uniform den Imbiss betrat, konnte ich mit meinen zitternden Händen die Kasse fast nicht mehr bedienen. Irgendjemand hat angezeigt, dass du ohne Führerschein fährst, dachte ich. Wenn sie dich dabei oder im »Doppelherz« erwischen, bekommst du erst recht keine Aufenthaltsgenehmigung, sie werfen dich sofort aus dem Land.

Ständig fühlte ich mich beobachtet. Aus Angst, ich würde verfolgt, wählte ich jedesmal einen anderen Weg, wenn ich nach Feierabend im Dunkeln nach Hause ging. Meine Stimmung war am Tiefpunkt. Ich hielt mich aufrecht, indem ich mir gebetsmühlenartig selbst zuredete: Du musst stark bleiben. Wenn du stark bist, werden sie nichts merken.

Sepp

Und du musst etwas ändern, wurde mir zwingend klar. Am meisten belastete mich die Arbeitszeit im »Doppelherz«. Papa hatte außerdem angekündigt, mir künftig sein Auto nicht mehr geben zu wollen. Wie sollte ich dann hinkommen? Aber wie sollte ich die Einnahmen dort ersetzen? Ich beschloss, mich in aller Ruhe nach einem neuen Job umzusehen.

Seit einiger Zeit war mir im Imbiss ein Gast aufgefallen, der fast jede Nacht vorbeikam, eine skurrile Gestalt, wie einem arabischen Abenteuerroman entsprungen. Etwa einsachtzig groß, graublaue Augen. Über der hageren Gestalt hing ein leger-sportlicher Anzug. Meist sah ich ihn schon durch die Glastür kommen, noch ehe er sich angestellt hatte. Unverwechselbar wurde seine Erscheinung aber durch seine Frisur. Die gab es nämlich gar nicht: Sein Schädel war blank rasiert. Nur im Nacken ließ er einen kleinen schwarzen Zopf stehen. Es musste ihn täglich viel Zeit und Aufwand kosten, dieses Erscheinungsbild so sorgsam zu pflegen, dass er immer frisch rasiert aussah. Seine Glatze war keine Notlösung, sein eigentlich voller Haarwuchs schimmerte dunkel durch die Kopfhaut. Die schien er immer auf Hochglanz poliert zu haben. Oft ertappte ich mich bei der Vorstellung, dass er sie im Bad mit Schuhcreme und weichen Bürsten polierte, ehe er ausging. Sein Gesicht zeigte schon »Gebrauchsspuren«, aber ich fand es unmöglich, sein Alter einzuschätzen. Zwischen Ende dreißig und Anfang fünfzig, taxierte ich. Nicht nur wegen seiner dicken Brille schätzte ich ihn als hochintelligent ein. Immerhin sprach er Arabisch, Französisch, Italienisch und Deutsch. Fließend – soweit ich das beurteilen konnte.

»Wie heißt du?«, fragte er mich eines Nachts.

»Inci«, antwortete ich. Eigenartigerweise hielt sich mein Misstrauen bei ihm in Grenzen. Trotz seiner abenteuerlichen Erscheinung war er mir sympathisch.

»Bist du Türkin?«

»Ja, und du?«

»Ich bin Palästinenser, ich komme aus Beirut, wohne aber schon seit dreißig Jahren in Deutschland.«

»Wie heißt du?«

»Die Deutschen nennen mich Sepp. Mir gehört um die Ecke in der Tränkgasse ein Café, das ›Chaiselongue‹.«

Sofort war ich hellwach. Das »Chaiselongue« kannte ich. Es lag keine zwei Minuten zu Fuß vom Imbiss entfernt. Seinen Namen hat es von seiner Einrichtung: Alte Sofas sorgen für Gemütlichkeit. Morgens um neun sitzen dort die ersten Stammgäste beim Frühstück – im Winter drinnen, im Sommer vor der Tür. Später kommen meist Jugendliche, Schüler, Studenten, abends ist es ein beliebter Treff für junge Pärchen, und spät in der Nacht kommen die Übriggebliebenen aus den Weinstuben zum Absacker. Schon zweimal war ich dort, hatte nach einem

Job gefragt, meinen neuen Bekannten aber nicht angetroffen. Seine Bedienungen, durchweg ausländische Mädchen, wimmelten mich immer ab. Von der Lage her hätte das »Chaiselongue« gut in meinen Tagesablauf gepasst. Auf Papas Auto hätte ich verzichten können.

»Meine Schwester sucht einen Job«, tastete ich mich vor.

»Zuverlässige Bedienungen brauche ich dringend. Wenn sie so gut ist wie du, schick sie vorbei!«

»Bist du am Samstagvormittag dort, sagen wir um elf?«

»Wenn du es arrangieren kannst, dass sie dann kommt, werde ich da sein.«

Am Samstag, punkt elf Uhr, betrat ich das »Chaiselongue«.

»Kommt deine Schwester auch?«

»Im Imbiss wollte ich nicht sagen, dass ich selbst den Job suche, das geht die da nichts an.«

»Verstehe. Wenn das so ist, kannst du sofort anfangen.«

»Ich möchte mir alles erst einmal ansehen. Ginge es vorläufig samstags von neun bis ein Uhr?«

»Ja, warum nicht. Ab der nächsten Woche?«

»Klar.«

Er lud mich noch zu einem Kaffee ein. Im »Doppelherz« wollte ich erst aufhören, wenn ich sicher wusste, dass ich im »Chaiselongue« zurechtkommen und bleiben würde. Demnach konnte ich dort jetzt noch nicht kündigen. Also hast du jetzt vier Arbeitsstellen, welch tolle Erleichterung! Ich schüttelte über mich selbst den Kopf. Na ja, besser, als ein Risiko einzugehen und dann mit leeren Händen dazustehen. Für kurze Zeit ist das schon zu schaffen, motivierte ich mich selbst.

An einem verregneten Tag lief ich nach Arbeitsschluss vom »Casa« nach Hause. Plötzlich fegte ein kalter Wind durch meine Jacke. Ich raffte sie zusammen und fühlte meine Brüste unter dem dünnen Stoff. Mein Gott, eigentlich bist du ja eine Frau und keine seelenlose Arbeitsmaschine, schoss es mir durch den Kopf. Über ein Jahr lang hatte ich das vergessen. Erschrocken blieb ich stehen, tastete über meinen Körper. Mittlerweile war ich abgemagert bis auf die Knochen. Lange würde das nicht mehr gut gehen, sagte ich mir wieder einmal.

Ein Freund unter Deutschen

Das »Chaiselongue«

Nur wenig später kündigte ich im »Doppelherz« und nahm Sepps Angebot an. Er öffnete das »Chaiselongue« täglich um neun Uhr am Morgen. Wir vereinbarten, dass ich freitags und samstags den ganzen Tag bis Feierabend – meist nach ein Uhr nachts – bei ihm arbeiten würde. Oft kam ich noch am Sonntagvormittag für ein paar Stunden, je nachdem, ob ich mich gerade gut mit ihm verstand oder nicht.

Denn Sepp erwies sich als ein sehr schwieriger, cholerischer Mensch. Ich nahm an, dass er unter einer Nervenkrankheit litt. Er konnte aus dem Stand explodieren – oft ganz ohne Grund. Etwa so: Ich stand bei Arbeitsbeginn mit ihm am Tresen. Er ordnete irgendwelche Papiere.

»Da lagen eben noch zwei Briefe. Wo sind sie jetzt?«, herrschte er mich unvermittelt an.

»Ich hab deine Briefe nicht.«

»Doch, du hast sie weggenommen«, seine Stimme überschlug sich fast.

»Kannst oder willst du mich nicht verstehen? Ich hab sie nicht.«

Er gab keine Ruhe: »Eben waren sie noch hier bei den anderen Papieren, wo sind sie jetzt?«

»Frag doch mal die anderen.« Ich ließ ihn stehen, beachtete ihn nicht weiter und begann mit der Arbeit.

Im Umgang mit aggressiven Menschen hatte ich ja mittlerweile genügend Erfahrung, deshalb kam ich ganz gut mit Sepp zurecht. Seine »Personalpolitik« jedoch widert mich heute noch an: Er ist ein Opportunist und Egomane. Er beschäftigte nur Mädchen, die keine oder nur eine kurzfristige Aufenthaltserlaubnis hatten und unbedingt illegal Geld verdienen mussten. Deren Zwangssituation nutzte er aus. Seine Spezialität: Russinnen und Polinnen, die das in Deutschland verdiente Geld nach Hause überweisen wollten, um sich dort eine Existenz aufzubauen. Sie reisten mit einem Touristenvisum in Deutschland ein – waren also nur zu Besuch –, regelmäßige Arbeit war ihnen untersagt. Sepp störte das wenig: Er ließ sie bei sich arbeiten, bis das Vierteljahr abgelaufen war. Dann fuhren sie heim. Normalerweise hätten sie jetzt ein halbes Jahr in ihrem Land bleiben müssen, ehe sie wieder ein deutsches Touristenvisum für ein weiteres Vierteljahr bekommen hätten. Sie tauchten aber schon ein, zwei Wochen später wieder zur Arbeit im »Chaiselongue« auf. Wie das funktionierte, verriet mir Maria, eine große, blonde Russin, als wir eines Abends ins Gespräch kamen.

»Ich habe drei Pässe. Wenn das Visum im ersten abgelaufen ist, reise ich aus und gehe mit dem zweiten zum deutschen Konsulat in Russland. Dort bekomme ich ein neues und kann wieder für ein Vierteljahr herkommen und arbeiten.«

»Ich verstehe. Wenn du dann wieder nach Hause musst, nimmst du den dritten Pass für die nächsten drei Monate.«

»Stimmt. Danach lege ich wieder den ersten Pass vor.«

»Richtig. In dem sieht es ja so aus, als ob du sechs Monate gewartet hättest.«

»Genau so läuft es.«

Sepp kannte das Spiel, aber es ließ ihn kalt. Im Gegenteil. Da die Mädchen illegal arbeiten mussten, waren sie billig zu haben. Damals verdiente eine Aushilfskraft in den Restaurants und

Kneipen unserer kleinen Stadt zwischen fünfzehn und achtzehn Mark pro Stunde. Sepp zahlte zehn. Die Mädchen hatten keine Wahl und akzeptierten. Sie wussten, dass er sie in der Hand hatte. Wohin hätten sie sich auch wenden sollen? Wie eine andere Arbeit finden? Aus Angst, auch noch die paar Mark zu verlieren, die sie bei ihm verdienen konnten, wagte es keine, ihm zu widersprechen. Angemeldet hat er natürlich keine von ihnen, zahlte weder Steuern noch Sozialabgaben und sorgte nicht einmal für ihre Krankenversicherung. Zur Krönung nahm er den Mädchen sogar das Trinkgeld weg. »Ich leiste doch die Hauptarbeit hier und nicht du«, argumentierte er knallhart, falls sie es wagten zu widersprechen.

Mit mir hat er das nur einmal versucht. Großzügige Gäste hatten mir an jenem Abend fast hundert Mark spendiert.

»Das lieferst du ab«, forderte er.

Da platzte mir der Kragen: »Meinst du wirklich, ich würde nur einen Pfennig zu viel von dir nehmen? Das Trinkgeld habe ich verdient. Jede Mark gehört mir, und was mir gehört, behalte ich auch. Was glaubst du eigentlich, wer du bist? Mit mir kannst du das nicht machen. Das haben schon ganz andere versucht als du. Ich habe die Nase voll von dir. Es ist Schluss. Ich höre auf. Du siehst mich nie mehr wieder.«

Ich machte auf dem Absatz kehrt und verließ das »Chaiselongue«. Für immer, wie ich glaubte.

Am nächsten Morgen rief er lammfromm an: »Kommst du?«

»Okay, aber du weißt jetzt, wie ich die Dinge sehe.«

Oft hörte und manchmal beobachtete ich auch, dass er von den Mädchen mehr einforderte als ihre billige Arbeitskraft. Bei mir hat er sich nicht getraut, mich direkt sexuell zu belästigen. Das hinderte ihn aber nicht daran, mich immer wieder mit eindeutigen Worten aufzufordern, mich mit ihm einzulassen. Wenn viel Betrieb herrschte, tat er manchmal so, als wenn er mir hinter dem Tresen helfen wollte, und drängte sich dicht an mich.

»Geh weg, ich arbeite hier alleine. Dich brauche ich dazu nicht«, fauchte ich ihn an. Er verzog sich dann wie ein geprügelter Hund wieder in den Gastraum.

Ich glaube, ich war das einzige der Mädchen, das sich seine Achtung erworben hatte. Auf mich konnte er sich verlassen. Bei mir stimmte die Kasse immer auf den Pfennig – im Gegensatz zu den Mädchen, die sich für seine Anzüglichkeiten bei jeder Gelegenheit rächten und ihn betrogen und bestahlen, wo immer sie konnten. So lange jedenfalls, bis er es herausbekam und wieder eine davonjagte.

Der Respekt, den er mir entgegenbrachte, war wohl auch darin begründet, dass ich mich von seinen Launen kaum beeindrucken ließ und er trotz allem immer auf mich zählen konnte. Als er einmal ernsthaft krank im Bett lag, ließ ich mir zwei Wochen Urlaub geben und führte sein Geschäft ganz alleine. Und wenn ihn eines der Mädchen versetzt hatte, meldete ich mich so manches Mal im Hauptbüro der Fast-Food-Kette für ein, zwei Tage krank und sprang für sie ein. Dann spielte ich allerdings mit dem Feuer, denn der Imbiss lag ja um die Ecke. Ich konnte nur inständig hoffen, nicht entdeckt zu werden. Es ging alles gut – im »Chaiselongue« traf man so gut wie nie Kunden von dort.

Im »Chaiselongue« verkehrten meist die »besseren Bürger« unserer kleinen Stadt. Die, die sich nicht mit Fast-Food abspeisen lassen, die stattdessen die Tische der zahlreichen Restaurants füllten. Unter ihnen Kriminalpolizisten, Rechts- und Staatsanwälte, Ärzte, Geschäftsinhaber und auch etliche Journalisten und Lokalpolitiker. Die Pikanterie an der Sache war, dass keiner von ihnen sich je dafür interessierte, unter welchen Bedingungen die ausländischen Mädchen hier arbeiteten, ob sie angemeldet waren, Aufenthalts- und Arbeitsgenehmigung besaßen. Niemand störte sich daran, dass Sepp ohne Registrierkasse arbeitete, stattdessen eine chaotische Zettelwirtschaft führte. Er schuf sich seine eigenen Gesetze, und alle ließen ihn gewähren.

Mit den Gästen verstand ich mich blendend. Im »Chaiselongue« herrschte ein ganz anderes Niveau als im Imbiss. Hier interessierte man sich für mich. Eine junge Türkin! Manche trauten sich zunächst gar nicht, mich anzusprechen. »Wir hatten Angst vor deiner Familie«, gestanden sie, nachdem sie sich endlich ein Herz gefasst hatten. War der Bann gebrochen, löcherten sie mich neugierig mit Fragen über Fragen:

»Du bist wirklich Türkin?«, »Bist du verheiratet?«, »Hast du Kinder?«, »Erlaubt dir denn deine Familie, hier zu bedienen?«, »Musst du kein Kopftuch tragen?«, »Ihr dürft doch keinen Alkohol trinken, wieso darfst du dann in einer Kneipe arbeiten?«, »Darfst du überhaupt mit einem fremden Mann sprechen?« und so weiter. Manchmal machte mich die Fragerei verrückt, denn in den Köpfen dieser Menschen spukte diese fatale Mischung aus Halbwissen, Gerüchteküche und eigener Phantasie. Wie oberflächlich sie ihre Meinung bildeten, wie wenig sie von uns wussten! Aber sie interessierten sich wenigstens für mich. Vor mir hatten sie bestimmt noch keine Türken in einem »ihrer« Restaurants gesehen. Weder als Gast noch als Bedienung. Kaum einer hatte jemals Kontakt zu meinen Landsleuten in Deutschland, höchstens im Urlaub in meiner Heimat. Dann schwärmten sie danach allerdings von unserer Gastfreundschaft, von der Freundlichkeit und Hilfsbereitschaft, die sie erfahren hatten. Und sie priesen die türkische Gastronomie in den höchsten Tönen. Eine »Türkenkneipe« allerdings würden sie hier nur ausnahmsweise betreten.

Bei meinen früheren Streifzügen durch die Gaststätten unserer kleinen Stadt, vorbei am Italiener, Griechen, Mexikaner und

Chinesen, hatte ich immer wieder das Gleiche erlebt, wie hier im »Chaiselongue«: Die deutschen Gäste behandelten mich fast ausnahmslos wie ein seltenes Tier, wie eine Außerirdische, die urplötzlich vom Himmel gefallen war. Offensichtlich waren sie zuvor noch keiner Türkin alleine in »freier Wildbahn« begegnet. Später, als ich ein eigenes Auto hatte, machte ich dieselbe Erfahrung auch an anderen Orten, selbst in großen Städten. Die einzige funktionierende deutsch-türkische Begegnungsstätte scheint der Dönerladen zu sein.

Ein türkischer Gastronom, seit Jahrzehnten mit seinem Döner-Imbiss in unserer kleinen Stadt sehr erfolgreich, hat versucht, den deutschen Gästen ein liebevoll gestaltetes, türkisches Restaurant auf hohem Niveau anzubieten. Obwohl seine Preise gemessen an der Qualität des Gebotenen äußerst moderat kalkuliert waren, ist er gescheitert. Es kamen fast ausschließlich Türken. Jetzt drehen sich bei ihm wieder drei Dönerspieße im Akkord.

Warum gehen die Deutschen zum Italiener, Griechen, Chinesen, Mexikaner, nicht aber zum Türken? Mir fällt zu dieser Frage keine Antwort ein. An der Fremdartigkeit der Küche kann es nicht liegen. Leichter fällt es mir, den Umkehrschluss zu ziehen: Es wäre zu einfach, meinen Landsleuten den Willen zur Integration abzusprechen, nur weil sie sich ausschließlich in türkischen Gaststätten treffen. Ihr Problem beginnt schon damit, dass sie nicht wissen, was sie sich auf einer deutschen Speisekarte bestellen sollen. Und das nicht nur deshalb, weil sie die Sprache nicht verstehen. Schweinefleisch ist ihnen verboten. Bei strenggläubigen Muslimen geht das so weit, dass sie nichts essen dürfen – nicht einmal die Zwiebeln im Beilagensalat –, wenn bei der Zubereitung das gleiche Messer verwendet wird wie beim Schneiden von Schweinefleisch. In ihren eigenen Gaststätten fühlen sie sich sicher. Denn Schwein – in welcher Form auch immer – kommt in unserer Küche nicht vor.

Viele halten sich auch an das Alkoholverbot. Nach den Getränken, die sie traditionsgemäß in unserer Heimat bekommen, fragen sie nun einmal in nichttürkischen Gaststätten vergeblich. Natürlich hindern auch unterschiedliche Moralvorstellungen konservative Türken daran, in deutschen Gaststätten zu verkehren.

»Unsere Frauen werden dort verdorben«, lautet die Parole.

Mir wurde das am Verhalten von Cahit und seiner Frau Hazal deutlich. Sie betreiben einen Dönerladen direkt neben dem Fast-Food-Imbiss. Hazal arbeitet außerdem als Krankenschwester. Cahit rief mich immer wieder zu sich herein, wenn ich bei ihm vorbeikam, um meinen Dienst anzutreten.

»Warum arbeitest du in diesem Laden, komm doch zu mir«, löcherte er mich ständig.

Ich wollte ihm nicht anvertrauen, dass ich dort erst »mein Jahr am Stück« hinter mich bringen musste. Als ich ihnen dann leichtsinnigerweise von meiner Stelle im »Chaiselongue« erzählte, wurden sie penetrant: »Wie kannst du so etwas nur tun? Für Türken bist du eine Nutte, wenn du in einem solchen Laden arbeitest.«

»Die Leute, die mich ›Nutte‹ nennen, sollen meinen Kindern Brot bringen. Dann werde ich zu Hause sitzen bleiben. Ich wäre froh, wenn alle Türken mich bisher in meinem Leben so höflich und voller Respekt behandelt hätten, wie die Gäste im ›Chaiselongue‹«, entgegnete ich wütend. Dann wäre mein Schicksal vielleicht anders verlaufen, ergänzte ich im Stillen. Sie haben sich dort für mich interessiert, aber nur ganz selten hat mich einer belästigt. Im Gegenteil, einige nahmen durchaus Anteil an meinem Schicksal – so weit ich ihnen davon erzählte. Ab und zu kam der eine oder andere Gast aufgeregt zu mir.

»Inci, ich weiß einen Job für dich, etwas ganz anderes als das, was sie dir in dem Imbiss dieser Fast-Food-Kette bieten können. Da verkaufst du dich doch unter Wert. Dieser amerikanische Konzern beutet seine Mitarbeiter nur aus.«

Ich antwortete jedes Mal ausweichend. Noch immer traute ich keinem über den Weg, egal wie freundlich er sich mir gegenüber zeigte. Mit einer Ausnahme.

Begegnung

Eines Abends stand er plötzlich in der Tür. Fast zwei Meter groß, rote Backen wie ein Weihnachtsmann, gemütlich-gewichtig in der Mitte. Ich schätzte ihn auf Anfang fünfzig. In seinem vollen schwarzen Haar schimmerte an den Schläfen das erste Weiß. Seine Ausstrahlung füllte den Raum, und mich überkam sofort ein unerklärliches Gefühl der Sicherheit. Obwohl ich ihn noch nie gesehen hatte, erschien mir sein Gesicht so vertraut, als würden wir uns schon immer kennen. Ich saß ganz vorne an der Bar, der Mann ging an mir vorbei, grüßte mich freundlich und setzte sich am Ende der Bar auf einen Hocker. Wir hielten minutenlang Blickkontakt. Plötzlich stand er auf, kam wieder zu mir rüber und fragte: »Aus welchem Land kommst du?«

»Ich bin Türkin.« Er behauptete später immer, ich hätte in diesem Moment sehr stolz auf ihn gewirkt.

»Interessant, ich habe viele türkische Freunde und kenne einen kleinen Teil deiner Heimat.« Das hatten allerdings schon einige behauptet, wahrscheinlich um mir zu imponieren.

»Ich heiße Jochen – und du?«

»Inci.«

»Das klingt hübsch. Was bedeutet das Wort?«

»Auf Deutsch heißt es ›Perle‹.«

»Wie schön, das passt wirklich gut. Arbeitest du hier?«

»Ja, hier auch. Und was treibst du?«

»Ich bin Journalist.«

Interessant, dachte ich, einen deutschen Journalisten hast du noch nicht kennengelernt. Wir unterhielten uns weiter. Er kam oft, war einer der Stammgäste. Allmählich wurde mir mein Vertrauen zu ihm bewusst, das ich eigentlich schon beim ersten Blick gefasst hatte. Wenn nicht viel Betrieb herrschte, redeten wir oft miteinander. Nach und nach erzählte ich ihm immer mehr von meiner Situation – mehr, als ich je einem anderen Menschen anvertraut habe.

»Wie ich es sehe, hast du drei Probleme, und in deinem Fall ist die Drei keineswegs die beste Zahl«, Jochen brachte es fertig, selbst solche Gespräche mit Scherzen aufzulockern.

»Bei deiner Auseinandersetzung mir der Familie kann ich dir nicht helfen.«

»Das erwarte ich auch gar nicht von dir«, entgegnete ich gereizter, als ich eigentlich wollte.

»Schon gut. Ich wollte dir nicht zu nahetreten und nur sicher sein, dass du weißt, dass ich verstanden habe. Eine Arbeit für dich zu finden, durch die du bei einer vernünftigen Arbeitszeit genügend Geld verdienst, um mit deiner Familie von anderen unabhängig zu leben, ist sehr schwierig. Du hast keinen Schulabschluss und keine Berufsausbildung, kannst nicht sehr viel Deutsch.«

»Das habe ich auch schon bemerkt. Am liebsten wäre mir eine Stelle in der Produktion einer Fabrik, wo ich angelernt und von anderen in Ruhe gelassen werde. Ich möchte meine Arbeit ganz alleine in eigener Verantwortung erledigen.«

»Du musst Geduld haben und suchen. Du kennst ja auch einige Leute. Jeder, der helfen kann, ist wertvoll.« Jochen dachte eine Zeit lang nach und fuhr dann fort:

»Das kann alles warten. Das Problem mit deiner Aufenthaltsgenehmigung muss gelöst werden, sonst wäre ja alles andere umsonst.«

»Meinst du, du kannst mir dabei helfen?«

»Ich hoffe es. Wie lange gilt deine Genehmigung denn jetzt noch?«

»Etwa sechs, sieben Wochen. Seit ich hier bin, haben sie mir beim Ausländeramt die Erlaubnis immer nur um zwei, drei Monate verlängert. Beim letzten Mal haben sie angekündigt, dass es keine Verlängerung mehr gebe.«

»Das ist verdammt knapp. Wir müssen schnell sein. Ich brauche noch ein paar sichere Informationen. Du bist in Deutschland geboren?«

»Ja, 1970.«

»Und mit einem Jahr in die Türkei zu deiner Oma abgeschoben worden?«

»Stimmt. Mit knapp elf Jahren haben sie mich dann zurückgeholt.«

»Und dann bist du hier zur Schule gegangen?«

»Von der fünften bis zur achten Klasse, und dann noch ein Jahr in die Berufsschule.«

»Mit sechzehn Jahren haben deine Eltern dich gezwungen, einen wildfremden Mann zu heiraten und gegen deinen Willen zu ihm nach Anatolien zu ziehen?«

»Ja, das war die Hölle. Nach neun Jahren konnte ich mich endlich scheiden lassen, und seit einem knappen Jahr wohne ich wieder hier.«

»Vorher hast du einen Deutschen geheiratet, mit dem dich dein Vater zusammengebracht hat. Bitte, sei ehrlich zu mir: Hast du ihn wirklich geheiratet, um mit ihm zusammenzuleben – oder war es doch eine Scheinehe?«

»Beweisen kann ich es nicht. Du musst mir einfach glauben:

Ich habe ihn geheiratet, wollte wirklich mit ihm zusammen ein neues Leben für mich und meine Kinder aufbauen.«

»Okay, die Vernehmung ist beendet.« Jochen zwinkerte mir zu. »Ich werde sehen, was ich tun kann.«

Gefangen

Etwa zwei Wochen später betraten zwei Männer den Fast-Food-Imbiss, als ich gerade ein Tablett an einen Tisch brachte. Die beiden fielen mir sofort auf – sie sahen ganz anders aus als die typischen Gäste. Ihre Haltung und die Art, wie sie gingen, wie sie auf mich zukamen, signalisierte mir sofort, dass etwas nicht stimmte. Ich ahnte, dass sie Ärger machen wollten, dachte aber an alles Mögliche, nur nicht daran, dass sie Polizisten sein könnten und meinetwegen gekommen waren.

Ich ging zurück zur Kasse. Dort drängten sich ausnahmsweise nur wenige Gäste. Die beiden stellten sich am Ende der Schlange an und sahen mir zu, wie ich jeden Einzelnen bediente.

»Was darf es sein?«, fragte ich mit fester Stimme, als sie vor mir standen.

»Zwei Cola.«

Ich schenkte ein. Sie bezahlten. Der eine sah aus wie ein Türke: schwarze Haare, dunkle Augen, schwarzer Schnurrbart im Dreitagebart, untersetzt, Bierbauch. Der andere stand groß gewachsen und schlank vor mir – blonde Haare leuchteten über blauen Augen in seinem schmal geschnittenen Gesicht.

»Kripo, können wir Sie kurz sprechen?« Der Schwarzhaarige hielt mir einen Ausweis unter die Nase.

Mir blieb das Herz stehen, ich fühlte meine Beine nicht mehr.

»Bitte gehen Sie dort in den Nichtraucherbereich. Ich komme sofort nach«, forderte ich sie auf. Ich sah mir selbst zu wie in einem Film und wunderte mich darüber, dass es mir immer noch gelang, mit ruhiger, fester Stimme zu reden.

Zum Glück hatte der »Professor« Dienst, und ich war in diesem Moment heilfroh, dass mittlerweile Frieden zwischen uns herrschte. Ich rief ihn und flehte ihn an: »Bitte übernimm die Kasse für zehn Minuten, da will mich jemand sprechen.« Er schaute überrascht, bemerkte offensichtlich meine Panik und stellte sich wortlos auf meinen Platz.

Ich ging zu den beiden Männern und setzte mich ihnen gegenüber.

»Was kann ich für Sie tun?«, fragte ich wie in Trance und verschränkte die Arme.

Wieder sprach der Schwarzhaarige, während der Blonde die Szene beobachtete: »Ich bin Kriminalkommissar Horst Steiner, und das ist mein Kollege Kurt Hansen. Sind Sie Inci Y.?«, fragte er mich. Dabei trug ich ein Namensschild am Revers.

»Ja.«

»Können wir deutsch miteinander reden oder benötigen wir einen Dolmetscher?«

»Reden wir deutsch.«

»Wir überwachen Sie schon seit einigen Monaten. Sie wohnen nicht mit Ihrem Mann zusammen, sind aber mit Ihrer Tochter bei ihm gemeldet.«

Er legte eine Pause ein. Es gelang mir, ihn schweigend und mit unbeteiligtem Gesicht anzusehen. Als ich nicht antwortete, fuhr er fort: »Sie und Ihre Kinder wohnen auch nicht bei Ihren Eltern, obwohl Ihr Sohn dort gemeldet ist. Sie haben auch kein Telefon und kein Handy.«

Eine Eiseskälte stieg in mir auf. Die wissen alles, wurde mir unausweichlich bewusst. Ich schwieg weiter.

»Wir waren in der Wohnung Ihres Mannes und haben dort nichts gefunden, was auf Sie oder auf Ihre Kinder hingewiesen hätte. Weder Möbel noch Kleidung, noch Zahnbürsten oder Kosmetika, die auf die Anwesenheit von einer Frau oder Kindern hindeuten würden. Es ist ein typisches Junggesellenappartement, Ihr Mann wohnt dort alleine. Er hat uns auch bestätigt, dass sie keinen Tag bei ihm gelebt haben.«

Sie haben mich, resignierte ich. Jetzt konnte ich nicht mehr reden. Die Angst schnürte mir die Kehle zu, aber ich ließ es mir nicht anmerken. Er wartete einen Moment und sprach mit schneidender Stimme: »Wir wissen alles über Sie, nur nicht, wo Sie wohnen.«

Da hat es sich wenigstens gelohnt, dass ich jeden Abend auf einem anderen Weg nach Hause gegangen bin, sagte ich mir sarkastisch.

»Uns liegt außerdem eine Anzeige vor, dass Sie schwarz im ›Doppelherz‹ arbeiten.«

Auch diese Anschuldigung quittierte ich ohne Reaktion. Der Blonde verzog keine Miene, beobachtete uns während der ganzen Zeit schweigend. Horst Steiner drückte mir seine Visitenkarte in die Hand und stand auf.

»Kommen Sie morgen aufs Revier«, forderte er mich auf, »wenn Sie mit uns reden, bekommen Sie keine Probleme.«

»Gut, ich komme.«

»Was ist denn hier los?« Der »Professor« war hinzugetreten. Er wusste ja nicht, um was es ging, und machte sich Sorgen um mich. Das tat mir gut. Wenigstens einer, der mir hilft, dachte ich dankbar.

»Die Kripo wollte mich sprechen. Ich komme jetzt zur Kasse zurück«, immer noch gelang es mir, mit ganz normaler Stimme zu antworten. Die beiden Beamten gingen in den Gastraum. Ich stand zunächst regungslos da, unfähig, mich zu bewegen. Der »Professor« nahm mich schließlich am Arm, führte mich zur Kasse zurück.

»Bleib stark!«, raunte er mir zu.

Mechanisch nahm ich meine Arbeit wieder auf, versuchte, die beiden nicht zu beachten. Sie hatten sich an den hintersten Tisch gesetzt, beobachteten uns und tranken ihre Cola. Der »Professor« sah, dass ich mich wieder im Griff zu haben schien, und zog sich in sein Büro zurück. Als die beiden Kripobeamten ihre Becher geleert hatten, standen sie auf, öffneten die Eingangstür. Horst Steiner drehte sich noch einmal um und beschwor mich eindringlich: »Bitte kommen Sie morgen früh. Sollten Sie nicht erscheinen, bekommen Sie ein richtiges Problem.«

Ich schloss die Kasse mit lautem Krach, lief zu ihm, baute mich kerzengerade vor ihm auf, sah ihm direkt in die Augen und antwortete mit fester Stimme: »Meine Eltern wohnen und arbeiten seit über vierzig Jahren in Deutschland. Ich bin hier geboren und zur Schule gegangen. Jetzt bin ich wieder in Deutschland. Mit meinen Kindern. Bei meiner Familie. In meinem Geburtsland. Und wir werden alle drei hierbleiben.«

Er musterte mich einen Moment von oben bis unten, drehte sich um und verließ wortlos den Imbiss.

Der Schock setzte schlagartig ein: Ich wollte zur Kasse zurück, aber kurz davor blieb ich stehen, als wenn ich gegen eine Wand gelaufen wäre. Jetzt erst war mir bewusst, was sich in der letzten Viertelstunde ereignet hatte. Vor meinen Augen lief ein Film ab: Ich sah Sila, Umut und mich Arm in Arm auf dem Geländer der Brücke über den großen Fluss, um uns herum Blaulicht, Feuerwehr, aufgeregte Polizisten. Ganz vorne stand Horst Steiner, redete verzweifelt auf mich ein: »Inci, springen Sie nicht! Kommen Sie zurück! Alles wird gut!«

Wie durch einen Schleier sah ich den »Professor« quer durch den Imbiss auf mich zueilen. Meine Beine gaben nach. Am ganzen Körper zitternd, fiel ich ihm in die Arme, wäre auf dem Boden gelandet, hätte er mich nicht aufgefangen.

In Sekundenbruchteilen durchlebte ich die finstersten Tage meiner Ehe mit Hikmet. Spürte förmlich seine Brutalität, seine Demütigungen, seine Gleichgültigkeit. Die Erinnerung an seinen Geruch Nacht für Nacht neben mir im Bett begann mich zu würgen. Ich sah mich wieder im Blümchenrock mit Kopftuch gelangweilt neben den anderen Frauen im Kurdenviertel von Izmir auf der Straße sitzen. Würde das wieder mein Leben sein? Für irgendeinen Mann putzen und kochen, die Kinder erziehen? Die Tage mit Tratsch und Klatsch verbringen? Das Essen für den Abend vorbereiten, wenn ER von der Arbeit kommt? Geschirr spülen, Kinder ins Bett bringen? Nachts dann bereitwillig die Pflicht IHM gegenüber erfüllen? Gegenüber einem beliebigen Mann, der in meinen Gefühlen keinen Platz hat? Der nicht daran denkt, danach zu fragen, ob ich Lust habe oder nicht? Dessen Geruch ich kaum ertragen kann? Der mich nur eines wünschen lässt: Wenn er bloß bald fertig ist!

Und jetzt musste ich auch noch erleben, dass die Kriminalpolizei gegen mich ermittelt, dass sie mich überwachen, dass sie mitten in meine Arbeit hereinplatzen, mich bloßstellen, ins Revier vorladen. Meine Gedanken überschlugen sich. War ich kriminell geworden?

Würden sie mich sofort ausweisen? Wird es mir denn niemals möglich sein, ein »normales«, europäisches Leben zu führen? Den Kindern mit einer guten Schul- und Ausbildung den Start in ein gesichertes Leben zu ermöglichen? Was stand mir bevor? Welche Möglichkeiten standen mir zur Verfügung? Wie sollte ich mich entscheiden? Kapitulieren? Kämpfen? Was war richtig? Weiter Tag für Tag fünfzehn, achtzehn Stunden arbeiten, die Kinder kaum zu Gesicht bekommen? Sie alleine auf sich gestellt aufwachsen sehen? Nahmen wir nicht alle drei Schaden an der Seele? Verloren wir nicht allmählich das »Gefühl Familie«? Entging uns nicht alles: die Freude, gemeinsam etwas Schönes zu kaufen, es dann den Kindern zu schenken; die Genugtuung, sie in der Schule mit Erfolg lernen zu sehen, das gute Gefühl, ihnen dabei helfen zu können? Wann sollten wir im Sommer gemeinsam schwimmen gehen, im Winter Schlitten fahren? Wie konnten wir ohne Lachen, ohne gemeinsame Fröhlichkeit weiterleben? Was für ein Leben wäre das?

»Inci, wach auf«, der »Professor« tauchte im Nebel meiner Gedanken auf. Noch immer hielt er mich fest im Arm, gab mir ein Glas Wasser: »Trink, geh an die frische Luft oder lauf rüber zu deiner Schwester. Erzähl ihr alles.«

Der Schock saß tief. Ich verharrte regungslos. Weinen sei gut für die Seele, hatte ich gehört. Mir nutzte das Wissen darum nichts: Ich konnte nicht weinen. Stattdessen verhärtete sich mein Inneres in einer Mischung aus Wut, Ehrgeiz, Kampfeslust und bitteren Gefühlen.

Verrat?

So kam ich allmählich wieder zu mir und lief hinüber in den Imbiss, in dem Songül arbeitete. Sie ist doch hochschwanger, da ist sie sicher zu Hause geblieben, fiel mir auf dem Weg ein. Dann sah ich, dass Eda sie hinter dem Tresen vertrat und atmete auf.

»Was ist passiert?«, fragte meine Schwester, als ich völlig aufgelöst vor ihr stand.

»Die Kripo war bei mir.«

»Ja, wirklich?«

Was sollte sie auch anderes sagen? Sie war gerade mit der Arbeit fertig geworden, und wir gingen gemeinsam nach Hause zu Songül. Dort gewann ich Stück für Stück meine Fassung zurück und konnte halbwegs klare Gedanken fassen.

»Jochen«, sagte ich plötzlich halblaut. Fragend schauten

meine Schwestern mich an. Ich kümmerte mich nicht um sie, stand auf und lief zur Tür.

»Ich muss weg«, rief ich noch über die Schulter und hastete ins Freie.

Jochen, natürlich – wer sonst? Ihm hatte ich alles das erzählt, was die beiden von der Kripo gegen mich in der Hand hatten. Jochen war ihr Spitzel, hatte sich mein Vertrauen erschlichen, mich ausgehorcht und ihnen ans Messer geliefert. Und ich dumme Gans war ihm direkt in die Arme gelaufen, hatte in ihm etwas Besonderes gesehen, mich sicher gefühlt, mein Misstrauen über Bord geworfen. Meine Schritte wurden immer schneller. Ich rannte fast, an der großen ehrwürdigen Kirche vorbei, hinunter zum Fluss. Dort setzte ich mich auf eine Bank, starrte aufs schnell dahinfließende Wasser, stampfte wütend mit den Füßen auf den Boden, ballte die Hände zu Fäusten. Ich versuchte zu telefonieren, traf die Tasten mit meinen zitternden Fingern nicht.

Meine Wut wuchs und wuchs. Aber eigenartigerweise nicht auf Jochen. Ich ärgerte mich über mich selbst. Dass ich wie ein kleines Mädchen blind in die Falle gelaufen war. Dass ich an ihn geglaubt hatte. Dass ich gehofft hatte, er könnte anders sein als all die anderen Männer, die mir bisher über den Weg gelaufen waren. Meine Finger zitterten so stark, dass ich die Tasten auf meinem Telefon fast nicht traf. Endlich hatte ich seine Nummer gewählt. Als er sich meldete, brach es aus mir heraus: »Du warst das. An dich hab ich geglaubt. Du bist der Einzige, dem ich vertraut habe. Warum hast du mich verraten? Sag mir, warum!«

»Ich weiß nicht, wovon du redest und um was es geht. Aber ich werde mich darüber auf diese Weise ganz sicher nicht mit dir auseinandersetzen. Nicht in diesem Ton und schon gar nicht am Telefon. Wenn du mir etwas zu sagen hast oder mich etwas fragen willst, dann können wir uns treffen. Wo bist du?«

Nicht ein einziges Mal zuvor hatte ich ihn derart glasklares

Hochdeutsch sprechen hören, jede Silbe betonend. Er musste furchtbar betroffen sein. Ohne dass ich es mir erklären konnte, wichen meine Wut und meine Unsicherheit sofort, als ich seine Stimme hörte. So antwortete ich ganz ruhig: »Ich gehe gerade zurück in den Imbiss und arbeite dort bis Mitternacht. Dann habe ich Zeit.« Die Uhr an der Kirche zeigte mittlerweile neun Uhr. Es war schon dunkel geworden.

»Gut, dann treffen wir uns anschließend.«

Schweigend stieg ich in sein Auto. Schweigend fuhren wir in die große Nachbarstadt. Wenn wir etwas zu bereden hatten, waren wir hier schon öfter in das kleine Bistro gegangen, das bis in die frühen Morgenstunden offen hatte. Ohne ein Wort zu sagen, saßen wir uns gegenüber. Die Stille ließ sich fast mit Händen greifen. Schließlich war es Jochen, der sie unterbrach: »Willst du mir endlich sagen, um was es geht?«

»Heute war die Kripo bei mir.«

»Wirklich? Warum? Was wollten sie? Ging es um deine Aufenthaltsgenehmigung?«

»Du traust dich, mich das zu fragen und mir dabei auch noch in die Augen zu sehen?«

»Was wirfst du mir vor?« Wieder sprach er ungewohnt akzentuiert.

»Das fragst ausgerechnet du?«, wiederholte ich mich. »Die wussten alles bis ins Detail über mich. Alles, was ich bisher niemandem außer dir erzählt habe. Nur du kannst es ihnen verraten haben – wer sonst?«

»Du meinst also, ich bin ein Polizeispitzel?«

Als er mich so direkt fragte, zögerte ich einen Moment. Dann antwortete ich mit wenig Überzeugungskraft: »So sieht es für mich aus.«

Ein paar Sekunden hielten mich seine Augen fest. Zu meiner Überraschung blitzte es belustigt in ihnen auf, als er kaum merklich den Kopf schüttelte und fragte: »Weißt du, seit wann sie dich beobachten?«

»Seit Monaten haben sie gesagt.«

»Wir kennen uns jetzt gerade mal zwei, drei Wochen. Ich habe also das Kunststück fertiggebracht, vor Monaten Dinge zu verraten, die du mir vor Kurzem erst erzählt hast?«

Seine Stimme klang endgültig, als ob er gesagt hätte: Punkt – kein Wort mehr darüber. Dabei schaute er mich wie ein Vater an, der seine Tochter bei einer missglückten Ausrede ertappt hatte: ein wenig zärtlich, ein wenig spöttisch – und furchtbar überlegen.

Gott sei Dank, er war es nicht. Für einen Moment überkam mich ein tiefes Glücksgefühl. Tief im Herzen glaubte ich ihm, war froh, endlich jemanden gefunden zu haben, dem ich vertrauen konnte. Aber sofort kämpfte der Kopf gegen das Herz: Kann er dich so einfach überzeugen? Reicht dir der Schock von heute Nachmittag nicht? Keinem wolltest du mehr trauen – nicht einmal der Familie, den Geschwistern. Wieso dann Jochen? Gut, er wirkt vertrauenswürdig, freundlich und ehrlich. Aber was will er denn wirklich? Dich mit seiner Freundlichkeit einlullen? Dient ihm seine Hilfsbereitschaft als Mittel zum Zweck? Was sollte es anderes sein? Männer geben nichts, ohne sich etwas zu nehmen. Hast du bisher etwas anderes erfahren?

So jagten sich die Gedanken in meinem Kopf, während Jochen mich unverwandt ansah. Ich spürte den Zwiespalt tief im Innern, und ein Gefühl unendlicher Leere überkam mich.

Ich versuchte ganz nüchtern zu überlegen: Inci, du darfst jetzt nicht dumm sein, nimm seine Hilfe an. Er ist ein Deutscher, ein Journalist, beherrscht die Sprache perfekt, hat Verbindungen auf allen Ebenen. Damit könnte er dir vielleicht nützlich werden. Lass dir von ihm helfen. Aber bleib misstrauisch. Wenn er dir sagt, was du tun sollst, weil er damit angeblich etwas für dich erreichen will, kannst du ja immer noch entscheiden, wie du reagieren wirst.

Ich beschloss, Jochen so weit wie möglich für meine Zwecke auszunutzen. Ohne ihm auch nur ein einziges Wort vorbehaltlos zu glauben. Ohne weiter auf unsere Auseinandersetzung einzugehen, fragte ich ihn:

»Was meinst du, soll ich morgen zur Polizei gehen oder besser zu meinem Anwalt?«

»Kennst du denn einen?«

»Ja, er hat mich schon öfter beraten und kennt meine Situation.«

»Lass ihn entscheiden, wie du reagieren sollst. Er hat sicher mehr Erfahrung im Umgang mit der Polizei als ich«, riet er mir mit unüberhörbar ironischem Unterton. Ich versuchte, seinen Spott an mir abprallen zu lassen. Er sollte sich nur nicht einbilden, dass er mich damit treffen könnte. Es gelang mir nicht ganz, und ich antwortete ein wenig zu schroff: »Dann fahren wir nach Hause, ich muss morgen früh aufstehen.«

In seinen Augen blitzte es belustigt auf. Der durchschaut dich ja immer und in jeder Situation, dachte ich verwirrt. Eigenartigerweise fühlte ich mich dadurch jedoch nicht bedroht, sondern beruhigt und in Sicherheit.

Gleich am nächsten Morgen rief ich bei meinem Anwalt an und erhielt sofort einen Termin, als ich von dem »Besuch« berichtete.

»Ich werde der Kripo in einem Brief mitteilen, dass ich Ihren Fall übernommen habe. Bitte gehen Sie heute noch nicht hin. Sie sollten abwarten, wie sie auf mein Schreiben reagieren. Danach entscheiden wir, was es zu unternehmen gilt«, riet er. Die Antwort kam schon am nächsten Vormittag.

»Kommissar Steiner hat mich angerufen und gab sich regelrecht verschnupft, weil Sie mich eingeschaltet haben«, berichtete der Anwalt. »Er hat behauptet, dass alles viel einfacher für Sie gewesen wäre, wenn Sie offen mit ihm geredet hätten. Jetzt müsse er offiziell gegen Sie ermitteln.« Als er mein erschrockenes Gesicht sah, versuchte er, mich zu beruhigen.

»Glauben Sie mir, das ist gar nicht so schlimm. Natürlich ist es ihm nicht recht, dass Sie ihm mit Anwalt im Rücken nicht mehr hilflos ausgesetzt sind, sondern sich wehren können. Aber es stärkt letztlich Ihre Position. Natürlich darf er das nicht offen zugeben.«

Hoffentlich behält er recht, dachte ich.

»Aber es dürfte wirklich das Beste sein, wenn Sie mit ihm reden.«

Also doch, nun, wir werden sehen. Ändern kann ich jetzt sowieso nichts mehr.

Es war schon grotesk, zu welchen Kapriolen der Drang zur Selbstdarstellung den Sepp manchmal trieb. Am gleichen Abend, wir waren gerade alleine im »Chaiselongue«, trat er mit wichtigem Gesichtsausdruck an mich heran:

»Ich weiß, dass deine Ehe gescheitert ist, dass Ihr getrennt lebt. Und ich weiß auch, welche Konsequenzen das für deine Aufenthaltserlaubnis hat.«

»Wie kommst du darauf? Meine Familie lebt seit über vierzig Jahren in Deutschland. Wir haben keine Probleme«, entgegnete ich möglichst ruhig, obwohl ich innerlich erschrocken war, dass er so viel wusste. Ich konnte mir überhaupt nicht vorstellen, von wem er es hatte. Es musste also hinter meinem Rücken über mich geredet werden.

»Das stimmt für deine Familie schon, aber nicht für dich. Sei ganz ruhig, ich will dir nur helfen.«

Ich muss ihn sehr misstrauisch angeschaut haben, denn er sprach beruhigend auf mich ein: »Du musst keine Angst haben. Ich will dir wirklich helfen. Vertrau mir.«

»Was erwartest du von mir?«

»Gar nichts. Noch einmal: Ich will dir helfen. Nachher werde ich dich mit einem Gast bekannt machen. Mit dem kannst du über deine Schwierigkeiten reden. Aber du darfst ihm nur die Wahrheit sagen. Wenn du ihn anlügst, bringt es dir nichts.«

»Ist gut. Sag mir Bescheid.«

Du bist bei den Gästen beliebt, und Sepp braucht dich, also ist er auf deiner Seite und hilft dir, redete ich mir ein und versuchte, meine Bedenken zu zerstreuen. Wenig später führte er mich zu einem Mann, der alleine an einem Tisch saß.

»Das ist Inci«, stellte er mich vor.

»Ich bin Harald«, wandte der Fremde sich freundlich an mich, »Sepp hat mir gesagt, dass du Probleme hast und mit mir reden willst?« Mit einer Handbewegung bedeutete er mir, mich zu ihm zu setzen. Sepp ging hinter den Tresen zurück, übernahm dort meine Position.

Irgendwann musst du mal aufhören, dich ständig zu wehren, redete ich mir ein und erzählte dem Unbekannten alles. Von meiner missglückten Ehe, dass wir uns getrennt hatten, von den Problemen mit der Ausländerbehörde, von meiner Angst, ausgewiesen zu werden. Müde und innerlich ausgelaugt ging ich nach Feierabend heim, legte mich sofort schlafen.

Am nächsten Morgen kam Sepp auf mich zu: »Weißt du, mit wem du gestern Abend gesprochen hast?«

»Woher soll ich das wissen, du hast es mir nicht gesagt. Er nannte sich Harald.«

»So heißt er auch. Und er ist der hier zuständige Staatsanwalt.«

»Bist du völlig verrückt? Wie kannst du mich derart in die Pfanne hauen?«, funkelte ich ihn wütend an.

»Beruhige dich. Er hat mir versichert, dass er für dich tun kann, was möglich ist.«

»Und wenn nichts geht? Dann wissen die jetzt aus erster

Hand Bescheid!« Ich war außer mir. Sepp sah mir an, dass ich ihm am liebsten an den Hals gesprungen wäre.

»Beruhige dich. Wenn dir überhaupt einer helfen kann, dann er.«

»Okay, danke schön«, antwortete ich, setzte mich an einen leeren Tische und versuchte, meine Gedanken zu ordnen: Typisch Sepp – wahrscheinlich hat er dir nur damit imponieren wollen, welch wichtige Leute bei ihm verkehren und welchen Einfluss er auf sie hat. Dafür spielt er mit dem Feuer, ohne zu wissen, was er damit anrichtet und welche Konsequenzen das für mich und die Kinder haben kann.

Von Harald selbst habe ich nie wieder etwas gehört. Ob er auf den weiteren Gang der Ereignisse Einfluss genommen hat, kann ich nicht sagen.

Erste Verbündete

Zwei Tage dachte ich nach, bereitete mich innerlich auf die Begegnung mit Horst Steiner vor. Dann meldete ich mich auf der Dienststelle. Er war nicht im Haus. Ich hinterließ ihm eine Nachricht, bat ihn, am nächsten Tag um zwölf Uhr mittags in den Imbiss zu kommen.

»Haben Sie Zeit?«, fragte ich ihn, als er pünktlich dort eintraf.

»Ich habe mir Zeit für Sie genommen.«

»Dann kommen Sie mit, ich muss kurz bei meiner Schwester vorbeigehen. Wir können uns auf dem Weg dorthin unterhalten und danach einen Tee bei mir trinken gehen, in Ordnung?«

Auf dem Weg zu Songül redeten wir nur über Belanglosigkeiten. Dann gingen wir in meine muffige Wohnung. Ich wollte mit ihm alleine sein, die Kinder würden nach der Schule zu Eda gehen.

»Jetzt wissen Sie, wo ich lebe. Diese Wohnung ist nicht auf meinen Namen angemeldet, das Telefon auch nicht.«

Als er nicht antwortete, fragte ich: »Darf ich Sie auf türkische Art mit einem Tee begrüßen?«

»Gern, wenn es keine Umstände macht.«

»Kein Problem, das geht schnell«, versicherte ich und begann unser Gespräch so, wie ich es mir vorgenommen hatte:

»Ich musste heute mit Ihnen reden, weil ich gegenwärtig drei Arbeitsstellen habe und mir für Privates nur wenig Zeit bleibt. Heute Nachmittag habe ich mir eigens für Sie freigenommen – um fünf Uhr muss ich wieder wie jeden Tag im Imbiss antreten.«

Ich beobachtete Horst Steiner genau, ob er mit irgendeinem Gerät hantierte und unsere Unterhaltung eventuell aufnahm, konnte aber nichts Verdächtiges entdecken. Dann erzählte ich ihm schlicht und einfach die Wahrheit, so weit ich es für nötig hielt: Über meine Zwangsverheiratung durch Mutter, über die Scheidung, die Entführungen der Kinder, über meine Schwierigkeiten, in der Türkei und hier in Deutschland ohne Schulbildung alleine Fuß zu fassen, über Mustafa, unsere Ehe und ihr Ende. Ich erwähnte die ständigen Streitigkeiten mit meinen Eltern, solange ich bei ihnen gewohnt hatte, schilderte meinen Kampf um einen eigenen Hausstand mit meinen Kindern. Bis dahin hatte er mir zugehört, jetzt hakte er ein:

»Es liegt uns unter anderem eine Anzeige vor, Sie hätten im ›Doppelherz‹ unangemeldet gearbeitet?«

»Was hätte ich anderes tun sollen? Wissen Sie, was mich dieses Loch hier Monat für Monat kostet? Etwa so viel, wie ich im Imbiss verdiene.«

»Das ist doch nicht möglich.«

Ich zeigte ihm den Mietvertrag, meine Gehaltsabrechnungen. Er schüttelte den Kopf, besonders als er den Namen des Vermieters sah.

»Wie hätte ich unser Leben finanzieren sollen? Ich habe Tag für Tag bis zu achtzehn Stunden gearbeitet. Beim Imbiss und in der ›Casa Mexikana‹ war ich angemeldet. Im ›Doppelherz‹ habe ich bis vor Kurzem schwarz gearbeitet. Auch im ›Chaiselongue‹ meldet mich Sepp nicht an.«

»Das ist ja unfassbar. Die kennen alle Ihre Zwangslage und nutzen sie schamlos aus.«

»Das ist mir bewusst, aber welche Möglichkeiten habe ich sonst? Ich hab meine Jobs in kurzer Zeit gefunden, bin finanziell unabhängig, verlange von niemandem Geld, falle auch nicht dem Sozialamt zur Last. Im Gegenteil, ich unterstütze sogar meine Geschwister. Und was mir am wichtigsten ist: Meine beiden Kinder gehen zur Schule.«

Ich ließ meine Worte wirken. Wir schwiegen und tranken beide unseren Tee. Dann nahm ich den Faden wieder auf, sah Kommissar Steiner fest an und fuhr fort: »Eines sage ich Ihnen klipp und klar: Wenn Sie mich in die Türkei zurückschicken, unterschreiben Sie mein Todesurteil und das meiner Kinder. Dort habe ich nicht die Spur einer Chance – mein Weg würde direkt ins Bordell führen. Ich werde in Deutschland leben, obwohl ich auch hier nur wenige Möglichkeiten habe und deshalb für wenig Geld viel arbeiten muss und kaum mehr Kraft habe. Und ich versichere Ihnen nochmals: Ich werde niemandem zur Last fallen. Nicht meinen Eltern, nicht dem Staat.« Wieder sagte minutenlang keiner ein Wort. Ich schenkte Tee nach.

Unvermittelt begann Horst Steiner über sein Leben zu erzählen. »Ich bin verheiratet, habe einen Sohn und eine behinderte Tochter. Sie geht zur Sonderschule. Polizist bin ich seit nunmehr zwanzig Jahren. Ich habe schon einmal einen Fall bearbeitet, in dem mich eine Frau benutzen wollte. Und ich habe mich nicht dagegen gewehrt.«

Aha, Frauen gegenüber zeigt er Schwäche. Er erzählte weiter. Weil ich seinen Redefluss nicht unterbrechen wollte, habe ich vieles nicht verstanden, nur so viel, dass diese Frau eine Betrügerin war und dass er ihrer Weiblichkeit nicht widerstehen konnte.

»Ich glaube Ihnen und habe mich entschlossen, Ihnen trotz meiner schlechten Erfahrung zu helfen«, versicherte er mir und erklärte mir, wie er weiter vorgehen würde.

»Sie müssen gemeinsam mit Ihrem Ehemann auf die Dienststelle kommen.«

»Wenn ich ihn dazu auffordere, wird er das ignorieren.«

»Kein Problem, dann werde ich Sie und Mustafa gemeinsam vorladen. Er muss dann kommen, sonst lasse ich ihn verhaften und vorführen. Das Protokoll der Vernehmung wird auch das Ausländeramt erhalten. Es hängt von seiner Aussage ab, ob Sie den Vorwurf der Scheinehe vom Tisch bekommen. Versprechen kann ich es nicht.«

»Kann ich etwas dazu tun?«

»Die Frage kann ich erst beantworten, wenn ich Mustafa vernommen habe.«

»Das habe ich verstanden. Was ist mit der Schwarzarbeit?«

»Die kehre ich unter den Teppich – das Finanzamt wird von mir jedenfalls nichts erfahren.«

Anscheinend habe ich den ersten Verbündeten gewonnen, der auch wirklich Einfluss hat und tatsächlich etwas erreichen kann, freute ich mich.

Einige Tage später saß ich mit Mustafa bei Horst Steiner im Dienstzimmer. Der zog die Augenbrauen hoch, als er sah, dass Mustafa vor Angst zitterte, und tatsächlich Hilfe suchend nach meiner Hand tastete. Sobald er sie ergriffen hatte, ließ er sie nicht mehr los. Ich war erleichtert, als ich erkannte, dass er viel zu schwach war, um sich ernsthaft gegen mich zu stellen.

Mit dieser Vermutung lag ich vollkommen richtig: Während des Verhörs bestätigte Mustafa alle meine Aussagen: Er sei mit der ehrlichen Absicht in die Türkei gereist, mich wirklich zu heiraten. Wir hätten gemeinsam Pläne geschmiedet, wie wir uns ein Familienleben aufbauen wollen. Wir hätten in Izmir eine richtige, große Hochzeit im Kreis meiner Familie gefeiert.

»Ist die Ehe denn auch vollzogen worden?«, fragte ihn Steiner ganz direkt.

»Ja.« Er wurde sichtlich verlegen, als er antwortete.

Steiner gönnte ihm aber noch keine Ruhe: »Es entzieht sich meiner Erfahrung, ich habe aber gehört, dass homosexuelle Männer dazu überhaupt nicht in der Lage sind.«

»Ich hatte vorher ein potenzsteigerndes Mittel genommen.«

»Hat Ihre Braut davon nichts gemerkt?«

»Nein.«

»Haben Sie mit Ihrer Braut vor der Hochzeit über Ihre homosexuelle Veranlagung geredet?«

»Nein, ich habe es ihr erst gestanden, als sie in Deutschland mit ihren Kindern zu mir ziehen wollte. Erst da habe ich gemerkt, dass ich einen großen Fehler begangen habe und niemals mit einer Frau auf Dauer zusammenleben könnte.«

»Aber Sie waren sich doch Ihrer Neigung vorher schon bewusst, was haben Sie sich dabei gedacht, als sie trotzdem eine Frau heirateten?«

»Das frage ich mich heute selbst. Vielleicht war das mein letzter Versuch, mir selbst zu beweisen, dass ich doch ein normaler Mann bin.«

»Und der Versuch ist gründlich fehlgeschlagen?«

»Wie man's nimmt. Heute weiß ich wenigstens genau über mich Bescheid.«

»Sie sind sich also sicher, dass Inci fest daran glaubte, einen Mann zu heiraten, der es ernst mit dieser Ehe meinte?«

»Ja, es war ihr ernst.«

»Sie hatten nicht den Eindruck, dass sie nur heiraten wollte, um wieder nach Deutschland kommen zu können?«

»Nein.«

»Und die Trennung ging von Ihnen aus?«

»Ja.«

»Und Sie haben sie mit Ihrem Entschluss erst konfrontiert, als sie schon mit ihren Kindern in Deutschland eingetroffen war?«

»Das stimmt.«

»Haben Sie von irgendeiner Seite Geld dafür bekommen?«

»Wo denken Sie hin?«, wehrte sich Mustafa sichtlich empört, »Incis Vater hat mir den Flug bezahlt. Aber das ist ja wohl normal.«

Ich saß dabei, redete kein Wort, kam mir vor, als wenn ich im Café einem Gespräch zwischen mir völlig Unbekannten folgen würde. Mustafa hielt immer noch meine Hand. Horst Steiner hielt Mustafas Aussagen in einem Protokoll fest, das dieser auch unterschrieb.

»Was passiert jetzt, wie geht es weiter?«, fragte ich Steiner, als Mustafa gegangen war.

»Wir schicken eine Kopie der Protokolle an das Ausländeramt. Am besten schreiben Sie denen einen Brief, in dem Sie Ihre Situation aus Ihrer Sicht erklären«, riet er mir.

Ehe ich zur Arbeit zurückging, berichtete ich dem Anwalt von dem Gespräch mit Steiner. Der gab sich sehr zufrieden und bot mir an, den Brief ans Ausländeramt für mich zu schreiben. Ich lehnte es ab.

Im Imbiss wollte der »Professor« wissen, wie es mir ergangen war. Selbst er hätte den Brief für mich geschrieben, aber ich wollte auch das nicht. Stattdessen bat ich ihn, mir ein paar Blatt des Papiers zu geben, auf denen er seine täglichen Abrechnungen schrieb. Ich wollte sie für den Brief mit nach Hause nehmen.

Schließlich rief ich Jochen an: »Können wir uns nach Feierabend sehen? Heute war ich mit Mustafa bei Steiner.«

»Klar. Treffen wir uns in der Kneipe um die Ecke.«

»Und wie war's bei der Kripo?«, fragte er mich gespannt, als wir uns dort nach Mitternacht gegenübersaßen.

Warum kannst du ihm nicht einfach ganz trauen, meldete sich mein Kopf. Ich versuchte wegzuhören und erzählte, wie die Vernehmung verlaufen war.

»Soll ich den Brief für dich schreiben?«, bot auch Jochen mir an.

»Ich möchte das alleine machen. Ich finde, das klingt ehrlicher.«

»Aber dein Deutsch?«

»Die sind ja auf dem Amt den Umgang mit Ausländern gewohnt. Da werden sie bestimmt verstehen, was ich zu sagen habe. Ich gehe jetzt nach Hause, denn ich will das heute Nacht noch hinter mich bringen.«

Obwohl es mittlerweile schon nach zwei Uhr geworden war, setzte ich mich in meiner stickigen Wohnung hin und beschrieb noch vier Seiten. Danach versuchte ich den Brief zu lesen. Es gelang mir nicht. Es dürfte wohl das seltsamste Schreiben sein, das sie beim Ausländeramt je erhalten haben. Einer Antwort befanden sie es jedoch nicht für würdig.

Von da an traf ich mich oft mit Horst Steiner. Wegen jeder Kleinigkeit, die mich beschäftigte, rief ich ihn an. Wir kamen nie heimlich zusammen. Immer gingen wir ganz offen gemeinsam in ein Café oder in eine Kneipe. Bald bemerkte ich, dass er viel Alkohol trank. Und immer wenn er angetrunken war, schüttete er mir sein Herz aus. Dann konnte ich ihn beliebig ausfragen. Längst waren wir beim vertrauten »Du« gelandet.

Mich interessierte alles, was mit Polizeiarbeit zusammenhängt. So erfuhr ich viele Interna, die eigentlich nicht für

Sehr Gehte Herren!....

Bewohr ich mein Brief anfange, hiermit entschuldic
ich mich wegen die schreib fehler. Ich habe kein hilf
genommen auch nicht korrigieren gellassen. Wollte me
gefühle mit Wahrheit schreiben.
Das ist genau so Wen ich ein Bekannte besuc.
gehe, und sie sagt mir raus won mein Haus.
Ich würde niemals sagen Nein ich bleibe hier, oc
mit werschiedene trück zu versuchen da zu bleiben.
Als ich mich won mein erste mann Trennen wol
alle hat mir gesagt, ich soll mein kinder nicht nehr.
u f eine neue leben anfangen.
Ich liebe mein Kinder, beide habe ich in dieser W
gebracht. Und ich bin Verantwortlich für mein kinder
zukanft. Wenn ich kinder verlassen hätte, Gott weis:
was mit kinder passiert. Mein exmann ganze fama
waren in gefengniss Fälscher, Hochstapler, killer. Alles mö
sches. Mein schwiegerfater in jahre 1983 wa in Heidelb
gefengnis, wegen Drogen verkaufen.

Bis ich meine kinder bekomme nach dem scheidun.
habe ich mein exman ganze verwante gekänft. W.
ist lange geschischte. Weil ich habe kein schanze geha
wen ich mein kinder nicht genommen hätte, könnte i
mein leben lang nicht mehr sehen. 1 jahre lange hat
ich gekämpft mit gericht, mit mein exman. Am ende
mit Gendormerie mein kinder bekommen. Ich könnte n
nicht Vorstellen das ich nach sehen jahre später, m
kinder als betrüger treffe.
Nach dem scheidung habe ich für uns ein gute
leben Uerbereitet. Wollte niemals heiraten. Und der ri
tachte ich, treffe nie. Wer wollte mit ein frau zwe.
kinder Heiraten.

Auszug aus dem Brief von Inci Y. an die Ausländerbehörde.

Außenstehende gedacht sind. Nicht, dass ich das für mich ausgenutzt hätte, mein »Fall« war für ihn ja abgeschlossen. Aber zu wissen, wie er arbeitet, wie seine Kollegen arbeiten, von ihm Informationen über politische Hintergründe zu bekommen, durch ihn deutsche Gesetze und ihre Bedeutung kennenzulernen, hat mir sehr dabei geholfen, die Lebensbedingungen in Deutschland zu begreifen und die deutsche Mentalität verstehen zu lernen.

Er hegte keinerlei Erwartungen an mich als Frau, dafür war ihm seine Familie zu wichtig. Wir begegneten uns mit großer gegenseitiger Hochachtung. Einmal traf ich ihn mit Frau, Sohn und der behinderten Tochter auf einem Volksfest. Wir begrüßten uns freundlich im Vorübergehen, er stellte mich seiner Familie aber nicht vor.

Bei einem unserer Treffen stellte ich Horst Steiner die Frage, die mir schon lange unter den Nägeln brannte, wenn ich an Jochen dachte: »Wie seid ihr überhaupt auf mich gestoßen. Was hat die Ermittlungen ins Rollen gebracht?« Eigentlich erwartete ich nicht, dass er mir eine Auskunft geben würde. Doch zu meiner Überraschung antwortete er ganz unbefangen: »Wir haben einen anonymen Brief bekommen. Darin stand, dass du mit Mustafa in einer Scheinehe lebst und auch, dass du unangemeldet im ›Doppelherz‹ arbeitest.«

»Wisst ihr, wer den geschickt hat?«

»Wir haben es herausgefunden. Der Brief war in einem sehr altmodischen Deutsch und teilweise in Sütterlin, in dieser veralteten deutschen Schreibschrift, geschrieben. Eine Etage unter Mustafa wohnt ein älteres Ehepaar. Als wir während der Ermittlungen die Mitbewohner im Haus befragten, stießen wir auf sie. Der Stil passte, und sie haben es gleich zugegeben.«

Demnach hatte ich Jochen völlig ohne Grund verdächtigt.

Einerseits machte mich diese Tatsache froh, andererseits plagte mich sofort ein furchtbar schlechtes Gewissen, das ich gleich wieder besänftigte: Ich war in dieser Situation ja wirklich sehr unter Druck und hatte keinen klaren Gedanken mehr fassen können. Das muss und wird er verstehen, redete ich mir ein, wenn nicht, kann ich auf seine Bekanntschaft verzichten. Ich habe keinen Platz mehr für zusätzliche Probleme. Bis heute ist mir nicht klar, wie dieses ältere Ehepaar etwas über Mustafas und meine Verhältnisse und über meine Arbeit im »Doppelherz« erfahren hat.

»Es gab einen anonymen Brief, in dem Mustafas Nachbarn mich angezeigt haben«, berichtete ich Jochen bei nächster Gelegenheit von der Unterredung mit Horst Steiner.

»So?«, entgegnete er. Seine Stimme klang ironisch, aber seine Augen lachten.

»Dadurch ist das Ganze damals ins Rollen geraten.«

»Tatsächlich?«

»Ich hatte dich also grundlos in Verdacht.«

Er antwortete, ehe ich mehr sagen konnte: »In Ordnung. Du warst ja nicht gerade ruhig und abgeklärt an diesem Abend. Von daher habe ich deinen Ausbruch sowieso nicht allzu ernst genommen. Ich frage mich nur, wie lange du das alles noch verkraftest, was da ständig auf dich zukommt.«

Der »Ossi«

»Du sollst drüben in der Zentrale anrufen, den Chef höchstpersönlich«, forderte mich der »Ossi« mit süffisantem Lächeln auf, als ich an einem der nächsten Tage zur Arbeit in den Fast-Food-Imbiss kam.

»Weißt du, was er von mir will?«, fragte ich zurück.

»Vielleicht das, was alle Männer gern von dir wollen,« entgegnete er mit anzüglichem Grinsen.

Ich ärgerte mich, dass ich ihn überhaupt einer Frage gewürdigt hatte. Im Gegensatz zum »Professor«, der mich seit unserer Auseinandersetzung stets mit Anstand, eher wie ein Vater behandelte, zeigte mir der »Ossi« mit einer fast beängstigenden Hartnäckigkeit, dass er es auf mich abgesehen hatte. Er schwänzelte ständig um mich herum, interessierte sich für alles, was mich betraf, wollte wissen, wo ich herkomme, was ich privat treibe. Manchmal kam er mir wie eine Schlange vor, die ihre Beute mit kalten Augen belauert, um im geeigneten Moment zuzuschnappen.

Ich fühlte mich belästigt. Zu dieser Zeit interessierte mich kein Mann. Er schon gar nicht. Neun Jahre Ehehölle und die nachfolgende brutale Gewalt hatten meinen Bedarf an »männlicher Liebe«, an Sex, Erotik und Zärtlichkeit schwinden lassen. Das alles lag weit weg von mir. Ich getraute mich aber nicht, ihm das unmissverständlich zu sagen, schließlich war ich – wie alle anderen auch – von ihm abhängig. Um allen Annäherungsversuchen von vornherein den Wind aus den Segeln zu nehmen, hatte ich allen erzählt, ich sei verheiratet und hätte zwei Kinder, was ja im Prinzip auch stimmte.

Der »Ossi« ließ sich davon überhaupt nicht beirren, löcherte mich ständig mit allen möglichen Fragen: »Warum kommt dein Mann nicht einmal vorbei, um dich zu besuchen? Warum holt er dich zum Feierabend nicht ab? Warum bekommen wir hier deine Kinder nicht zu sehen? Gehst du auch mal in die Disco? Überhaupt, was machst du privat?«

Immer, wenn er mich so anmachen wollte, gab ich vor, ihn nicht zu verstehen, ließ ihn einfach ins Leere laufen.

Mit der Zeit verhielt er sich immer penetranter: Er ließ keine Gelegenheit aus, nach mir zu grapschen, mich zu betatschen, wo und wann immer er nur konnte. Er ließ keine Zweideutigkeit aus. Ich hatte mir angewöhnt, für Distanz zu sorgen, und war ständig auf der Hut. Wenn nach Feierabend die Tür abgeschlossen war und ich mit ihm alleine im Imbiss aufräumte, ging ich niemals in den Keller, achtete stets darauf, dass man mich von der Straße aus sehen konnte und dass sich zwischen mir und ihm der Tresen oder mindestens ein Tisch befand.

Wenn Karl Müller mich sprechen wollte, dann war etwas im Busch. Er ist der Inhaber und Geschäftsführer der selbstständigen regionalen Betriebsgesellschaft des Fast-Food-Konzerns. Von der Zentrale in einem Nachbarort aus betreibt er in seinem Gebiet mittlerweile etwa sechs Filialen als Franchise-Unternehmer. Damals waren es erst vier. Mit einem mulmigen Gefühl griff ich zum Telefonhörer und wurde von seiner Sekretärin sofort verbunden. Er kam ohne Umschweife zur Sache.

»Wie weit sind Sie mit Ihrer Aufenthaltsgenehmigung gekommen? Ich muss Klarheit haben, um Sie weiter beschäftigen zu können.«

»Ich weiß es nicht: Sie gilt bis zum fünfzehnten Juli, in drei Wochen muss ich also wieder hingehen und hoffe, die Verlängerung zu bekommen.« Natürlich verschwieg ich ihm, dass man mir im April beim letzten Mal gesagt hatte, dass ich keine erneute Verlängerung bekäme. Auch davon, dass ich darauf baute, dass Ende Juni 2001 mein »Pflichtjahr« bei ihm abgedient war und ich deshalb hoffte, jetzt keine Schwierigkeiten mehr zu bekommen, sagte ich ihm kein Wort. Er stellte auch keine weiteren Fragen und erklärte: »Ich kümmere mich selbst darum. Wer ist der Sachbearbeiter?«

»Ich weiß nicht.«

»Gut, ich rufe dort an und besorge mir einen Termin. Halten Sie sich bereit, falls ich Sie dabei brauche.«

Schon am nächsten Tag meldete er sich: »Kommen Sie morgen früh um zehn aufs Amt.«

Im »Casa« gaben sie mir sofort frei. Dort waren sie geradezu rührend um mich besorgt. So konnte ich mich pünktlich mit Karl Müller treffen.

»Warten Sie hier. Ich gehe erst mal alleine rein und versuche, das zu regeln. Wenn ich Sie brauche, werde ich Sie rufen.«

Mir war es recht. Termine auf dem Ausländeramt gehörten für mich zum Schlimmsten, was in Deutschland auf mich wartete. Nach einer halben Stunde kam er wieder heraus:

»Ich habe vorgetragen, dass Sie in fester Anstellung bei uns sind, dass Sie einen verantwortungsvollen Posten bekleiden und dass Sie wichtig für uns sind. Machen Sie sich keine Gedanken, das wird schon.«

Hoffentlich täuscht er sich da nicht. Verschlechtert hat er meine Situation wahrscheinlich nicht. Jetzt wissen sie beim Ausländeramt wenigstens, dass ich eine feste Arbeitsstelle habe, bei der ich benötigt werde.

Die Tatsache, dass sich Karl Müller persönlich für mich eingesetzt hatte, rechnete ich ihm hoch an. Bis mir am nächsten Tag die Augen aufgingen.

»Inci, es ist für unsere Planung nicht mehr tragbar, dass du nur in der Spätschicht arbeitest. Nächste Woche trittst du von neun bis neunzehn Uhr an«, offenbarte mir der »Ossi« tags darauf.

»Das ist unmöglich. Ich habe einen Vertrag, in dem die Spätschicht festgeschrieben ist.«

»Klar, du hast einen Vertrag, aber was sagt das schon? Wir setzen dich fristlos wegen Arbeitsverweigerung vor die Tür, wenn du unseren Anordnungen nicht folgst. Ich weiß schon lange, welches Spiel du spielst. Das Ausländeramt wird sich freuen, wenn du deinen Job verloren hast. Du kannst dann ja von der Türkei aus gegen uns prozessieren.«

Also hat der Kerl mir genauso nachspioniert wie Sepp. Jetzt wusste er Bescheid und erpresste mich knallhart. »Ich rufe sofort Karl Müller an. Der wird dir zeigen, was ein Vertrag bedeutet«, antwortete ich laut.

»Mach das. Mach's gleich jetzt. Da drüben steht das Telefon. Der Chef hat das doch höchstpersönlich angeordnet, nachdem er gestern von der Behörde zurückgekommen ist.«

Und ich hatte gedacht, er will mir helfen, dabei ging es ihm nur darum, wie er mich richtig in die Hand bekommt. Das war ihm gelungen. Jetzt konnten sie mit mir machen, was sie wollten. Trotzdem versuchte ich noch einmal, den »Ossi« umzustimmen.

»Wie soll ich das mit meinen anderen Jobs hinbekommen? Wie soll ich das organisieren? Du weißt doch ganz genau, dass ich von dem, was ich hier verdiene nicht leben kann und dringend auf das Geld angewiesen bin?« Mit Sepp würde ich vielleicht zurechtkommen. Aber wann sollte ich im »Casa« arbeiten? Die machten mir jetzt mit einem Federstrich meine gesamte Planung zunichte. Den »Ossi« interessierte das überhaupt nicht.

»Hör mal, damit hab ich nichts zu tun. Das Ganze kommt nicht von mir, es kommt von Müller. Aber ich könnte dir schon helfen, wenn du etwas zugänglicher wärst.« Seine Blicke, mit denen er mich förmlich auszog, machten mir klar, was er wollte.

»Lieber würde ich verhungern, als jemals mit dir ins Bett zu gehen«, fauchte ich ihn an.

»Auch nicht für deine Kinder?« Der lüsterne Blick, mit dem er mich betrachtete, widerte mich fast mehr an als seine Beleidigung. Es fehlte nur noch, dass er sich die Lippen leckte, wie ein hungriger Hund vor dem Fressnapf.

»Lass mich in Ruhe«, forderte ich ihn auf und ließ ihn stehen.

Der »Ossi« war nicht der Einzige, der versuchte, bei mir zu

landen. Und nicht jeder war so direkt wie er. Aber das Allerletzte, was ich suchte, war ein neues Verhältnis. Mein Bedarf an »Mann« war vollauf gedeckt. Ich kämpfte um unsere Existenz, verschwendete keinen Gedanken an Romantik und Zärtlichkeit, hatte keinerlei Lust auf Erotik und Hingabe.

Folglich spielte ich alles Weibliche in mir herunter, verbarg meine Ängste, meine Sensibilität, meine Sorgen, meine Träume. Das galt vor allem im Umgang mit den Männern, mit denen ich im Beruf zu tun hatte. Ich verleugnete mein Aussehen und versuchte, nicht wie eine Frau zu wirken. Ich gönnte mir keinerlei Vergnügungen, ging lediglich ab und zu nach Feierabend für eine halbe Stunde in die Disco im Keller des Imbiss. Dort trank ich dann mein Bier »cool wie ein Kerl«, verschanzte mich hinter einer imaginären Mauer aus Lässigkeit und Ablehnung.

Ich hatte gehofft, es würde funktionieren, wenn ich mich so benähme. Aber Männer wie den »Ossi« spornte ich dadurch offensichtlich erst richtig an. Jedes Mal, wenn wir zusammen Schicht hatten – und er sorgte dafür, dass das recht oft der Fall war –, schikanierte er mich: Er holte mich im dicksten Trubel von der Kasse weg, zum Tischabwischen und Toilettenputzen, stauchte mich ohne den geringsten Anlass zusammen, ließ mich nach Feierabend zweimal das gesamte Lokal putzen. Kurz, er versuchte mir das Leben zur Hölle zu machen – immer mit der unausgesprochenen Einladung: »In meinem Bett findest du das Paradies. Da ist für dich immer ein Platz frei.«

Ganz allmählich klopfte er mich weich. Nicht, dass ich auch nur eine Sekunde über seine eindeutigen Angebote nachgedacht hätte, aber ich merkte, wie meine Kraft, unter diesen Bedingungen zu arbeiten, von Tag zu Tag mehr nachließ.

Der Ausweg

»Jochen, ich halte das nicht mehr aus. Dieser ewige Stress im Fast-Food, die Schikanen und das dauernde lüsterne Gehabe von »Ossi« und Sepp, der Druck vom Ausländeramt, die Angst, abgeschoben zu werden. Mir wird einfach alles zu viel.«

»Mach langsam, nicht alles auf einmal«, beruhigte er mich. »Du willst doch jetzt nicht etwa aufgeben. Wir müssen ganz sachlich bleiben und überlegen. Dann lösen wir ein Problem nach dem anderen. Reg dich nicht auf, es gibt immer einen Weg, auf dem man gehen kann. Keine Angst, ich helfe dir.«

Das war Jochen. Er brachte es immer wieder fertig, mich mit zwei, drei Sätzen zurück auf den Boden zu holen. Genau das hatte ich gemeint, als ich ihm einmal per SMS schrieb: »So souverän wie dich habe ich mir immer einen Mann vorgestellt.«

Wir trafen uns oft – besser gesagt: Ich brauchte ihn fast jeden Tag. Er versuchte immer, für mich da zu sein, und wenn es nur für einige Minuten war, um einen Brief zu lesen und mir zu sagen, was ich tun sollte. Er behauptet immer noch, unsere Telefongespräche seien Legende:

Inci: »Können wir uns treffen?«

Jochen: »Wann?«

Inci: »Gleich.«

Jochen: »In Ordnung. Eigentlich ist's ja überflüssig, dass ich frage.«

Jochen hat mir alles beigebracht, was man wissen muss, um in Deutschland zu leben. Bevor ich arbeitete, hatte ich kein Geld, um einkaufen zu gehen. Nachdem ich selbst welches verdiente, hatte ich keine Zeit mehr, um herauszufinden, wo man preisgünstig einkaufte. Eda konnte mir einen Discounter und einen Einkaufsmarkt zeigen. Ich glaube, sie kannte selbst nicht mehr Geschäfte.

Als ich in meine Wohnung gezogen war, hatte ich alles neu anschaffen müssen. Jeden Pfennig, der mir übrig blieb, investierte ich nach und nach in die Einrichtung. Als Erstes kamen neue Betten und Bettzeug für die Kinder dran.

»Was hast du für die Sachen bezahlt?«, fragte mich Jochen, als er mich das erste Mal besuchte und ich ihm stolz meine Errungenschaften präsentierte.

Ich zeigte ihm die Kassenzettel.

»Frag mich das nächste Mal. Dann kannst du viel Geld sparen.« Er stellte das ganz ruhig fest. Jeder andere hätte ein großes Trara darum gemacht, sich in Szene gesetzt. Er nicht.

Langsam wurde er immer wichtiger für mich. Er zeigte mir die Stadt, die Umgebung, brachte mir bei, wie man auf den Ämtern zurechtkommt, dass man nicht nur misstrauisch sein darf, sondern durchaus auch Vertrauen in andere Menschen, aber auch in deutsche Ämter, Gesetze und Regeln haben kann – wenn man sie kennt.

»Du musst dich darum kümmern. Du musst herausfinden, was für dich richtig und gut ist, und es dann anwenden«, machte er mir wieder und wieder klar. Und wurde auf seine typische Art deutlich: »Du musst aufhören dich immer wieder mit dem Argument zu entschuldigen: ›Meine Mutter ist schuld, wenn ich an den Händen friere, sie zieht mir ja keine Handschuhe an‹. Du – und niemand anderes – bist dafür verantwortlich, dass deine Hände warm sind.«

Ohne Jochens Meinung zu hören, traf ich keine wichtige Entscheidung mehr. Und völlig überrascht stellte ich eines Tages fest, dass er nach Bener der Erste war, bei dem ich mich auch getraute, Gefühle und sogar Schwäche zu zeigen. Ich war gerade durch die theoretische Führerscheinprüfung gefallen. Mit einem einzigen Fehler zu viel. Drinnen bei den anderen Aspiranten hatte ich eben noch die Supercoole gespielt: »Pah, was soll's.

Wenn nicht heute, dann halt beim nächsten Mal«, tönte ich großspurig, als ich den Prüfungsraum verließ.

Jochen hatte draußen auf mich gewartet. Ich setzte mich zu ihm ins Auto, sah seine Augen und fing hemmungslos an zu weinen. Jeder andere hätte sich wahrscheinlich wer weiß wie aufgespielt. Jochen legte lediglich seine Hand in meinen Nacken, wartete, bis ich ihn – wieder halbwegs beruhigt – anschaute, und fragte ganz ruhig: »Inci, war's so schlimm?«

»Nein, nur ein Fehler zu viel.«

»Na und? Das ist doch schon mal was. Dann halt beim nächsten Mal – natürlich ohne Fehler.« Sofort war ich ganz ruhig, wischte mir die verschmierte Wimperntusche aus dem Gesicht – und schämte mich kein bisschen für meinen Gefühlsausbruch. Im Gegenteil, es tat mir gut, dass ich jemanden hatte, dem ich meine Schwächen zeigen konnte. Bisher hatte ich meine Probleme immer in Aggressionen umgesetzt.

Jochen ist für mich wie eine Brücke zum Leben in Deutschland. Manchmal dachte ich, ich kann ja gar nicht mehr ohne ihn handeln. Und ich grübelte weiter: Warum erschreckt mich diese Feststellung kein bisschen? Was für ein Verhältnis haben wir überhaupt zueinander? Nein, für ein Liebesverhältnis kommt er für mich nicht in Frage. Ich werde mich ohnehin weder jetzt noch in naher Zukunft mit einem Mann einlassen. Für solche Gefühle ist kein Platz in meinem Leben. Ist es Freundschaft, die ich für Jochen empfinde? Schon – aber eigentlich ist es mehr. Vater, Tochter? Kaum. Obwohl man es manchmal durchaus so sehen kann. Wie soll ich es meinen Kindern erklären, was dieser Mann für unser Leben bedeutet? Ich weiß es nicht. Hör auf nachzudenken, befahl ich mir. Nimm es so, wie es ist, und sei froh, dass du ihn getroffen hast.

Weder Jochen noch ich fanden die Zeit, es herauszufinden. Ich kämpfte täglich um meine Existenz – er auch. Unser

Alltag hielt genügend Probleme bereit, die gelöst werden mussten.

»Wann läuft deine Aufenthaltsgenehmigung ab?«, wollte Jochen wissen, nachdem ich ihm von der Erpressung im Imbiss berichtet hatte.

»Nächste Woche, am fünfzehnten Juli. Das ist ein Sonntag.«

»Dann musst du am Montag früh beim Ausländeramt erscheinen.«

»Gehst du mit?«

»Nein.«

»Bitte.«

»Das wäre unklug. Die kennen mich dort. Wenn die vermuten, dass Presse im Spiel ist, machen sie sofort dicht, weil sie befürchten, dass alles öffentlich wird. Dann sehen sie keinen Raum für Kompromisse mehr. Und wir werden einen Kompromiss benötigen, um das gut zu Ende zu bringen.«

»Was soll ich denen sagen?«

»Geh hin, bezieh dich auf den Besuch von Müller. Wir werden sehen, was der gebracht hat.«

Am Montag früh stand ich mit unseren drei Pässen im Ausländeramt am Schalter.

»Lassen Sie die hier und kommen Sie am Mittwoch wieder vorbei. Sie werden dann hören, wie wir entschieden haben«, forderte mich der Sachbearbeiter auf. Ich wollte ihn noch etwas fragen, ihm erklären, dass ich im Imbiss gebraucht werde, dass sie das ja vom Chef aus erster Hand erfahren hätten. Er winkte nur ab.

»Kommen Sie am Mittwoch.«

»Und, wie sieht's aus?«, fragte Jochen, den ich angerufen und um ein Blitztreffen gebeten hatte.

»Sie sagen nichts, haben die Pässe dabehalten. Ich soll Mittwoch wiederkommen. Was können wir bloß tun? Ich hab solche Angst.«

»Nichts. Ruhe bewahren. Es wäre der größte Fehler, etwas zu unternehmen und gegen eine Entscheidung zu protestieren, die sie noch gar nicht getroffen haben. Geh am Mittwoch hin, dann werden wir handeln, falls es nötig ist.«

»Das klingt ja ganz vernünftig, aber ich hab trotzdem Angst.«

»Wenn du sie nicht vermeiden kannst, musst du lernen, mit ihr umzugehen.«

Manchmal hasste ich ihn – vor allem, weil er recht hatte.

»Ich muss weiter«, erklärte er, »rufst du am Mittwoch gleich an, wenn du vom Amt kommst? Ich warte auf deinen Anruf!«

Stattdessen stand er um acht Uhr morgens vorm Ausländeramt, als ich ankam.

»Damit du dich nicht so alleine fühlst, gehe ich mit rein und warte im Gang auf dich«, meinte er lässig.

»Danke«, ich hätte ihm um den Hals fallen können.

Meine Hochstimmung war wie weggeblasen, als der Sachbearbeiter nach meinen Pässen griff, die auf seinem Schreibtisch bereitlagen.

»Wir haben Ihnen vorerst noch einmal ein Vierteljahr gegeben«, erklärte er mir.

Unfähig ein Wort zu sagen, griff ich die Pässe und rannte fast hinaus. Schon viele hatte ich vor mir mit Tränen in den Augen aus dieser Tür kommen sehen. Jetzt konnte ich nachempfinden, warum und wie sie sich gefühlt hatten. Jochen verstand sofort.

»Gehen wir einen Kaffee trinken.«

Ich schluchzte.

»Gib mal her«, forderte er mich auf, nachdem wir uns gesetzt hatten und ich immer noch kein Wort über die Lippen brachte.

»Gott sei Dank«, atmete er sichtbar erleichtert auf, »ich hatte schon befürchtet, sie würden euch sofort ausweisen. Jetzt haben wir ja mindestens drei Monate Zeit.«

»Ich erschrecke zu Tode, und du sagst Gott sei Dank. Wie soll ich noch einmal drei Monate mit dieser Ungewissheit und in dieser Spannung leben?«

»Du wirst es schlicht müssen, weil dir nichts anderes übrig bleibt. Aber ich habe eine Idee, und vielleicht geht es doch um einiges schneller. Ich will dir aber nicht zu viel versprechen, damit du dir keine falschen Hoffnungen machst. Kann ich die Pässe bis heute Nachmittag behalten?«

»Warum?«

»Ich will sie kopieren. Und dann werde ich einen Brief schreiben.«

»An wen?«

»Ich kann nicht darüber reden. Ich werde etwas versuchen.«

»Was?«

»Lass mich doch einfach machen. Vertrau mir. Ich hoffe, es klappt. Schaden wird es nicht.«

»Ich habe auch Angst wegen Sila und Umut. Sie verstehen ja überhaupt noch nicht, um was es hier geht. Unsere Nachbarin auf dem Hof gegenüber ist fanatische Ausländerhasserin. Ständig schreit sie ausländerfeindliche Parolen und beschimpft die Kinder auf die übelste Art, wenn sie sich mal trauen, auf dem Hof zu spielen.«

»Wie reagieren sie?«

»Es trifft sie furchtbar, dass sie so beschimpft werden, obwohl sie gar nichts dafür können. Sie werden immer aggressiver, auch weil ich ja kaum bei ihnen bin. Ich befürchte, dass sie irgendwann etwas anstellen und wir unsere Aufenthaltsgenehmigung nicht bekommen.«

»Wegen einer Rassistin brauchst du dir keine Gedanken zu machen, die kann dir nicht schaden. Ich weiß, das tut weh, und die Kinder verstehen es überhaupt nicht. Du musst es ihnen erklären.«

»Ich rede ständig mit ihnen darüber, versichere ihnen, dass du uns hilfst und bestimmt auch einen Weg finden wirst. Ich lasse sie nicht mehr raus, wenn ich sie trotzdem im Hof treffe und sie sich mal wieder mit dieser Nachbarin streiten, rufe ich sie: ›Kommt rein, lasst sie doch reden, wir haben andere Sorgen.‹«

»Gut, aber das ist nicht der Punkt.«

»Genau. Wie soll ich ihnen erklären, dass es Menschen gibt, die sie hassen, nur weil sie türkische und keinen deutschen Eltern haben? Kann es sein, dass sie stolz darauf sind und trotzdem hier in Deutschland bei Oma und Opa, bei Onkel und Tante, bei ihrer Familie wohnen wollen? Wie kann ich ihren Stolz erhalten? Wie kann ich ihre Seele vor Verletzungen bewahren?«

»Es wird Zeit, dass das aufhört. Und ihr müsst unbedingt hier raus. Wir müssen schnellstens eine menschenwürdige Wohnung für euch finden, sobald die Aufenthaltsgenehmigung geklärt ist.«

Am nächsten Tag zeigte er mir einen Brief, vier Seiten. Darin hatte er unsere Lage genau beschrieben. Wie gut er mich versteht und wie perfekt er meine Situation auf den Punkt bringen kann. Ich bewunderte ihn.

»Wem willst du das geben?«, wollte ich wissen.

»Manchmal darf man keine Fragen stellen, auch wenn's einer neugierigen Frau wie dir noch so schwer fällt«, lachte er mich an und wurde dann ganz ernst: »Ich werde mit niemandem – auch nicht mit dir drüber reden.«

Es dauerte noch den ganzen August, bis in den September. Fast jeden Tag fragte ich ihn: »Gibt's was Neues?«

Seine Antwort war stets dieselbe: »Es ist auf dem Weg. Ich glaube, es wird funktionieren. Du musst Geduld haben, das kann ich dir nicht ersparen.«

Am achten September rief er an: »Wir müssen uns sehen. Bring deine Pässe mit.«

»Wann?«

Jetzt drehte er den Spieß um: »Sofort.«

Zwei Tage später gab er mir die Ausweise zurück: Aufenthaltserlaubnis für zwei Jahre.

»Warum nicht unbefristet?« Ich war erschrocken.

»Du musst dir keine Sorgen mehr machen. Dies ist der gesetzlich vorgeschriebene Ablauf. Jetzt zwei Jahre, dann noch einmal zwei Jahre Verlängerung. Im Juli 2005 bekommt ihr die unbefristete Aufenthaltsgenehmigung, dann seid ihr ja über fünf Jahre im Land.«

»Bist du sicher?«

»Absolut. Das ist entschieden. Daran wird nicht mehr gerüttelt. Endgültig.« Und dann grinste er über das ganze Gesicht und zwinkerte mir zu: »Wir müssen natürlich bei unserem Banküberfall ungeheuer vorsichtig sein und aufpassen, dass sie uns nicht erwischen. Kriminell darfst du in der Zwischenzeit keinesfalls werden. Dann schmeißen sie euch raus.«

Im Schatten der Großfamilie

Peri

Seit Generationen leben die Türken aus Anatolien mit ihren Großfamilien wie Nomaden: Sie wandern der Nahrung – sprich der Arbeit – nach. Die Regeln haben sich bis heute kaum verändert. Gleich einem Spähtrupp fahren zuerst ein, zwei Männer in eine Gegend, in der Arbeitskräfte gesucht werden. Die Entfernung spielt dabei keine Rolle. Haben sie dort Erfolg, erweist sich der neue Standort als gut, die gefundene Beschäftigung als lohnend und dauerhaft, holen sie zunächst ihre Frauen nach. Werden noch mehr Arbeitskräfte gesucht, versuchen sie, die offenen Stellen innerhalb des Familienverbunds zu verteilen. Also verständigen sie die Brüder, Cousins, Schwäger. Die kommen – möglichst mit ihren Frauen – und nehmen ihre Chance wahr. Die Älteren oder die, die am alten Standort lohnende Arbeit gefunden haben, bewahren den Besitz in der alten Heimat. Gewöhnlich bleiben auch die Kinder zunächst noch bei den Großeltern, Onkeln und Tanten. Selten fanden sie damals am neuen Standort genügend Wohnungen. Dann schlugen sie zunächst ihre großen Zelte auf, bauten *dabacg*, einfache, primitive Häuser – so gut wie immer ohne Baugenehmigung und über Nacht. Ganze Stadtviertel entstanden so an der Peripherie türkischer Städte – ohne Plan, ohne Infrastruktur, ohne Wasser und Strom, ohne Straßen und Kanalisation. Sie waren immer hoffnungslos überbelegt und bar jeden Komforts. Oft drängten sich fünf, zehn und mehr Menschen aus drei bis vier Generationen auf vierzig, fünfzig Quadratmetern.

War der Arbeitsmarkt am neuen Standort gesättigt, suchten die, die bislang keine Beschäftigung gefunden hatten, ihre Chance an einem anderen Ort, und das Spiel wurde fortgesetzt. Auf diese Weise wuchsen die Großfamilien zu einem Netz mit über das ganze Land verteilten »Stützpunkten«. Die Klammer, die dieses Netz zusammenhielt, war und ist die »Familienehre«, der sich jeder bedingungslos unterzuordnen hat.

Paragraf eins des ungeschriebenen Gesetzes ist die Pflicht zur unbeschränkten gegenseitigen Hilfe, wobei die grenzenlose Gastfreundschaft ganz vorn steht. Während meiner Kindheit und Jugend, aber auch noch nach meiner Scheidung, habe ich auf Reisen zur »Verwandtschaft« Orte in der ganzen Türkei, aber auch in weiten Teilen Deutschlands kennengelernt. Immer wurde ich freundlich empfangen und war bestens bewirteter Gast eines Mitglieds unseres weitverzweigten Clans.

Geradezu atemberaubend schnell funktioniert die familieninterne Kommunikation bis in die letzte entfernte Verästelung: Als ich nach meiner Scheidung in Izmir den Führerschein in der Tasche hatte – familienweit als erste Frau –, meldeten sich nur Tage später zwei Cousinen in Deutschland zum Fahrunterricht an. So schnell hatte die Nachricht die Runde gemacht. Einerseits hatte ich das Argument »Eine Frau braucht das nicht« ad absurdum geführt, andererseits war man es seiner Selbstachtung schuldig, dieses Privileg nicht mir alleine zu überlassen.

In den 1960er-Jahren überschritten die Türken erstmals in großer Zahl die Landesgrenzen. Dabei hielten sie sich an das historische Muster: Zu Beginn machten sich die ersten Gastarbeiter auf den Weg nach Westen und wurden dort mit offenen Armen empfangen: Wie ein Schwamm das Wasser saugte sie der Arbeitsmarkt auf. Und nicht nur die oft kolportierten »Hilfsarbeiter der Müllabfuhr« füllten die Lücken, sondern auch hoch spezialisierte Facharbeiter aller Berufe, und sogar Akademiker jeder Sparte. Sie fanden vor allem in Deutschland offene Stellen in Hülle und Fülle vor. Die Telefondrähte nach Osten glühten, und der Familienrat schickte ganze Generationen arbeitsfähiger Männer und Frauen ins »gelobte Land«. Hier feierte man sie zwar als »Retter aus der Krise«, aber weder von deutscher noch von türkischer Seite ließ man Interesse an einer Annäherung zwischen den beiden Kulturen erkennen.

Damit begann die Entwicklung zum »Nebeneinander«. Erst in jüngster Zeit fangen beide Seiten an zu begreifen. Blauäugig hatten Deutsche wie Türken daran geglaubt, dass die Gastarbeiter nach einiger Zeit in die Heimat zurückkehren würden und sich das Problem dadurch von selbst lösen würde.

Deshalb hatten die Türken vor allem zwei Ziele vor Augen: So schnell es nur ging, ein großes Stück vom »Kuchen in Deutschland« abzuschneiden und gleichzeitig so billig wie möglich zu leben. Der größte Teil des in Deutschland Verdienten wurde auf ein heimisches Konto überwiesen. Das Ziel hieß: Geld für ein Haus in der Türkei und möglichst noch das Startkapital für ein eigenes Geschäft. Dem ordneten die »Auswanderer« alles unter und führten ein spartanisches Leben. Da natürlich Zelte als Unterkunft in Deutschland nicht infrage kamen, wohnten die Männer in der ersten Phase oft kaserniert in Bauwagen- oder Barackensiedlungen, die die Arbeitgeber irgendwo – oft sogar direkt auf dem Fabrikgelände – aus dem Boden gestampft hatten.

Um dem tristen »Lagerleben« zu entfliehen und um ihre Frauen nachkommen zu lassen, suchten sie billigste Wohnungen ohne jeden Anspruch auf Komfort. So landeten sie gewöhnlich in den Sanierungsgebieten der großen Städte, wo die Wohnungen an Einheimische nicht mehr vermietbar waren. Wie in den

»schwarzen Stadtteilen« in der Türkei lebten auch hier mehrere Familien auf engstem Raum zusammen. Im gleichen Maße, wie sich Türken in diesen Stadtteilen ansiedelten, zogen sich die Deutschen zurück, hinterließen ihre Wohnungen denen, die aus der Türkei nachzogen. Wie ethnische »Exklaven« entstanden auf diese Weise eigenständige türkische Siedlungen mitten in den Städten Deutschlands.

Da beide Seiten nicht mit einem Dauerzustand rechneten, störte sich kaum einer an dieser Entwicklung. Der kulturelle Austausch steckt heute noch in den Kinderschuhen, Integration blieb bis vor Kurzem noch ein von beiden Seiten nicht verstandenes Fremdwort. Türken blieben unter Türken. Noch immer gibt es etliche – meist Frauen –, die schon seit Jahren in Deutschland leben, ohne auch nur ein einziges deutsches Wort gelernt zu haben. Viele Deutsche beobachten ihrerseits das Anwachsen des türkischen Anteils an der Bevölkerung – um es gelinde auszudrücken – mit einigem Misstrauen.

Selbst die, die von der ersten Stunde an bis zum Rentenalter hierblieben, fanden den Weg von der türkischen in die westeuropäische Welt nur höchst selten. Insofern kann man die »deutsche Karriere« meiner Eltern als beispielhaft sehen: Im letzten Jahr konnte Papa sein vierzigjähriges Jubiläum bei seinem Arbeitgeber feiern. Er hat also während seines ganzen Arbeitslebens in Deutschland gelebt. Die Geschäftsleitung schätzte ihn, seine Fachkenntnisse und seine Arbeitsauffassung sehr. Auch bei den deutschen Kollegen genoss er großes Ansehen. Tagtäglich standen sie gemeinsam nebeneinander im Betrieb. Trotzdem beschränkte sich sein Kontakt mit ihnen auf die Arbeitszeit. Weder er noch unsere Mutter, ja nicht einmal meine Geschwister traten bis heute einen einzigen Schritt heraus aus dem Schatten unserer Familie. Die wiederum lebt fest eingebunden in unsere türkische Gemeinde, die sich – im

Gegensatz zu den schon fast rein türkischen Stadtteilen der Großstädte – im Umkreis von fast hundert Kilometern, verteilt auf die kleineren Städte und Gemeinden unserer Gegend, gebildet hat. Wir blieben Türken unter Türken. Morgens auf dem Weg zur Arbeit kaufte Papa die türkische Boulevardzeitung, abends nach Feierabend empfing er die heimatliche Tagessschau per Satellit. Nicht ein deutscher Kollege hat ihn während dieser vierzig Jahre zu Hause besucht und an mehr als zwei, drei Besuche seinerseits kann ich mich nicht erinnern.

Wenn ich in meiner Naivität geglaubt hatte, mit dem Auszug bei meinen Eltern hätte ich den Beginn eines selbstbestimmten Lebens als freies Mitglied der deutschen Gesellschaft vollzogen, sollte ich bald eines Besseren belehrt werden: Den heftigsten Widerstand leistete meine Familie, den größten Druck verspürte ich seitens unserer türkischen Gemeinde, in der jeder meiner Schritte, jede meiner Handlungen überwacht und entsprechend unserer Moralvorstellungen bewertet wurde.

»Peri ist aus Ankara gekommen und wohnt jetzt bei uns«, eröffnete mir Papa, als er mich in einer meiner wenigen freien Stunden besuchte. Es war etwa eine Woche nach unserem Umzug. Gerade hatte ich mich in dem »Loch« halbwegs eingerichtet.

»So? Wie lange bleibt sie denn?«, gab ich zerstreut zurück. Ich würde meine Cousine gerne wiedersehen, die ja als Witwe meines Lieblingsonkels Cem gleichzeitig meine Tante war. Aber zu diesem Zeitpunkt war mir alles zu viel.

Papa zögerte einen Moment und antwortete mit einem seltsamen Unterton in der Stimme: »Das hat sie nicht gesagt. Ich fürchte aber, es geht mit ihr und Mutter nicht gut. Die beiden sind wie Hund und Katz.«

Wenn es zwischen den beiden kracht, wird Peri zu mir kom-

men, wurde mir schlagartig bewusst, und ich war sofort hellwach.

»Wie meinst du das, Papa?«, entgegnete ich vorsichtig. Es
kam, wie ich es befürchtet hatte.

Papa antwortete sichtlich verlegen: »Sie hat mich gefragt, ob
sie deshalb bei dir wohnen kann.«

Kaum waren wir eine Woche für uns alleine, da holte mich die
Verwandtschaft schon wieder ein. Ich musste Peri hier in dieser
Behausung aufnehmen, die eigentlich für uns drei schon zu
klein war. Ob und wie ich das bewältigen würde, spielte keine
Rolle – ich war es ihr schuldig. Denn sie und mein Lieblingsonkel Cem hatten mir ihrerseits in Ankara Unterschlupf ge-
währt, als ich mich auf der Flucht vor meinem Exmann befand.
Der hatte Sila und Umut entführt, und es war mir kaum gelungen, sie aus seiner Gewalt zu befreien.

Mit den Kindern war ich danach noch oft bei ihnen in Ankara
zu Gast. Wir fuhren sogar zusammen in Urlaub. Jetzt war Cem
tot. Keinesfalls hätte ich Peri die Tür weisen können, wenn sie
mich um Hilfe bat. Wenn ich ihr diese verweigert hätte, wäre
das ein unentschuldbarer Verstoß gegen die Familienehre gewesen. Eigentlich dachte ich damals auch noch gar nicht darüber
nach. Peri würde bei mir wohnen – basta. Ich würde es schon
irgendwie schaffen.

»Hallo, wie schön dich zu sehen!« Peri und ich umarmten uns
herzlich, als sie schließlich mit ihren Koffern in unserer Tür
stand. Ich freute mich in diesem Moment wirklich.

Peri war immer noch eine schöne Frau in der Blüte ihrer Jahre. Groß, schlank gewachsen, hellbraune Haare, grüne Augen.
Schon zu Onkel Cems Lebzeiten waren ihre Männergeschichten
Legende. Meisterlich beherrschte sie alle Waffen einer Frau und
setzte sie nach Belieben ein. Sie konnte weinen, Schwäche zeigen
oder ihre Augen vor Wut Funken sprühen lassen, je nach dem

taktischen Konzept, das sie bei der Eroberung eines Mannes wählte. Und sie hatte fast immer Erfolg.

Ich akzeptierte sie. Sie wollte ihren Spaß und brauchte den Sex. Schon nach wenigen Tagen, als ich zwischen zwei Jobs gerade mal zu Hause war, kam sie auf mich zu: »Inci, ich bin heute Abend mit zwei Männern verabredet. Das ist ein bisschen zu viel. Willst du nicht mitkommen?«

»Wann denn, Peri? Und ganz ehrlich: Ich will auch nicht. Momentan brauche ich meine ganze Kraft, um auf die Beine zu kommen, unabhängig von Papa zu werden. Liebe, Spaß und Sex interessieren mich jetzt nicht. Ich vermisse auch nichts, alles das spielt in meinem Leben zur Zeit keine Rolle.«

»Du weißt ja gar nicht, was dir entgeht.«

»Wirklich, Peri, Sex ist das Letzte, was ich gerade körperlich und seelisch brauche.«

»Gut, wie du meinst.« Ich sah ihrem mitleidigen Blick an, dass sie mich nicht verstand.

»Noch eins, Peri. Ich akzeptiere dich, wie du bist. Aber du weißt, dass ich kaum zu Hause bin. Für die Zeit, während du bei uns wohnst, habe ich deshalb zwei Bedingungen: Erstens, du bringst niemals einen Mann mit in diese Wohnung, und zweitens, du hältst deine Männerbeziehungen fern von Sila und Umut. Bitte telefoniere nicht mit deinen Liebhabern, wenn die Kinder dabei sind. Ich möchte nicht, dass sie damit konfrontiert werden.«

»Inci, das ist doch selbstverständlich. Du musst dir darüber keine Gedanken machen«, versprach meine Cousine.

Hoffentlich hält sie Wort, dachte ich. Ich wollte nicht, dass meine Tochter so aufwuchs wie ich. Mit Ekel erinnere ich mich heute noch daran, wie ich als Zwölfjährige meiner Mutter – sie ist ja Analphabetin – die Liebesbriefe vorlesen musste, die ihr Liebhaber aus dem Gefängnis geschrieben hatte.

Peri fand einen Job in einem Dönerladen. Sich an der Miete zu beteiligen fiel ihr trotzdem nicht ein. Jetzt waren wir also zu viert in der engen Wohnung. Manchmal war es unerträglich, und ich musste mich überwinden, den Schlüssel ins Schloss zu stecken, wenn ich von der Arbeit für ein paar Stunden nach Hause kam. Aber Gastfreundschaft gilt unbegrenzt, eine Lösung des Problems war noch lange nicht in Sicht.

Wie so oft im Leben klärte schließlich ein zufälliges Ereignis die Situation: Mir stand eine Operation bevor, weil ich an beiden Füßen Überbeine hatte, die mir beim Stehen und Laufen große Schmerzen bereiteten und mir die Arbeit manchmal zur Hölle werden ließen. Ich musste für eine Woche ins Krankenhaus und bat meine Schwester Songül und Peri, solange auf die Kinder aufzupassen.

»Ich verlasse mich auf euch«, sagte ich zu Peri und Songül, die bei uns eingezogen war, bevor ich mich ins Krankenhaus verabschiedete. Später sprach ich Peri noch unter vier Augen an.

»Du weißt ja, wie ich über Sila denke. Bitte halte dich daran.«

»Inci, wo denkst du hin. Du kannst dich auf mich verlassen«, wehrte meine Cousine fast empört ab.

Hoffentlich, dachte ich, glaubte aber letztlich doch daran, Sila und Umut in der Obhut der beiden Frauen lassen zu können. Ich sah der Woche, die mir bevorstand, fast wie einem Urlaub entgegen, erwartete sie als eine willkommene, wenn auch kurze Gelegenheit, mich vom pausenlosen Stress bei meinen drei Jobs zu erholen.

Nach der Operation schlief ich erst einmal zwei Tage durch. Dann jagten mich die Ärzte und Krankengymnastinnen gnadenlos aus dem Bett.

Ich hatte nicht erwartet, dass der Eingriff derart heftige Schmerzen mit sich bringen und dass ich so viel Mühe haben würde, wieder laufen zu lernen. Vier Tage später wollte ich heim. Eigentlich hatte mir der Arzt noch für mindestens drei Wochen Bettruhe verordnet, und die Krankengymnastin hatte einen Plan ausgearbeitet, wie ich erst ganz allmählich die Belastung erhöhen sollte. Alles das war unmöglich. Als ich nach Hause kam, waren Songül und Peri arbeiten gegangen, die Kinder in der Schule. Im Kühlschrank gähnende Leere. Nichts zu essen, nichts zu trinken, kein Stückchen Brot, kein Geld. Also schleppte ich mich ins Sanitätshaus, ließ mir die orthopädischen Pantoffeln anpassen, die man mir verschrieben hatte, und meldete mich noch am gleichen Nachmittag an Krücken im »Casa« zurück. Die wollten mich sofort wieder nach Hause schicken, verstanden aber nach heftiger Diskussion die Situation und akzeptierten meine Gründe. Acht bis zehn Stunden stand ich dort in der Küche – auch abends und nachts. Noch vier Wochen war ich krankgeschrieben – das Krankengeld vom Fast-Food-Betreiber reichte jedoch nicht einmal für die Miete.

Als ich am zweiten oder dritten Abend vom »Casa« nach Hause kam, traf ich Sila alleine an.

»Na, wie geht's mit Tante Peri?«, fragte ich vorsichtig.

»Mama, sie ist furchtbar«, antwortete meine Tochter mit fast erschrockenem Gesichtsausdruck.

»Was ist los?«

»Die Tante erzählt mir lauter eklige Sachen. Sie hat ein Verhältnis mit dem Chef vom Dönerladen. Und an jedem Vormittag liegen Briefe für sie in der Post. Sie hat mir erklärt, dass sie eine Anzeige aufgegeben hat, um Männer kennenzulernen.«

»Was macht sie mit den Briefen?«

»Sie ruft die Männer an.«

»Wenn du dabei bist?«

»Ja, wenn ich gerade keine Schule habe und eigentlich Hausaufgaben machen will, dann quatscht sie stundenlang mit denen. Und was sie alles redet.« Sila schüttelte sich angewidert.

»Und weiter?«

»Mit einigen trifft sie sich und erzählt mir dann brühwarm, was da gelaufen ist. Mama, die ist schlimm. Ich will sie nicht in unserer Wohnung.«

Mein Herz krampfte sich zusammen, als ich versuchte, sie zu beruhigen.

»Natürlich nicht, mein Kind. Mach dir keine Gedanken mehr darüber, ich werde das beenden.«

Ich blieb auf, bis Peri heimkam.

»Pack deine Sachen und verschwinde«, schleuderte ich ihr geradeaus ins Gesicht.

»Inci, um Gottes willen, was ist los?«

»Raus. Meine Tochter soll nicht in deine Fußstapfen treten. Muss ich dir noch mehr erklären?«

Einen Moment lang erstarrte sie vor Schreck. Dann blitzten ihre Augen in einer Mischung aus Furcht, Wut und Aggression, und sie fauchte mich an: »Aber wo soll ich denn hingehen?«

»Geh dahin, wo auch immer du sein willst, zu irgendeinem deiner Liebhaber.«

»Jetzt, mitten in der Nacht? Das kannst du nicht machen, ich bin doch deine Cousine!«

»Ja, und gleichzeitig meine Tante, weil du Onkel Cem geheiratet hast. Cem, den ich geliebt habe und den du bis zu seinem Tod nach Strich und Faden betrogen hast.«

»Du kannst mich doch nicht einfach vor die Tür setzen. Hast du alles vergessen, was ich für dich getan habe?«

»Wie kannst du so etwas sagen? Wochenlang habe ich dich unterstützt. Statt Nacht für Nacht deinem Vergnügen nachzurennen, hättest du dich gemeinsam mit uns um unsere Ziele kümmern können. Ich hatte dein Wort, dass du Sila aus deinen Eskapaden heraushältst. Du hast dein Versprechen gebrochen. Das Fass ist übergelaufen. Verschwinde. Sofort.«

Zehn Minuten später schloss ich die Tür hinter ihr. Wo sie hingegangen ist, weiß ich nicht. Ab und zu erfuhr ich, dass sie bei irgendeinem Mann wohnte, den sie spätestens nach einem Monat auswechselte. Mal arbeitete sie hier, mal da. Es war mir egal. Heute lebt Peri wieder in Ankara.

Weiter Weg

Mit der Trennung von Peri war der zweite Schritt vollzogen, mit dem ich mich von meiner Familie distanzierte. Und er war für alle sichtbar, denn natürlich trug der Familientratsch den Vorfall als »Eilmeldung« bis in den letzten anatolischen Winkel.

»Inci hat Peri rausgeworfen.«

Aber erstmals hörte ich auch zustimmende Kommentare – zwar hinter vorgehaltener Hand, aber immerhin. »Wenn sie sich vor ihre Tochter gestellt hat, war sie im Recht«, äußerten sich nicht einmal nur die, von denen ich gehofft hatte, dass sie ein Stück über den eigenen Tellerrand hinaus dachten. Und eine weitere Tatsache läuft heute noch über den »Familiensender«: »Hut ab vor Inci. Die steht jetzt auf eigenen Beinen. Sie nimmt von keinem mehr einen einzigen Cent.«

Meine Erkenntnis, solange du finanziell abhängig bist, musst du das machen, was sie sagen, trug also langsam Früchte und bestimmt seither mein ganzes Handeln. Ganz langsam bekam ich das Gefühl, meine Situation in den Griff zu bekommen – Wohnung, Arbeit und sogar die liebe Verwandtschaft. Bis heute habe ich weder Papa um Geld gebeten noch irgendeinen anderen aus der Familie. In jenen Tagen wurde mir auch bewusst, welche Anstrengung es für Papa bedeutet hatte, nach meiner Scheidung mein Leben in der Türkei Monat für Monat mit fünfhundert Mark zu finanzieren, und die Erinnerung daran tat mir weh.

Ein Wort hätte genügt, und ich hätte jederzeit wieder bei Papa wohnen können. Ich wusste, dass er insgeheim auf dieses Wort wartete. Ich war aber wild entschlossen, meine hart erkämpfte Freiheit zu erhalten. Natürlich sahen sie, dass ich Probleme hatte, aber ich erwartete keine Anteilnahme von ihnen.

»Macht euch keine Gedanken, ich habe alles im Griff«, wehrte ich ab, wenn sie Fragen stellten.

»Unsere Tochter kommt gut alleine zurecht«, erzählten sie in der Verwandtschaft. Ich war die einzige Frau im ganzen Clan, die mit ihren Kindern so selbstständig lebte.

Unausgesprochen folgte danach aber die Frage: »Wie macht sie es?« Und die Antwort hatten sie ohne Überlegung schnell bei der Hand: »Sie hat ein Verhältnis mit einem Mann. Der finanziert alles.« Da sie aber definitiv nichts dergleichen sehen konnten, ließen sie ihrer Phantasie freien Lauf. Kollegen, Nachbarn, zufällige Bekannte – jeder war ihnen recht, mit jedem, mit dem ich je gesehen wurde, dichteten sie mir ein Verhältnis an. Vor allem mit Jochen. Der war eindeutig ihr Favorit. Natürlich sagte es mir keiner offen ins Gesicht, aber mir wurde immer wieder zugetragen, welches Gerücht sie gerade handelten. »Inci, weißt du, was sie wieder über dich erzählen«, lautete der Standardsatz. Dabei taten die, die am intensivsten zum Klatsch beitrugen, so, als ob sie kein Wässerchen trüben könnten.

Einerseits ärgerte ich mich furchtbar, andererseits tat mir meine Verwandtschaft fast leid. Ihr Horizont reicht eben nur so weit: Wenn ein deutscher Mann sich regelmäßig mit einer türkischen Frau trifft, wenn er ihr ständig mit Rat und Tat zur Seite steht, wenn er sie nicht nur dann zu Hause besucht, wenn ihre Kinder da sind, sondern auch, wenn sie alleine ist, dann bezahlt sie mit Sex. Oder noch schlimmer: Auch sie will mit ihm Sex haben. Es ist immer wieder dieser gleiche tumbe, stereotype Denkprozess. Manchmal kommt es mir so vor, als ob der ein oder andere sein Gehirn nicht im Kopf, sondern zwischen den Beinen spazieren trägt.

»Inci, mach dir doch keine Gedanken. Es gibt nur wenige Menschen, die mich kränken oder treffen können. Ich kenne die türkische Gemeinde doch gar nicht«, sagte Jochen immer wieder, wenn ich ihn vor solchen Gerüchten warnte. Und er versuchte, mich zu beruhigen: »Eines Tages wird denen das Thema ›Inci‹ langweilig, und du wirst für sie uninteressant. Hör einfach nicht mehr hin. Halt dich doch an den gleichen Wiener Schmäh wie ich: ›Leute dieses Schlages, die ignorier ich nicht einmal!‹«

Er hatte gut Lachen. Er ist kein Türke. Aber ich war froh, dass sie wenigstens ihn mit den üblen Nachreden nicht treffen konnten.

Auch von meinen Freundinnen hatte ich mich fast völlig abgekapselt, wann hätte ich sie auch treffen sollen? »Du behandelst uns wie wertlosen Schmuck, den man einfach achtlos zur Seite legt, wenn man ihn nicht mehr sehen will«, warfen sie mir vor. Jetzt zwang ich mich dazu, mich wieder um sie zu kümmern. Aber ich hatte wenig mit ihnen gemeinsam. Ihre Männer arbeiteten, und sie lebten ziellos und gelangweilt in den Tag hinein. Ihre Faulheit steigerte meinen Ehrgeiz: Ein solches Leben wollte ich unter keinen Umständen führen. Wann immer sich die Gelegenheit dazu ergab, stachelte ich sie an und hielt ihnen ihr tatenloses Leben vor.

»Nehmt euch ein Beispiel an Songül. Sie ist fleißig und arbeitet. Ihr solltet euch schämen. Werdet endlich wach und tut etwas!«

Und ich brachte sie in Bewegung: Eda suchte sich eine Putzstelle in einem Kaufhaus, selbst Kader, deren Mann gut verdiente, fing in einem Supermarkt zu arbeiten an, und meinen Bruder Tufan brachte ich schließlich trotz seiner Sprachbehinderung bei einer Teilzeitfirma unter.

Allmählich gewann ich mehr und mehr Autorität bei meinen Geschwistern und Freundinnen. Mit allen ihren Problemen kamen sie zu mir und erwarteten, dass ich sie löste.

»Warum kommt ihr ausgerechnet immer zu mir?«, fragte ich fast schon verzweifelt, wenn sie wieder einmal vor der Tür standen.

»Du bist die Älteste«, argumentierten sie dann.

Mit der Zeit wurde mir alles zu viel, denn ich hatte wirklich genug mit mir selbst zu tun. Also begann ich schon im Vorfeld, mich bei ihnen in jede Kleinigkeit einzumischen und ihnen vorzuschreiben, was sie zu tun hatten.

Oma

In diesem ersten Jahr meiner Selbstständigkeit hatte ich mehr gelernt, als in meinem ganzen Leben zuvor. Dabei fiel es mir relativ leicht, die Familie innerlich auf Distanz zu halten. Für mich zählte im gesamten Familienclan ohnehin nur Oma. Sie war mittlerweile über neunzig Jahre alt und wohnte bei Onkel Halil in Izmir. Ich rief sie so oft wie nur möglich an. Am Tag, nachdem ich Peri fortgejagt hatte, wollte ich unbedingt mit ihr reden. Elif, Onkel Halils Frau, nahm den Hörer ab und versetzte mir einen Schlag: »Deine Oma wohnt nicht mehr bei uns. Halil hatte Streit mit ihr, hat sie zusammengeschlagen und rausgeworfen.« Alles in mir krampfte sich zusammen, und mit Mühe konnte ich ins Telefon stammeln: »Um Himmels willen, wo ist sie jetzt?«

»Ich weiß es nicht genau. Nachbarn haben sie aufgenommen. Ich traue mich nicht, sie zu suchen – Halil ist so gewalttätig.«

»Trinkt er wieder?«

»Ja.«

Ich wusste aus eigener Erfahrung, wie brutal Onkel Halil werden konnte, wenn er getrunken hatte. Jahrelang schien er den Alkohol im Griff zu haben – jetzt war er offensichtlich in die alten schlimmen Zeiten zurückgefallen.

Jeden Monat hatte ich eisern, und so schwer es mir auch fiel, hundert Mark auf ein Sparbuch eingezahlt. Ich hob das Geld ab, rief im »Casa« und bei Sepp an, ging zu dem türkischen Reisebüro gegenüber von Papas Wohnung und buchte den nächsten Flug nach Izmir. Songül und Eda versprachen mir, so lange auf die Kinder aufzupassen.

Halil wohnte in einem dieser ehemals illegal gebauten kurdischen Armenviertel der Metropole Izmir. Als Oma vor ihrem rabiaten Sohn geflohen war, hatten Nachbarn ihr nur wenige Straßen weiter ein uraltes Haus vermittelt, das mich fatal an jenen »Schafstall« erinnerte, in dem ich einige Jahre meiner Ehe verbracht hatte. Es war schlimm: In einem gepflegten deutschen Schrebergarten hätte ein solcher Geräteschuppen als Schandfleck gegolten, jetzt sollte meine Großmutter darin leben. Von der Tür aus kam man direkt in eines der beiden winzigen Zimmer. Alte verschlissene Teppiche bedeckten den gestampften Lehmboden. Der andere Raum diente als Küche. Da er unterkellert war, stand man dort wenigstens auf alten, unbearbeiteten Holzbrettern. Der einzige Luxus: Es gab Wasser und sogar Strom. Der fiel allerdings oft stundenlang aus.

Auf ihrer »Flucht« hatte Oma alles zurückgelassen. Die Nachbarn demonstrierten, welch großes Herz die Türken haben: Es war rührend. Nahezu alle, die dort wohnen, kämpfen Tag für Tag selbst ums Überleben. Aber sie hatten in der kurzen Zeit nicht nur das Haus besorgt, sondern es auch noch so eingerichtet, dass Oma einigermaßen darin wohnen konnte.

Es gab nicht ein einziges wirkliches Möbelstück. In der Küche erzeugte ein Regal – gebaut aus leeren Obstkisten, angefüllt mit altem Küchengerät – Flohmarktatmosphäre. Im Wohn-Schlaf-zimmer stand ein Gestell, gezimmert aus Brettern, versteckt unter verblichenen, hundertfach gewaschenen alten Decken. Es diente am Tag als Couch und nachts als Bett.

»Inci, bist du da, ich freu mich so«, hörte ich Omas Stimme aus dem Haus schallen, noch ehe ich sie sehen konnte. Den Rücken gebeugt, auf einen Stock gestützt, kam sie mir entgegen. Wir lagen uns in den Armen, und ich war wieder das kleine Kind, das bei ihr Liebe, Schutz und Geborgenheit fand. Sofort fühlte ich mich wie im Paradies. Ich war bei Oma! Sonst zählte nichts. Sie hätte im Wald unter einem Baum oder in den Bergen in einer Höhle leben können, ich wäre bei ihr geblieben. Immer-hin war das Bett groß genug, sodass ich neben ihr schlafen konnte. Allerdings machte ich mich nicht mehr wie früher aus Angst, von ihr getrennt zu werden, mit einer Sicherheitsnadel an ihrem Nachthemd fest.

»Inci, das ist nichts Schlimmes, es sieht nur so aus. Ich bin die Treppe heruntergefallen«, beruhigte sie mich. Sie hatte den Schreck in meinen Augen wohl bemerkt, als ich den großen wei-ßen Verband um ihren Kopf sah, der von Halils Gewalttätigkeit zeugte.

Nach allem, was er ihr zugefügt hat, nimmt diese über neun-zig Jahre alte Frau ihren Sohn noch in Schutz, dachte ich voller Hochachtung.

»Erzähl mir von Deutschland. Was treibst du, wie fühlst du dich? Deine Eltern schwärmen ja in den höchsten Tönen von dir, wie selbstständig du geworden bist«, sagte sie freundlich.

»Ich hab's gut, habe eine sehr angenehme Arbeitsstelle gefun-den und wohne mit den Kindern in einer schönen Wohnung«, schwindelte ich, denn ich wollte nicht, dass sie sich Sorgen machte, weil sie ja ohnehin nicht helfen konnte.

»Dann ist es ja gut«, aus ihrer Antwort konnte ich nicht

erkennen, ob sie mir geglaubt oder meine kleine Notlüge durchschaut hatte.

»Und wie kommst du zurecht?«, fragte ich, und es muss recht besorgt geklungen haben, denn sie versuchte sofort, mich zu beruhigen.

»Inci, ich schaffe es noch. Mittlerweile bin ich ja eine alte Frau geworden und habe keine besonderen Bedürfnisse mehr. Das wenige, das ich zum täglichen Leben benötige, kann ich in dem Laden gleich da vorne um die Ecke kaufen. Und sonst? Ich habe ein Dach über dem Kopf, ein Bett, Wasser, einen Ofen zum Kochen – was will ich sonst?«

Trotz ihres hohen Alters ist sie noch eine sehr starke Frau, kann sich alleine versorgen und ist von niemandem abhängig, freute ich mich. Ich war stolz auf sie. Ich wusste, dass Opa ihr eine Rente von etwa zweihundert Mark pro Monat hinterlassen hatte. Damit konnte sie ihr bescheidenes Leben finanzieren.

Zwei wunderbare Wochen verbrachte ich bei ihr. Stundenlang sprachen wir von den alten Zeiten. Vieles brachten mir ihre Erzählungen ins Gedächtnis zurück, so wie auch sie sich wieder an Begebenheiten erinnerte, die ich nicht vergessen hatte.

»Ihr habt mich alle alleine gelassen, seid alle fortgegangen. Ich bin einsam und traurig darüber«, gestand sie mir, als wir wieder zu unserer alten Vertrautheit gefunden hatten. »Bitte lass mich nicht im Stich, ruf so oft es geht an«, flehte sie förmlich. Mir versetzte das einen Stich ins Herz: Jetzt, wo sie mich am nötigsten braucht, bin ich weg, kann nicht bei ihr sein. Ich wusste, dass mir das mein Leben lang wehtun würde. Gleichzeitig aber versuchte ich, sie zu beruhigen.

»Oma, hab keine Angst, ich vergesse dich nicht. An jedem Tag bist du mein erster Gedanke, wenn ich wach werde, und mein letzter, wenn ich zu Bett gehe.« Unausgesprochen fügte ich hinzu: Falls ich nicht so müde bin, dass ich vor dem Einschlafen überhaupt nichts mehr denken kann. Und dann versprach ich ihr: »Ich werde jedes Jahr im Urlaub ganz bestimmt zu dir kommen und nirgendwo anders hinfahren.« Viele Türken, die ich kenne, haben zu Hause eine Oma, einen Opa, Onkel oder Tanten, die sie schmerzlich vermissen und die genau so traurig sind, weil sie – alleine zurückgeblieben – auf ihre Lieben verzichten müssen.

Meine Anwesenheit bedeutete für die Einwohner des Armenviertels die Sensation jener Tage. Ständig stürmten Nachbarn und Bekannte Omas kleines Haus.

»Inci kommt aus dem goldenen Deutschland, bestimmt kann sie uns Ratschläge geben, die uns in unserem Elend helfen«, lautete die Parole. Keiner bat mich direkt um Hilfe. Sie erzählten einfach von ihren Problemen und auch, wie sie meiner Oma geholfen hatten. Ich wusste natürlich, was sie von mir erwarteten, und gab mir alle Mühe, ihnen zu erklären, wie schwierig das Leben in Deutschland sein kann: »Ihr dürft nicht glauben, dass ihr nur hinkommen müsst, um euch aus der Situation hier zu befreien. Euch fliegen die gebratenen Tauben auch dort nicht einfach in den Mund. Das war zu den Zeiten so, als meine Eltern dort mit offenen Armen empfangen worden sind, weil die Deutschen sehnsüchtig auf Arbeitskräfte gewartet haben.«

»Du hast es doch auch geschafft«, hielten sie mir dann vor.

»Das sieht nur für euch so aus. Geschafft habe ich es noch lange nicht. In Deutschland herrscht zur Zeit Arbeitslosigkeit. Wenn ihr keine Ausbildung in einem wirklich gesuchten Beruf vorweisen könnte, habt ihr keine Chance. Bleibt lieber hier«, warnte ich sie. Mit Rücksicht auf Oma wollte ich ihnen aber nicht erzählen, wie hart ich sieben Tage in der Woche kämpfen musste.

Egal was ich auch erzählte, ich würde in jedem Fall auf taube Ohren stoßen. Sie würden ihren Traum vom goldenen Westen weiter träumen, weil sie ohne Traum die Hoffnung und den Lebensmut verlieren würden. Alle, die von »Unterschicht in Deutschland« reden, sollten einmal sehen, unter welch bitter armen Umständen die Menschen in den Armenvierteln der türkischen Großstädte ihr Leben fristen.

Trotz aller Not und Sorgen leben die Türken aber mit einer gelassenen Fröhlichkeit, die man andernorts selten findet. In Deutschland sind die Wohnviertel kalt und unpersönlich und abends tot. Die Menschen sitzen in ihren prächtigen Wohnungen oder in den durch Hecken vor fremden Blicken geschützten Gärten.

Hier pulsiert das Leben in den Straßen. Keinen hält es abends in den armseligen Behausungen. Die Leute sitzen unter freiem Himmel vor ihren Häusern, essen, trinken, reden miteinander. So ist keiner allein, sie tragen ihre Sorgen, träumen ihre Träume gemeinsam. Sie besitzen wenig, aber das wenige teilen sie. Diese ungezwungene Heiterkeit bleibt in der Erinnerung der Türkeiurlauber haften. Von den Sorgen hinter der Fassade wird ein Fremder niemals etwas mitbekommen. Das wäre gegen die Familienehre.

Natürlich traf ich mich mit Bener. Er weiß ja, dass ich leidenschaftlich gern Fisch esse, also führte er mich Abend für Abend von einem Spezialitätenrestaurant zum anderen. Ich glaube, es schwimmt kein Fisch im Wasser, den ich in diesen Tagen nicht vorgesetzt bekam. Immer fangfrisch aus der Ägäis und immer nach anderen köstlichen Rezepten zubereitet. Wir trafen unsere gemeinsamen Freunde, aber ich blieb nie lange, weil ich Oma nicht zu lange warten lassen wollte. Weder Bener noch unseren Freunden erzählte ich, wie es mir in Deutschland wirklich ging.

Die Zeit verflog. Der letzte Tag war gekommen. Bener und ich trafen uns schon am frühen Nachmittag. In stiller Übereinkunft fuhren wir raus aus Izmir in jenen kleinen Badeort, den wir bei unserer ersten Verabredung besucht hatten. Dort lagen wir gemeinsam am Strand und aßen danach im gleichen Restaurant wie damals. Dann folgte ich Bener in das Hotel, in dem wir zum ersten Mal zusammen gewesen waren.

Am nächsten Morgen holte er mich bei Oma ab. Mein Flieger ging am frühen Nachmittag, ich musste wieder nach Hause. Und unter »zu Hause« verstand ich jetzt unsere kleine Stadt in Deutschland und meine Wohnung mit den Kindern.

»Vergiss mich nicht«, flehte Oma. Sie erdrückte mich fast bei unserer letzten Umarmung, wollte mich überhaupt nicht mehr loslassen.

»Oma, wie könnte ich dich vergessen. Bald komme ich mit Sila und Umut zu Besuch.« Wie man Kinder beruhigt, schwindelte ich Oma vor, was sie hören wollte. Wir wussten es beide, aber wir sprachen es nicht aus: Sie war schon Mitte neunzig – jeder Abschied konnte unser letzter sein.

Dabei wusste ich überhaupt nicht, wie es weitergehen würde. Den Flug verbrachte ich in Panik: War mit der Aufenthaltsgenehmigung alles in Ordnung? Würden sie mich überhaupt wieder nach Deutschland reinlassen? Würde ich meine Kinder wiedersehen? Nein, das können sie nicht tun, sie können uns nicht einfach trennen, versuchte ich mich selbst zu beruhigen. Ich bebte vor Angst, als ich die ersten deutschen Uniformen sah. Der Polizist an der Passkontrolle schaute nur kurz in meinen Ausweis und hämmerte den Eingangsstempel hinein. Aber die Zöllner bemerkten wohl meine Nervosität und wurden misstrauisch. Sie filzten mich wie niemals zuvor. Ich musste den gesamten Kofferinhalt auf einen Tisch legen. Sie drehten jedes Teil zweimal um, ehe ich es zurücklegen durfte, stocherten sogar in der Zahnpastatube herum und rochen an meinem Parfüm.

Zu Hause sah es aus, als ob eine Bombe eingeschlagen hätte.

147

Auf den ersten Blick war zu sehen, dass sich während der gesamten zwei Wochen keiner um die Kinder gekümmert hatte. Nur wenige Minuten später kam Sila von der Schule heim und fiel mir um den Hals.

»Mama, Mama, dass du endlich wieder da bist.«

Ich hielt sie fest in den Armen. Hier spielt dein Leben, erkannte ich glücklich.

»War denn keiner hier und hat euch geholfen?«

»Wir sind zum Essen und zum Spielen immer zu Eda gegangen, haben aber hier geschlafen.« Sie sah sich schuldbewusst um. »Mama, ich weiß, es sieht furchtbar aus. Aber ich kriege das einfach nicht auf die Reihe.«

»Mach dir keine Gedanken, mein Kind! Ich bringe das schon in Ordnung. Wo ist Umut?«

»Der wird drüben bei Eda sein.«

»Komm, gehen wir rüber.«

Auch bei Eda gab es ein großes Hallo. Sie hatte zum Willkommen Kaffee gekocht und sogar was Süßes aus der Bäckerei geholt. Wir schwatzten und lachten. Umut saß während der ganzen Zeit auf meinem Schoß, hatte den Arm um meinen Hals geschlungen, den Kopf an meine Brust geschmiegt und sprach kein Wort.

Es war schön, aber du bist wieder zu Hause, sagte ich mir ganz leise.

Naciye

Mutter gibt selten auf, und selbst wenn sie eine Runde verliert, hat sie immer noch einen zweiten Pfeil im Köcher. So war es auch, als der Versuch fehlgeschlagen war, Songül während ihres gemeinsamen Urlaubs in Izmir mit Kadem, Peris Sohn, zu verkuppeln.

Songül wäre in ein nur noch schwer zu durchschauendes verwandtschaftliches Geflecht eingebunden worden, wenn Mutters Plan funktioniert hätte: Als Tochter von Mutters Schwester ist Peri unsere Cousine. Nachdem sie Papas Bruder Cem geheiratet hatte, wurde sie auch noch unsere Tante sowie Papas Schwägerin. Songüls Ehe mit Kadem hätte Peri zudem noch ihre Schwiegermutter werden lassen. Hätten die beiden Kinder bekommen, wäre Peri deren Oma und Großtante gleichzeitig gewesen.

Mutter wäre nicht Mutter, wenn sie sich geschlagen gegeben hätte, nachdem Songül mit Ismael ihren Plan durchkreuzt hatte. Besonders auch deshalb, weil unsere Jüngste die Erste von uns Geschwistern war, die sich durch eine eigene Entscheidung ihrem Vorhaben widersetzt hatte.

Nach der Pleite musste halt Tufan, unser Jüngster, herhalten. Es wäre mit seiner Sprachbehinderung in Deutschland ohnehin schwierig gewesen, eine »angemessene« Braut für ihn zu finden, zumal er außerdem auch keinen Schulabschluss und erst recht keine Ausbildung vorweisen konnte. Sie handelte sofort.

»Komm mit, wir sind bei Bekannten in Ankara eingeladen«, forderte Peri Mutter eines Nachmittags auf. »Sie haben mir ausdrücklich gesagt, dass sie dich kennenlernen wollen.«

So kam es, dass Mutter Naciye, die Tochter der Gastgeber, zum ersten Mal sah. Ihr gefiel das erst dreizehnjährige, noch völlig naive und unerfahrene Mädchen ausnehmend gut. Beim Kaffee nach dem obligatorischen Abendessen packte sie die Gelegenheit beim Schopfe – direkt und ohne Umschweife, wie es ihre Art war.

»Mein Sohn Tufan ist gerade zwanzig Jahre alt geworden, und ich suche für ihn eine passende Braut. Eure Naciye gefällt mir ja ausnehmend gut. Die beiden würden prächtig zusammenpassen. Und Tufan sieht einer blendenden Zukunft in Deutschland entgegen. Er wird in den Betrieb eintreten, in dem sein Vater seit über dreißig Jahren arbeitet, und hat dort alle nur denkbaren Möglichkeiten.«

Sie pries Tufan mit den gleichen unverschämten Lügen an wie damals, als sie für Sami – der ja ihr Liebhaber und mein Schwiegervater in einer Person war – bei der Familie seiner späteren Frau Hurie um deren Hand angehalten hatte. Auch Hurie kannte damals keiner von uns, außer Samis ältester Bruder Mustafa. Und der hatte nur über ein paar Ecken von der Existenz einer geschiedenen Frau, die einen Mann sucht, gehört.

Bei Samis Brautschau war ich dabei. Tufans unglaublich klingende Geschichte hat mir Peri später erzählt. Nur intime Kenner der Verhältnisse in der türkischen Unterschicht werden von ihr nicht überrascht sein. Sie wissen, dass solche Komplotte keinesfalls die Ausnahme, sondern alltägliche Vorgänge überall in der Türkei sind. Für mich zählt dabei, dass es meinen Lieblingsbruder traf, ohne dass ich es hätte verhindern können.

Naciye wohnte mit ihren Eltern in einem der ärmsten und gleichzeitig konservativsten Kurdenviertel Ankaras, das man getrost als sozialen Brennpunkt bezeichnen kann. Wer von hier stammt oder hier landet, hat kaum eine Chance, dieses Leben hinter sich zu lassen. Einer der möglichen Wege führt über eine Ehe mit einem Türken oder einer Türkin mit unbegrenztem Aufenthaltsrecht in Deutschland. So unglaublich es klingt: Wie Gemüse oder Obst im Laden hätte sich Mutter hier fast jedes Mädchen für meinen Bruder aussuchen und sofort mitnehmen können. Auch Naciyes Eltern willigten ein. Dabei waren sie sogar der ehrlichen Überzeugung, einen Glücksgriff für ihre Tochter gelandet zu haben.

Mutter machte sofort Nägel mit Köpfen. Sie rief Papa an, der Tufan mit dem nächten Flieger nach Izmir schickte. Wenige Tage später wurde Verlobung und standesamtliche Hochzeit gefeiert, sozusagen in einem Aufwasch. Zuvor ließen die Brauteltern ihre Tochter sechzehn statt dreizehn Jahre alt werden. Wie sie das angestellt haben, weiß ich nicht. In der Türkei kennt man keine Geburtsurkunden. Einer Dreizehnjährigen hätte das Gericht die nötige Heiratserlaubnis verweigert.

Kaum verheiratet, wurde das junge Paar wieder getrennt. Mutter reiste mit Tufan noch am gleichen Tag ab. Der Vollzug der Ehe und damit die Prüfung der Jungfräulichkeit der Braut blieb der »Nacht der großen Hochzeit« vorbehalten.

Keiner von uns Geschwistern hatte damit gerechnet, dass unser Bruder als verheirateter Mann aus dem Urlaub nach Deutschland zurückkehren würde. Mit Papa hatte Mutter sich ja telefonisch abgestimmt. Er widersprach ihr sowieso nie.

Ein Jahr später stieg die große Hochzeit in Ankara. Ich wollte in jedem Fall dabei sein, flog mit den anderen hin und blieb drei Tage. Die Braut war gerade vierzehn geworden – noch einmal zwei Jahre jünger als ich an meinem Schicksalstag in Tokat. Papa und die Brauteltern hatten ein wirklich großes Fest für die beiden vorbereitet. Der Hochzeitssaal konnte die Gäste kaum fassen.

Wie es sich gehörte, bogen sich die Tische unter feinsten türkischen Spezialitäten, spielten Musiker zu klassischen Tänzen auf, erlagen Männer von Stunde zu Stunde dem Raki ein Stück mehr.

Ich beobachtete Tufan, meinen Lieblingsbruder, den ich aus den Windeln gebracht hatte. Er musste sich sichtlich darum bemühen, in seiner Rolle als stolzer Pfau – besser: als Torero kurz vor dem finalen Stich – umherzustolzieren. Naciye sah schön aus wie der junge Frühlingsmorgen. Wenn man aber genauer unter den weißen Schleier blickte, glich sie einem verschüchterten Hühnchen, das plötzlich mitten in einem Rudel tobender Füchse ausgesetzt worden war. Scheu irrten ihre Blicke von einem zum anderen. Ich konnte in ihre verletzte Seele hinter der Maske sehen, spürte, wie sie ängstlich Punkt für Punkt der Rolle abhakte, die sie für »den schönsten Tag ihres Lebens« hatte auswendig lernen müssen, zitterte mit ihr vor Angst, dass ihr dabei ein Fehler unterlaufen könnte.

Eine schöne Hochzeit, schade, dass es meine ist, hatte ich damals in Tokat gedacht, als ich im gleichen Weiß mit der gleichen Gnadenlosigkeit in die Fänge unserer Tradition getrieben wurde. An diesem Abend, als mein Lieblingsbruder denselben bitteren Weg gehen musste, würgte mich das Gefühl aus Hilflosigkeit und Wut.

Mehr noch als vor fünfzehn Jahren als Braut empfand ich heute als Zuschauerin die Perversion, als die Menge die beiden schließlich zum Schlafzimmer trieb. Nur durch eine dünne Tür getrennt von hundert begierigen Augen und Ohren, hatten die beiden erfolgreich das zu vollziehen, was allgemein »Akt der Liebe« genannt wird. Mein Herz krampfte sich zusammen. Ich zitterte mit Tufan. Wie wird er mit dieser Situation fertig? Offensichtlich hatte ich ihn unterschätzt: Schon nach wenigen Minuten präsentierte der siegreiche Torero dem applaudierenden Publikum stolz den blutigen Beweis der siegreich beendeten Hatz.

Es war wieder einmal Papa, der dafür sorgte, dass Tufan seine »Beute« anschließend mit nach Hause nehmen durfte. Er musste persönlich bei den Brauteltern dafür bürgen, für das Auskommen des jungen Paares zu sorgen.

Nervensäge

Es stand außer Frage, dass Naciye und Tufan bei meinen Eltern wohnen würden. Mutter hatte also wieder ihr Dienstmädchen. Ohne Übergang und Vorbereitung wurde meine vierzehnjährige

Schwägerin aus ärmlichsten türkischen Verhältnissen mitten in eine ihr völlig fremde Welt gestellt. Auf mich wirkt sie wie ein verängstigtes Tier, das sich in einen fremden Stall verirrt hat, in dem sie ums Überleben kämpft. Trotz aller Anstrengungen findet sie sich bis heute nicht zurecht.

So klammert sich Naciye an Mutter, der sie nichts entgegenzusetzen hatte und deren Wort für sie zum Gesetz wurde. Obwohl sie heute mit Tufan in einer anderen Stadt wohnt, trägt sie immer noch Kopftuch und Blümchenrock, traut sich keinen Schritt alleine aus der Wohnung, hat noch kein einziges Wort Deutsch gelernt und keinerlei Kontakt mit Deutschen gehabt.

Ihr Schicksal geht mir nahe. Ich kann ihre Gefühle nachempfinden, als ob ich sie selbst erlebte. Sie erinnert mich an meine Kindheit, als ich mich als Elfjährige, innerhalb weniger Flugstunden aus Omas heiler Welt gerissen, unter Mutters Knute wiederfand. Nur dass mir der fremde, aufgezwungene Mann, der plötzlich unausweichlich in mein intimstes Inneres eindrang, damals noch vier Jahre erspart geblieben war.

Naciye nicht – sie musste vom ersten Tag an dem Bild einer Ehefrau entsprechen, das Tufan sich in seinen pubertären Phantasien und seiner ängstlichen Hilflosigkeit zurechtgebastelt hatte. Mein kleiner gehemmter Bruder Tufan, den ich über alles liebe, dem ich immer alles verzeihen werde, der aber noch weit davon entfernt ist, wie ein erwachsener Mann zu denken, zu fühlen, geschweige denn zu handeln.

Stattdessen wurde Naciye sofort schwanger.

Okan, mein Neffe, wog bei seiner Geburt – zu Anfang des siebten Schwangerschaftsmonats – siebenhundert Gramm. Zu seinem Glück erblickte er in der Kinderklinik unserer kleinen Stadt das Licht der Welt. Diese hat sich als Fachklinik auf solche Fälle spezialisiert und genießt einen überregionalen Ruf. In der Türkei hätte Okan nicht überlebt. Nicht, dass es dort an den notwendigen medizinischen Einrichtungen, den therapeutischen Möglichkeiten oder an ärztlicher Fachkenntnis fehlte. Ich habe gehört, dass ein türkischer Arzt sogar einen Brutkasten für spezielle Fälle entwickelt hat, der international Anwendung findet. Aber unsereins kann nur davon träumen, in einer Klinik der Türkei zu entbinden, in der Abteilungen existieren, die solche Spezialbehandlungen anbieten.

Naciye und Tufan waren schon von der Schwangerschaft völlig überfordert. Von all den Belastungen, die eine Frühgeburt mit sich bringt, ganz zu schweigen. Dass die Entbindungskliniken in Deutschland Beratungen der künftigen Mütter schon beim Beginn der Schwangerschaft anbieten, habe sogar ich erst vor Kurzem erfahren. Aber selbst wenn Naciye davon gewusst hätte, was hätte es dem noch nicht einmal fünfzehnjährigen Mädchen genutzt? Sie hätte kein Wort von dem verstanden, was man ihr dort hätte sagen wollen.

Ich war bei der Geburt dabei, habe sie vom ersten Moment an beobachtet. Tufan war nicht zugelassen – man musste ja damit rechnen, dass die Siebenhundert-Gramm-Frühgeburt tot auf die Welt kam. Als sie alles hinter sich hatte, starrte sie fassungslos in den Brutkasten auf das winzige Bündel Leben und stammelte: *Bu benim çoçugum mu?* – »Das ist mein Baby?«

Tagelang hockte sie deprimiert in ihrem Bett, sah mit leerem Blick teilnahmslos vor sich hin. Wenn die Schwestern sie riefen, folgte sie ihnen wie eine Marionette auf die Intensivstation, schaute ihnen abwesend zu, wie sie Okan behandelten und pflegten. Dann ließ sie sich wieder auf ihr Zimmer zurückführen.

Nach ein paar Tagen entließ man sie nach Hause – selbstverständlich ohne Okan, dem Kleinen standen ja noch etliche Wochen im Brutkasten bevor. Tufan machte seiner Frau zum Empfang eine Riesenszene: »Wo hast du unseren Sohn gelassen? Warum hast du ihn nicht dabei? Warum hast du uns verraten?

Was bist du für eine Mutter? Wie kannst du unser Kind im Stich lassen?«

Da brachen in Naciye alle Dämme, und sie schrie die ganze Not, die sich in ihr angestaut hatte, hinaus. Sie schrie so laut, dass man es auf der Straße hören konnte.

»Was willst du denn von mir? Wer bist du? Was hast du mit mir zu tun? Wo warst du, als Okan auf die Welt kam?«

Sie bekamen einen so furchtbaren Streit, dass Nachbarn klingelten, weil sie Angst hatten, die beiden brächten sich gegenseitig um. Beide – selbst Tufan mit seinen zwanzig Jahren – waren ja eigentlich noch unerfahrene, nicht aufgeklärte Kinder. Sie hatten keinerlei Verhältnis zur Realität, verstanden also überhaupt nicht, um was es ging. Wie hätten die beiden die Situation nach dieser plötzlichen Geburt richtig einschätzen und mit ihr umgehen sollen? Also versuchten sie, die Probleme zu verdrängen, und kümmerten sich überhaupt nicht mehr um Okan. Sie überließen ihn völlig der Obhut der Klinik, beobachteten ohne innere Beteiligung, wie man sich dort um ihren Sohn kümmerte. Am liebsten hätten sie ihn wahrscheinlich für immer dort gelassen.

Noch lange bewies selbst Tufan seine Hilflosigkeit, wenn er auf die Frage antwortete, wie es seinem Sohn ginge: »Ich weiß es nicht. Ich glaube, er ist behindert. Irgendwann wird sein Herz plötzlich stehenbleiben.«

Der Streit bei ihrer Heimkehr war nicht Naciyes einziger Versuch, sich gegen Tufan zu behaupten. Meist lief sie aber ängstlich und schüchtern in der Wohnung herum. Bis heute hat sie ihren Mann kein einziges Mal mit seinem Vornamen »Tufan« und per »Du« angeredet. Sie spricht mit ihm nur in der respektvollen dritten Person.

»Hat ER Hunger?«

»Kann ER einkaufen gehen?«

»Möchte ER jetzt ins Bett?«

Wenn ich das hörte, dachte ich manchmal sarkastisch: Jetzt fehlt es nur noch, dass sie fragt: »Soll ich IHM heute Nacht zur Verfügung stehen, oder will ER gleich einschlafen?«

Doch Naciye konnte urplötzlich explodieren, und dann kam es immer wieder zu skurrilen Situationen. Als ich eines Tages anrief und fragte: »Seid ihr heute schon bei Okan gewesen?«, antwortete mein Bruder: »Nein, wir haben Streit und können nicht mehr aus dem Haus.«

»Warum denn das?«

»Naciye hat von innen abgeschlossen und alle Schlüssel zum Fenster rausgeworfen. Sie will, dass wir überhaupt nie wieder fortgehen. Sie sitzt im Schlafzimmer und schreit, wenn ich auch nur die Klinke berühre.«

Was blieb mir anderes übrig, als zu ihnen zu fahren, die Schlüssel auf der Straße zu suchen und die Tür aufzuschließen. Meine Schwägerin hatte sich beruhigt, als ich in die Wohnung ging, also konnte ich ihnen in aller Ruhe ins Gewissen reden.

»Ihr müsst so oft wie möglich in die Klinik gehen, euch zu Okan setzen, mit ihm reden, ihm zeigen, dass ihr da seid.«

»Was soll ich dort, ich kann ja doch nichts für ihn tun«, sagte Naciye hilflos.

»Du sollst bei deinem Kind sein – in jeder freien Minute. Und du, Tufan, auch. Okan braucht euch dringend. Ihr seid lebensnotwendig für ihn, damit er während seines einsamen Lebens im Brutkasten den Kontakt zu euch nicht verliert. Ihr müsst versuchen, mit ihm zu spielen. Er braucht das Gefühl, dass ihr ihn liebt und für ihn da seid.«

Naciye druckste verlegen herum. »Sag doch einfach, was du meinst«, versuchte ich ihr zu helfen.

Endlich traute sie sich, ihre Frage zu stellen: »Inci, sag mal, das, was da in der Maschine liegt – ist das wirklich unser Kind?«

»Ja, es wird Zeit, dass du es endgültig verstehst. Tu doch einfach, was die Ärzte und die Schwestern sagen.«

»Die verstehe ich doch nicht.«

»Es ist besser, wenn du mitkommst und mit ihnen redest«, forderte mich mein Bruder auf, als ihm klar wurde, dass sie dem Problem nicht für immer ausweichen konnten.

Tufan kam mit seiner Sprachbehinderung genauso wenig mit den Ärzten und Schwestern zurecht wie seine blutjunge Frau.

Also begleitete ich von jetzt an meine Schwägerin immer, wenn es nur möglich war, bei ihren Besuchen auf der Intensivstation. Naciye blieb meist ein wenig länger, um Zeit mit ihrem Sohn verbringen zu können. Nahm ich jedenfalls an. Eines Tages vergaß ich etwas bei ihr. Sofort lief ich zurück. Naciye war nicht mehr da. Ich suchte sie und fand sie schließlich im Raucherzimmer.

»Ich dachte, du bist bei deinem Kind – und jetzt sitzt du hier?«, herrschte ich sie an.

Sichtlich verlegen stotterte sie: »Ich geh ja schon wieder hoch, ich musste doch nur kurz an die frische Luft.«

»Hier im Raucherzimmer. Mit einer derart plumpen Ausrede musst du mir nicht kommen.«

Sie weiß gar nicht, um was es geht, dachte ich und sagte laut: »Ich werde euch helfen, komm, gehen wir zu Okan.«

Das war die Geburtsstunde der »Nervensäge der Station«, wie ich nur kurze Zeit später von den Ärzten und Schwestern genannt wurde. Da ich bei der Geburt dabei gewesen war, kannte ich die Ärzte, und anfänglich gaben sie mir auch bereitwillig Auskunft. Ich war ja selbst unerfahren und ging immer vom Standard türkischer Krankenhäuser aus. Dort mussten wir quasi um jede zusätzliche Spritze, um jeden außerplanmäßigen Arztbesuch kämpfen. In meiner panischen Angst um meinen Neffen glaubte ich immer, es wäre hier nicht anders und ständig würde etwas versäumt. So forderte ich die Ärzte und die Schwestern wieder und wieder auf, Dinge zu unternehmen, die in Deutschland sowieso zur normalen Behandlung gehörten und längst durchgeführt worden waren. Dazu kam, dass mein Deutsch noch nicht gut genug war, um den manchmal doch recht komplizierten medizinischen Ausführungen folgen zu können.

Von Tag zu Tag verloren sie mehr von ihrer anfänglichen Geduld, und eines Tages eröffnete mir der Oberarzt: »Alle Schwestern und Pfleger beschweren sich über Sie. Für uns sind Sie die Nervensäge der Station geworden, Sie stören den geregelten Ablauf. Eigentlich dürfen ohnehin nur die Eltern zu den Kindern in der Intensivstation. Ich bitte Sie also, nicht mehr hierherzukommen.«

»Seine Eltern sprechen aber kein Deutsch. Ich muss übersetzen.«

»Das ist nicht unsere Schuld. Wir haben am Anfang Ihre Hilfe gern in Anspruch genommen. Mittlerweile ist es uns lieber, darauf zu verzichten.«

Jetzt hatte ich also Besuchsverbot. Tufan erhielt außerdem vom Chefarzt höchstpersönlich einen Brief mit einer Einladung zu einem Gespräch über mich. Natürlich begleitete ich ihn.

»Sie hatte ich nicht erwartet, ich wollte eigentlich mit Ihrem Bruder reden«, eröffnete der Chefarzt das Gespräch.

»Damit werden Sie ein Problem haben«, antwortete ich, »mein Bruder hat eine Sprachbehinderung. Also versteht er nicht alles, was Sie ihm sagen wollen, und er kann auch nicht alles ausdrücken, was ihn bewegt. Ich will nur helfen und übersetzen.«

»Gut, dann erzählen Sie mir mal, was Ihnen hier nicht passt«, forderte er mich auf.

Damit nahm die Unterhaltung eine Wende, mit der ich nicht gerechnet hatte: Ich erzählte alles, und der Chefarzt hörte mir zu. Ich berichtete von der Zwangsheirat der dreizehnjährigen

Naciye mit meinem völlig unerfahrenen Bruder, von dem Schock der beiden durch die plötzliche Frühgeburt, davon, dass sie beide mit der Situation nicht fertig wurden, von ihrer Hilflosigkeit, weil sie der Sprache nicht mächtig waren. Ich sprach auch über meine Erfahrung an den türkischen Krankenhäusern, darüber, dass ich mich dort im ständigen Kampf mit den Ärzten befunden hatte. Und ich redete mir meine Ängste von der Seele, dass für Okan nicht alles getan würde, weil wir ja in Deutschland zur Unterschicht zählten, dass ich deshalb gedacht hatte, ich müsse ständig Druck ausüben, damit mein Neffe die optimale Behandlung erhielte.

Da unterbrach er mich und zwinkerte: »Jetzt muss ich aber anfangen, uns hier ein wenig in Schutz zu nehmen. Im Ernst: Sie können sicher sein, dass jeder Patient von der medizinischen Seite her für uns gleich ist. Wir versuchen, jedem die optimale Behandlung angedeihen zu lassen, die unserem besten ärztlichen Wissen und Können entspricht. Darum muss bei uns keiner kämpfen, egal, woher er kommt, zu welchem Glauben er sich bekennt und welche Hautfarbe er hat.«

»Das ist gut zu wissen, und ich versuche, Ihnen zu glauben.«

»Natürlich sind auch wir Menschen und empfinden Sympathie und Antipathie, und nicht jeder von uns kommt menschlich gleich gut mit jedem Patienten zurecht. Aber auf eines können Sie sich unbedingt verlassen: Unsere Gefühle oder der Status eines Patienten werden bei keinem Einzigen Einfluss auf die medizinischen Behandlungen haben.«

Wir verabschiedeten uns herzlich voneinander. Eigentlich hätten wir dieses Gespräch schon viel früher führen müssen. Die Situation auf der Station verbesserte sich von da an von Tag zu Tag. Nach einiger Zeit verlegten sie Okan aus dem Brutkasten in ein normales Krankenzimmer, das aber immer noch der Intensivstation der Spezialklinik angegliedert war. Zwei

Wochen vor seiner Entlassung musste Naciye dann Tag und Nacht bei ihm bleiben. Sie sollten sich aneinander gewöhnen, und die Schwestern wollten ihr zeigen, wie sie zu Hause mit dem Baby umgehen musste, was sie zu beachten hatte. Zu dieser Zeit fiel mir schon auf, dass immer wieder eine Frau anwesend war, die sich bei mir als Mitarbeiterin des Jugendamts vorgestellt hatte. Ich wurde misstrauisch, denn ich hatte keine Ahnung, was sie hier zu suchen hatte.

Da meine Schwägerin die deutschen Anweisungen nicht verstand, waren alle froh, dass ich wieder als Dolmetscherin da sein konnte, und ich dankte im Stillen dem Chefarzt dafür, dass er mit unserem Gespräch die gegenseitigen Vorurteile aus dem Weg geräumt hatte.

Und es kam zu Problemen. Seit seine Mutter bei ihm schlief, schrie Okan ununterbrochen, vom Abend bis in den frühen Morgen. Nach der dritten schlaflosen Nacht war meine Schwägerin mit ihren Kräften und Nerven völlig am Ende.

»Inci, kannst du eine Nacht bei ihm bleiben? Ich muss unbedingt ein paar Stunden durchschlafen«, flehte sie mich förmlich an.

Sie sah fast durchsichtig aus, ihr Gesicht ganz schmal, tiefe Ringe unter den Augen, die mich mit einem Ausdruck unendlicher Traurigkeit und Hoffnungslosigkeit anblickten. Ich rief Sila an.

»Naciye braucht mich. Ich schlafe heute Nacht im Krankenhaus. Kommst du zurecht, auch mit Umut?«

»Mutti, mach dir keine Sorgen. Hier ist alles in Ordnung.«

»Gut, Naciye, geh heim«, forderte ich meine Schwägerin daraufhin auf.

Ich wendete mich Okan zu, wiegte ihn auf dem Arm, fütterte ihn und gab ihm seine Medikamente genau nach Vorschrift, sang ihm danach einige Wiegenlieder vor – und es passierte etwas Unerwartetes: Er schlief – offensichtlich auch erschöpft – tief und fest bis zum nächsten Morgen durch. Nicht ein Ton war von ihm zu hören. Besorgt kamen die Schwestern mitten in der Nacht ins Zimmer.

»Was ist mit Okan los? Ist er krank?«

»Nein, nein. Er schläft.«

»Das ist ja nicht zu glauben. Was haben Sie nur mit ihm gemacht?«

Am nächsten Tag wurde uns alles klar: Naciye hatte nach dem Motto »viel hilft auch viel« ihrem Sohn eine gewaltige Überdosis seiner Medizin gegeben, obwohl ich ihr alles haarklein erklärt hatte. Als er nicht ruhig wurde, bekam er noch einen Nachschlag. Es war dem Kleinen von der Überdosis offensichtlich schlecht geworden. Die besorgten Fragen der Schwestern konnte meine Schwägerin ja nicht verstehen und ihr auch nicht antworten. Ihre Gesten hatte sie in ihrer Angst offensichtlich falsch interpretiert.

Als Okan entlassen werden sollte, stellte sich auch heraus, warum die Mitarbeiterin vom Jugendamt immer wieder präsent war: Sie wollten Okan an Pflegeeltern geben, weil sie Naciye nicht zutrauten, dass sie mit dem Kind fertig werden konnte. Ich war elektrisiert, rief Mutter auf den Plan.

»Mein Sohn, meine Schwiegertochter und mein Enkel werden in meinem Haus wohnen. Ich habe vier Kinder großgezogen und hoffe, dass Sie mir zutrauen, auch mit dieser Situation umgehen zu können«, sagte sie, nahm den Kleinen auf den Arm, drehte sich zu uns um und forderte uns auf: »Kommt jetzt.«

Keiner widersprach ihr, und ich musste wieder einmal erkennen: Was Mutter will, das setzt sie auch durch. Diesmal war ich heilfroh darüber.

Mittlerweile wohnt Tufan mit seiner Familie in einer eigenen Wohnung in einer Nachbarstadt. Sie kommen noch heute nicht richtig miteinander zurecht. Okan kränkelt ständig, muss immer wieder im Krankenhaus behandelt werden. Und Naciye ist wieder schwanger.

Herausforderung

Jochen rief an: »Bist du zu Hause, wie sieht's in deiner Wohnung aus, und kann ich in einer Viertelstunde mit jemandem vorbeikommen?«

Typisch Jochen, dachte ich und antwortete leicht indigniert: »Wie meinst du das, bin ich dir nicht ordentlich genug?«

»Quatsch, sei nicht so empfindlich. Ich trinke gerade mit einer Sozialarbeiterin Kaffee. Ihr müsst euch kennenlernen, sie kann dir eine Wohnung besorgen, und ich möchte, dass sie das Loch sieht, in dem ihr haust.«

»Muss das denn gleich sein?«

»Ja.«

»Gut, kommt her.«

So lernte ich Ute kennen. Sie ist Sozialwissenschaftlerin und bei unserer städtischen sozialen Wohnungsbaugesellschaft als Sozialarbeiterin angestellt. Dort kümmert sie sich um Härtefälle und ist gleichzeitig so etwas wie eine inoffizielle Frauenbeauftragte. Wir waren uns auf Anhieb sympathisch.

Ute wurde richtig wütend, als ich ihr zeigte, unter welchen Bedingungen wir hier zurechtkommen mussten, und als ich ihr erzählte, wie viel wir dafür bezahlen mussten und vor allem an wen, explodierte sie.

»Es ist nicht zu glauben. Da präsentierte er sich als honoriger Strahlemann, nimmt überall den Prominentenbonus mit, und hinter unserem Rücken beutet er die Schwächsten der Schwachen gnadenlos aus«, ereiferte sie sich.

»Du hast recht, Ute – aber das wissen wir doch«, warf Jochen ein, »nur Inci nutzt das ja zunächst gar nichts. Kannst du ihr helfen? Kann sie über dich eine Wohnung bei der Gemeinnützigen bekommen?«

»Die Voraussetzungen dafür erfüllt sie in jedem Fall.«

»Prima. Hast du ein konkretes Projekt im Auge?« Typisch Jochen, dachte ich, er geht immer kerzengerade auf sein Ziel los.

»Ja, du kennst doch die Wohnblocks, die wir aus Konversionsbeständen erworben und renoviert haben. Die aus der ersten Baustufe sind alle weg, aber ich habe mir eine für besondere Härtefälle reservieren lassen.«

»Ist Inci für dich ein ›besonderer Härtefall‹?«

»Unbedingt. Wir wollten diese Wohnung sowieso an eine alleinerziehende Frau mit mindestens zwei Kindern abgeben. Es sollte kein Problem geben.«

»Toll. Wann können wir sie uns ansehen?« Geduld ist nicht Jochens Stärke.

»Vielleicht schon morgen. Ich muss vorher noch einiges klären und Incis Daten notieren.«

»Das klingt gut. Ich muss jetzt los. Ruf mich an, wenn wir kommen können.«

Am nächsten Morgen hielt sich Jochen am Telefon mal wieder kurz und knapp: »Kann ich dich um fünfzehn Uhr abholen?«

»Warum?«

»Wir fahren in deine neue Wohnung.«

Noch heute habe ich das Gefühl zu träumen: Eine wunderschöne, helle Dreizimmerwohnung im zweiten Obergeschoss. Alles gerade erst renoviert. Küche, Bad, Gästetoilette, Zentralheizung, eine große Diele, die ich als Esszimmer einrichtete. Nach vorn haben wir freie Sicht über die Dächer eines Villenviertels, nach hinten können wir von einem großen Balkon auf das Grün einer eigenen kleinen Parkanlage schauen.

Ich lief wie in Trance von Raum zu Raum, unfähig, auch nur ein Wort zu sagen.

»Gefällt es dir nicht?« Ute wusste ja noch nicht, dass ich Freude und Glück nicht gut zeigen kann.

»Doch, es ist eine unglaublich schöne Wohnung. Meinst du wirklich, dass ausgerechnet ich sie bekommen kann?«

»Wenn du den Mietvertrag unterschreibst, nehme ich ihn gleich zum Gegenzeichnen mit in die Zentrale.«

Zwei Tage später hielt ich den Vertrag und die Wohnungsschlüssel in den Händen, schon am nächsten Morgen zogen wir ein. Viel hatte ich nicht zu transportieren. Die neuen Kinderbetten, drei Koffer voll Wäsche und Kleider, ein paar Gebrauchsgegenstände aus der Küche.

In mein altes Loch zog sofort der nächste Mieter ein. Trotzdem sah ich von der Kaution keinen Pfennig wieder. Angeblich hatte ich diverse Schäden angerichtet, die der Vermieter jetzt auf meine Kosten reparieren musste.

»Vergiss es«, forderte mich Jochen auf, »was diese Typen einmal in der Tasche haben, rücken sie nicht mehr raus. Willst du gegen ihn prozessieren? Glaubst du wirklich, du würdest gewinnen?«

»Aber es ist mein Geld, ich habe es sauer verdient und gespart, und ich will es wiederhaben.«

»Es ist den Aufwand nicht wert. Du musst dir einen Anwalt nehmen, musst die Prozesskosten vorlegen, hast keinerlei Beweise in der Hand – er natürlich auch nicht. Also werdet ihr euch auf einen Vergleich einigen. Wenn du dann deinen Prozesskostenanteil und den Anwalt bezahlt hast, werden von dem, was er dir zurückzahlen muss, vielleicht noch hundert Mark übrig bleiben. Das ist es – wie gesagt – nicht wert. Investier deine Kraft an anderer Stelle. Denk an deine neue Wohnung.«

»Genau damit rechnet er doch.«

»Natürlich, der wusste schon, dass du keinen Pfennig wiedersiehst, als du ihm die Kaution in die Hand gedrückt hast. Ich übrigens auch, als du mir erzählt hast, was du für den Laden da unten hast hinblättern müssen.«

Manchmal hasste ich Jochen dafür, dass er die Dinge so klar und unabänderlich auf den Punkt brachte.

Zu dieser Zeit flog Edas arrangierte Idealehe auseinander. Jeder glaubte, Papa habe mit Bekir den Traummann für Eda gefunden. Wie oft hatte ich gedacht, hätte nur er und nicht Mutter bestimmt, wen Tufan und ich heiraten mussten, er hätte sicher auch bei uns eine glücklichere Hand gehabt. Zumindest von außen betrachtet, erwies sich der Sohn von Papas Bruder als Glücksgriff für Eda. Er war treu, trank keinen Alkohol, verachtete Glücksspiele. Als fleißiger und zuverlässiger Mitarbeiter in der Firma, in der auch Papa arbeitete, hatte er sich zum Schichtführer emporgearbeitet, brachte gutes Geld nach Hause, liebte seine Kinder – sie waren sein Ein und Alles –, und er war verrückt nach Eda. Jeden Wunsch las er ihr von den Augen ab, und jeden Pfennig, den er verdiente, gab er für seine Familie aus. Einen besseren Ehemann hätte Eda sich nicht wünschen können.

Wenn man beide zusammen sah, meinte man unwillkürlich, das Traumpaar schlechthin erblickt zu haben: Eda, die rassige, bildschöne, schlanke Vollblutfrau, und Bekir, der gut aussehende, sehr maskuline Mann, den jede Mutter gern als Schwiegersohn hätte.

Das Traumbild störte nur ein kleiner Fehler: Eda hat Bekir nicht gewollt.

Da sich eigene Defizite am leichtesten auf andere projizieren lassen, diente Eda mir als das typische Beispiel des mitten in der Pubertät zwangsverheirateten türkischen Mädchens (mich eingeschlossen), das sich mittlerweile zur reifen Frau entwickelt hatte. Alle Träume und Erfahrungen, die ein Kind während seiner Entwicklung unter normalen Umständen hat und macht, waren bei ihr von einem brutalen, menschenverachtenden System längst überholter Tradition rigide verhindert worden. Man hat ihr nicht nur die Kindheit gestohlen, sondern jede Chance genommen, ihre emotionale Entwicklung selbstbestimmt zu durchleben. Natürlich gehörte dazu auch und gerade, die berauschende Gefühlswelt der Pubertät in allen Höhen und Tiefen kennenzulernen, sich im Umgang mit dem anderen Geschlecht zu beobachten und zu versuchen, die Fähigkeit zur Liebe zu erwerben, die Erotik, die Sexualität kennenzulernen, sich an richtigen und falschen, selbst gefällten Entscheidungen zu orientieren und dadurch eigene Maßstäbe zu schaffen, die einen Menschen in die Lage versetzen, das Leben gemäß eigener Vorstellung einzurichten.

Geblieben ist ihr stattdessen ein weißer, unbeschriebener Bereich in ihrer Seele, eine emotionale Wüste und das ständige Gefühl, das eigentliche Leben versäumt zu haben.

Wenn dem oberflächlichen Betrachter Edas Ehe mit Bekir als viel zu gut erschien, als dass sie sie je aufs Spiel setzen könnte, sah es doch ganz anders aus, wenn man diese Gesichtspunkte einbezog.

Eda kam zum Kaffeetrinken. »Ziehen wir los heute Nacht?«

»Einverstanden«, ich wusste, was sie meinte.

»Wann? Um elf?«

»In Ordnung.«

Wann immer wir konnten, tobten wir durch die Discos. Wir hatten einen enormen Nachholbedarf, wollten erleben, was uns als Mädchen verwehrt war. Wir wollten Jungs kennenlernen, flirten, tanzen, mit ihnen ausgehen. Wir wollten uns selbst kennenlernen als junge, lebenslustige Frauen. Was hatten wir schon erlebt mit vierzehn, sechzehn, achtzehn, zweiundzwanzig Jahren? Verbote, Isolation, Unfreiheit, Gewalt, unerfüllte Träume, geplatzte Illusionen.

Ich wurde aus meiner Situation in einen gnadenlosen Kampf ums Überleben geworfen. Eda war im goldenen Käfig gelandet. Wobei ihr Schicksal vielleicht noch viel schwerer zu ertragen war als meins. Auch sie hatte sich einem Mann hinzugeben, den sie nicht wollte. Auch sie hat das Gefühl, Liebe nicht kennenlernen zu dürfen. Auch sie war letztlich mit Gewalt gezwungen worden. Nur nicht mit brutal körperlicher und seelischer Vergewaltigung, sondern durch die »sanfte Gewalt« der Einsicht und Vernunft. Sie lebte in einem anderen Gefängnis. Auch aus Respekt vor Papa.

Beim besten Willen konnte sie nichts finden, was sie dem Mann an ihrer Seite wirklich hätte vorwerfen können. Ihm konnte sie nicht die geringste Schuld an ihrer seelischen Einsamkeit geben. Im Gegenteil, er bot ihr täglich gute Gründe, ihm dankbar zu sein. Aber Dankbarkeit und Liebe – was hat das miteinander zu tun? So mündeten ihr Überdruss, ihre heimlichen Träume, ihre »verbotenen« Sehnsüchte immer wieder in ein schlechtes Gewissen: Ich tue ihm unrecht, ich hintergehe den Guten. Ich bin schlecht, unmoralisch und vor allem undankbar. Welch ein Teufelskreis.

Ich konnte meinen Mann Hikmet wenigstens hassen: Er verhielt sich wie ein Schwein. Ich habe unter ihm gelitten, er hat meinen Körper brutal geschunden, meine Seele verletzt, mein Selbstbewusstsein in den Schmutz getreten. Ich habe ihn verlassen, und ich durfte mich dabei absolut im Recht fühlen, denn er war das Böse schlechthin, hat mir tausend gute Gründe dafür geliefert. Meine Scheidung war eine Befreiung. Wäre ich geblieben, hätte ich kapitulieren müssen, wäre vollkommen zerbrochen. Aber obwohl ich tausend gute Gründe hatte, kann ich trotzdem einen Gedanken nicht verhindern, der sich in meinem

Unterbewusstsein manchmal breitmacht: Du hast deinen Kindern den Vater genommen.

Wir wollten lachen, tanzen, flirten. Wir wollten Männer kennenlernen, unsere Wirkung als Frau erfahren. Wir wollten spüren, welche Gefühle Männer in uns entfachen können. Wir wollten reden, diskutieren, lustig und ausgelassen sein. Letztlich wollten wir das nachholen, was wir während unserer Jugend unwiderbringlich versäumt hatten. Ich suchte das Spiel – der Vollzug von Sex interessierte mich nicht. Oft gingen wir getrennt nach Hause. Ich habe Eda dann nicht gefragt, wie weit sie gegangen ist. Es war ihre Entscheidung. Für mich kam das Finale nicht ein einziges Mal infrage.

In der Türkei wäre das so nicht möglich gewesen. Dort nehmen die, die sich für die männlichsten aller Männer halten, sich in einer solchen Situation mit physischer und psychischer Gewalt das, was wir ihnen nicht geben wollen. Das Nein einer Frau wird selten respektiert.

In Deutschland hat es keiner mit Gewalt versucht. Sicher habe ich bei manchen Erwartungen geweckt, die ich dann nicht erfüllen konnte, manchmal hat er mir hinterher sogar leidgetan. Aber keiner hat mich jemals mit Gewalt zum Sex gezwungen. Kein Deutscher und auch kein Türke.

Drei Monate lang traf ich mich beispielsweise an jedem Wochenende mit Jürgen, einem deutschen Ingenieur. Wir hatten viel Spaß miteinander, haben getanzt, diskutiert, waren essen. Ich merkte schon, dass er eigentlich gern mit mir ins Bett gegangen wäre. Aber er hat keinen Druck ausgeübt, um sein Ziel zu erreichen.

Ich fragte mich schon, warum die Männer hier so anders reagieren als in der Türkei. Sind es allein die Gesetze? Vergewaltiger werden in Deutschland als Hochkriminelle eingestuft, in der Türkei gelten sie als »starke« Männer. Ihre Schuld wird einfach unter den Tisch gekehrt: Die Frau (ohne Kopftuch und Blümchenrock) ist die provozierende Bestie. Hätte SIE ihn nicht gereizt, hätte ER nicht die Beherrschung verloren.

Kaum jemals traut sich deshalb eine Frau in der Türkei, den Vergewaltiger anzuzeigen – auch ich nicht. Bei der männerdominierten Polizei hätte sie keine Chance. Das ist nicht die einzige Diskriminierung, mit der sie zurechtkommen muss: Von der Gesellschaft und selbst von der eigenen Familie wäre sie sofort als »Hure« abgestempelt, wenn sie verlauten ließe, vergewaltigt worden zu sein. Folglich wird sie alles tun, um den »Makel« unter der Decke zu halten. Mitgefühl gegenüber Frauen ist im türkischen Selbstverständnis überflüssig.

Befreiungsschlag

Die erste Erfahrung mit der neuen Wohnung machte mich richtig glücklich: Endlich konnte ich andere einladen, ohne mich meiner Behausung schämen zu müssen. Ständig hatte ich das Haus voller Kinder. Die beiden von Eda, Sibel und Burak, kamen, um mit Sila und Umut zu spielen, oder Manolje, Songüls Tochter. Oft wechselten sie sich mit Kaders drei Söhnen Acar, Gencalp und Naci ab. Mehr als einmal kamen sie nicht nur zum Spielen, sondern schliefen auch bei uns. Wenn alle auf einmal in der Wohnung waren, hatten wir regelrecht »Full House«. Mir machte das anfänglich unendlichen Spaß. Ich liebe Kinder, und die meiner Geschwister und meiner besten Freundin besonders. Ein Nebeneffekt kam mir besonders entgegen: Ich konnte Sila und Umut auch mal zu ihnen bringen – auch über Nacht, etwa wenn ich mit Eda in die Disco ging. Unter keinen Umständen hätte ich sie alleine in der Wohnung gelassen.

Neben der Art, wie ich mit meinem Leben als Alleinerziehende zurechtkam, verlieh mir auch meine neue Wohnung einen gänzlich neuen Status. Nicht nur in meiner Familie, sondern auch in der gesamten türkischen Gemeinde. Ich galt nicht mehr als »Standardtürkin«. In kürzester Zeit hatten sie mitbekommen, dass ich eine Wohnung und Arbeit gefunden hatte und dass meine Aufenthaltserlaubnis verlängert worden war. Sie wussten von meinen deutschen Bekannten, vor allem aber von Jochen, der für sie – entsprechend ihrer Weltauffassung – fraglos mein Liebhaber war. Wie anders als mit Sex hätte ich ihn sonst für alles, was er für mich tat, »bezahlen« sollen? Das unterstellten uns alle, selbst meine Geschwister und meine Eltern. Wir sprachen nie darüber, aber ich konnte es an ihrem Verhalten deutlich erkennen. Ich glaube, die Einzige, die mir abnahm, dass ich nicht mit Jochen ins Bett ging, war Kader.

Mein Image spaltete die, die mich kannten, in zwei Lager. Für die einen war ich schlicht und einfach die von Türken viel und schnell zitierte käufliche Liebesdienerin, die anderen sahen in mir ein Vorbild. Letztere riefen bei mir an, klingelten an der Haustür. Sie glaubten, ich könnte sie von ihren Sorgen befreien, meinten offenbar, ich sei allwissend. Selbst innerhalb meiner Familie war man sich keineswegs darüber einig, wie ich einzuschätzen war. So rief mich Songül eines Tages an und fragte: »Inci, kannst du mir zehn Mark leihen?«

Sie arbeitete damals alleine, Ismael war gerade aus der Türkei zu ihr gezogen, hatte noch keine Erlaubnis.

»Na klar, Schwester. Bist du zu Hause?«

»Noch eine halbe Stunde, dann muss ich zur Arbeit.«

»Gut, ich komme vorbei.«

»Danke. Aber gib es mir so, dass es keiner mitbekommt.«

Sie waren gerade mit dem Abendessen fertig geworden.

»Ich muss zur Arbeit, komm, gehen wir zusammen«, forderte Songül mich auf.

Unterwegs gab ich ihr das Geld. Am nächsten Tag rief Songül mich aufgebracht an.

»Stell dir vor, als ich gestern heimkam, hat Ismael mich beschimpft: ›Wo hast du dich mit dieser Nutte rumgetrieben, musstest du dich mit der auf der Straße zeigen?‹«

Ich zitierte Jochen: »Ignorier das völlig, und mach dir nichts draus. Irgendwann verlieren sie das Interesse an der ›Nutte Inci‹. Dann hetzen sie über jemand anderen.«

Ich war Jochen dankbar, dass er mich zu dieser Einstellung gebracht hatte. Mich ließ es allmählich wirklich kalt. Als ich ihm von solchen Vorkommnissen erzählen wollte, winkte er nur ab.

»Vergiss es. Es ist ja doch immer wieder das Gleiche. Es gibt Wichtigeres. Darauf sollten wir uns konzentrieren.«

Egal welchem Lager sie zuzurechnen waren und wie sie hinter meinem Rücken über mich redeten, es hinderte sie nicht daran, ständig mit ihren Problemen zu mir zu kommen, als sei ich eine Wunderheilerin.

»Du bist die älteste Schwester, du musst helfen«, hielten sie mir vor und klingelten oder riefen an – zu jeder Tages- und Nachtzeit. Am Anfang versuchte ich noch für sie da zu sein, wann immer es möglich war, aber mit der Zeit wurde es mir zu viel. Wenn zudem noch alle Kinder bei uns waren und die Wohnung auf den Kopf stellten, wenn ich Stress bei der Arbeit hatte, unausgeschlafen war, dann verweigerte ich mich ab und zu, wenn sie wieder wie ein Heuschreckenschwarm über mich herfielen. Vor allem wurde meine eigene Situation deshalb immer prekärer, weil ich nicht mehr dazu kam, mich um meine eigenen, dringend zu erledigenden Angelegenheiten zu kümmern.

Nicht genug damit, dass meine Geschwister ihre Probleme bei mir abluden, mittlerweile hatte ich auch vier türkische Freundinnen. Alle in meinem Alter, alle alleinstehend mit einem oder zwei Kindern, alle geschieden oder in Scheidung lebend, alle ständig schikaniert und bedroht von ihren Männern, alle mit Problemen am Arbeitsplatz und – keine sprach Deutsch, alle verdienten viel zu wenig Geld, um davon leben zu können.

Ich hatte mich also außer mit meinen Kindern und mit unseren alltäglichen Sorgen auch noch mit denen von insgesamt sieben intakten und mehr oder weniger zerrütteten Familien herumzuschlagen, musste meinen Haushalt versorgen – manchmal zweimal am Tag putzen und aufräumen, wenn die Kinder mal wieder wie ein Wirbelsturm durch die Zimmer getobt waren.

Besonders penetrant verhielt sich Pekay. Sie hatte sich von ihrem Mann getrennt, der sie ständig bedrohte. Ihre Art, sich bei mir Zutritt zu verschaffen, trieb mich allmählich zur Weißglut. Am Telefon meldete sie sich: »Hallo, hier ist Pekay. Inci, ich muss dich mal zwei Minuten sprechen.«

»Pekay, das passt mir gerade jetzt überhaupt nicht, Jochen und ich arbeiten uns gerade durch Formulare vom Arbeitsamt, und ich muss Essen für die Kinder kochen.«

»Das ist ja prima, Jochen will ich auch etwas fragen.«

»Er hat überhaupt keine Zeit.«

»Zwei Minuten, mehr wirklich nicht.«

»Kannst du nicht morgen …«

»Gerade hab ich vor deiner Tür einen Parkplatz gefunden – darf ich klingeln?«

Es klingelte, noch ehe ich Luft holen konnte. Ich ließ sie nach oben kommen.

Strahlend trat sie zur Tür herein, umarmte alle, als hätten wir uns wochenlang nicht gesehen, und wollte Jochen sofort in Beschlag nehmen: »Toll, dass wir uns mal wiedersehen. Ich hab ein Problem. Hast du zwei Minuten Zeit?«

Jochen reagierte ganz cool: »Pekay, gut, dass du gekommen bist. Ich war gerade dabei, mich mit Inci und diesen verflixten Formularen zu verplaudern, obwohl ich in wenigen Minuten einen Termin habe. Mach mal mit Inci was aus, wenn ich Zeit habe.« Er nahm sie mit seinem verbindlichsten Lächeln in die Arme, küsste sie auf beide Wangen, zwinkerte mir zu und war schon auf der Treppe, ehe Pekay reagieren konnte.

Enttäuschung stand ihr ins Gesicht geschrieben – und Verwirrung. Sie hielt sich für schön, war sich der Wirkung ihrer Weiblichkeit völlig sicher und absolut nicht darauf vorbereitet, dass ein Mann sie derart abblitzen lassen könnte. Im Stillen applaudierte ich Jochen. Ich wusste, dass er nichts Besonderes vorhatte. Und ich beneidete ihn um seine Fähigkeit, sie sich so locker vom Hals zu halten.

Von wegen schnell mal fünf Minuten – allein ihr »Lagebericht« nahm eine Viertelstunde in Anspruch, ehe sie schließlich zur Sache kam. So war sie nun einmal, und das würde sich nie ändern. Mein Zeitplan war geplatzt, alles, was ich vorhatte, musste ich mal wieder verschieben, den Kindern würde ich schnell etwas in der Mikrowelle warm machen müssen, ehe ich zur Arbeit ging.

Leider gehörten Szenen wie diese mittlerweile zu meinem Alltag. Nicht alle, die mich ständig in Anspruch nahmen, waren so gnadenlos aufdringlich wie Pekay, was aber den Effekt lediglich etwas abmilderte.

»Es wird Zeit, dass du das abstellst. Das ist alles kein familiäres oder freundschaftliches Miteinander. Sie nutzen dich rücksichtslos aus«, hielt mir Jochen vor. Wieder einmal hatte ich etwas Wichtiges, das wir vorher genau besprochen hatten, wegen Pekay nicht erledigen können.

»Du hast gut reden. Du hast keine Ahnung vom Leben in einer Großfamilie, von den Pflichten, die du zu erfüllen hast.

Und von dem, was du in eine Freundschaft einbringen musst – von einer Freundschaft, wie wir Türken sie verstehen, hast du auch keinen Schimmer. Außerdem zwingt mich ja niemand dazu.«

»Doch. Sie drücken dich wegen deines Pflichtgefühls an die Wand. Das ist viel schlimmer, als wenn sie dich bedrohen, schlagen oder sich mit Gewalt das nehmen würden, was sie wollen. Du musst dich nicht fragen, ob du im Recht bist – du bist es.«

»Wie meinst du das: ›Sie drücken mich wegen meines Pflichtgefühls an die Wand‹?«

»Ganz einfach: Sie stellen die Schuldfrage auf den Kopf. Mit einem Mal siehst du die Erpresser als Opfer und dich als Täter. Als Hebel dient ihnen deine sogenannte Pflicht. Denn du kannst oder willst nicht mit dem Selbstvorwurf leben, deine Pflicht nicht erfüllt zu haben. Und das Schlimmste: Du lässt dir auch noch die Verantwortung in die Schuhe schieben.«

»So habe ich das noch nicht gesehen.«

»Die Frage ist ja, wer definiert die Pflicht? Welche Gesetze schreiben dir vor, was du zu tun oder zu lassen hast, um dich ›pflichtgemäß‹ zu verhalten? Glaubst du, dass für dich und mich die gleichen Regeln gelten?«

»Nein, auf keinen Fall.«

»Aber warum? Alle Menschen haben doch gleiche Rechte?«

»Aber du bist Deutscher, ich bin Türkin.«

»Wo soll da der Unterschied liegen?«

»Wir haben unsere Tradition, Ihr lebt nach eurer.«

»Aha, allmählich nähern wir uns dem Punkt, auf den es meines Erachtens ankommt: In eurer Tradition steht die Familienehre über allem. Sie ist der Maßstab für euer gesamtes Handeln. Eure allererste Pflicht heißt doch, nach ihren Gesetzen zu leben, sie blind zu befolgen. Stimmt's?«

»Ja, klar.«

»Für mich ist Ehre etwas individuelles. Jeder Mensch definiert den Maßstab seiner Ehre selbst. Folglich kann sie nicht allgemeingültig sein. Ihre Gesetze gelten für den Einzelnen, niemals für eine Gruppe. Für mich – und ich betone ausdrücklich ›für mich‹ – ist das ein Naturgesetz. Falls man wider die Natur des Menschen einen Ehrbegriff für alle schafft, muss man folgerichtig einen Rahmen schaffen, in den sich alle freiwillig begeben oder unter Zwang pressen lassen. Um dessen Gesetze durchzusetzen, wird der Einzelne seiner Entscheidungsfreiheit beraubt, die Gemeinschaft zwingt ihm das Verhalten auf, das sie als ›ehrenhaft‹ festgelegt hat.«

»Wenn du das so erklärst, wird mir vieles klar, was mein Leben bisher beherrscht hat.«

»Es wird Zeit, dass du anfängst, selbst zu denken. Leider erfordert Widerstand Anstrengung, und Freiheit heißt Verantwortung übernehmen, was die wenigsten wirklich wollen, weil das Leben viel einfacher zu meistern ist, wenn man sie anderen überlassen kann. Wenn du für dich etwas ändern willst, musst du bereit sein, künftig eigenverantwortlich zu handeln. Nur so kannst du deine eigenen Regeln aufstellen. Und du musst das Spiel durchschauen, in das du verwickelt bist oder eingebunden werden sollst. Das ist bei den wenigsten der Fall. Deshalb rennt das Gros der Gesellschaft den wohlfeilen Parolen der Macher hinterher – wie eine Herde dem Leittier. Und in dieser Situation rückt die Einbahnstraße des Gebens und Nehmens ins Blickfeld: einige wenige profitieren von dem, was viele geben. Was eure Gesellschaft betrifft, so kann kein Einzelner mehr beeinflussen, was als ehrenhaft Gültigkeit hat. Euer Rahmen ist vor langer Zeit geschmiedet worden. Er ist starr, eine Entwicklung findet in der konservativen Welt eures Volkes nicht mehr statt. In dieser Welt existieren nur Regeln und deren Bewahrung. Jede Veränderung ist ihr Feind, denn jede

Entwicklung schwächt ihre Position – ihre jetzt noch sichere Position.«

»Aber in Izmir, in Istanbul und in den Touristenorten an der Mittelmeerküste kannst du doch sehen, dass sich vieles bereits ändert.«

»Ja, schon. Es entspricht ja auch der Natur des Menschen, dass die konservativen Bewahrer und die progressiven Veränderer in einem ständigen Kampf miteinander liegen. Aber dieses Ringen findet in den konservativen Vierteln der türkischen Metropolen überhaupt noch nicht statt, wie du mir immer wieder erzählt hast. Die Frage ist doch, wer stark genug sein wird, sich durchzusetzen. Die Konservativen sitzen zunächst am längeren Hebel. Es bedarf eines sehr starken, vor allem permanent steigenden Drucks der Liberalen, um konservative Schranken niederzureißen. Dagegen reicht oft eine einfache Parole zum richtigen Zeitpunkt, um die zarte Pflanze der Liberalisierung zu zertreten – um es einmal poetisch auszudrücken.«

»Das klingt logisch. Aber trotzdem sind mir das zu viele neue Gedanken auf einmal. Ich brauche Zeit, um darüber nachzudenken.«

Jochen lachte: »Na klar, ich denke seit Jahrzehnten darüber nach.«

»Eines muss ich dich jetzt noch fragen: Beute ich dich aus? Du bist immer für mich da und hilfst mir bei allen Problemen. Aber ich kann dir überhaupt nichts zurückgeben.«

Jochen schaute mir nachdenklich in die Augen, schüttelte fast unmerklich den Kopf und sagte: »Du hast eines vergessen: Ich handele freiwillig. Du hast doch überhaupt nichts in der Hand, womit du mich zwingen könntest zu kommen, wenn du mich rufst. Du könntest nicht einmal verhindern, dass ich aufstehe und gehe, jetzt gleich oder wann immer ich will. Ich sitze also freiwillig bei dir, weil ich das gemäß eigener Entscheidung so will.«

Allmählich hatte ich das Gefühl, dass die Situation mich auffraß und dass von mir nichts mehr übrig blieb. Ich hatte versucht, für meine Geschwister die Mutterrolle zu übernehmen, und begann einzusehen, dass ich damit nur scheitern konnte. Ich war davon ausgegangen, dass Songül, Eda und Tufan ebenso stark waren wie ich. Jetzt war ich am Ende meiner Kräfte. Außerdem hatte ich über all dem die Probleme meiner Kinder zurückgestellt. Ich hatte sie in der Schule ihrem Schicksal überlassen, habe kein einziges Mal mit einem Lehrer gesprochen oder eine Elternversammlung besucht. Alles das wurde mir eines Tages bewusst – es fehlte nur noch der berühmte Tropfen, der das Fass zum Überlaufen brachte. Den lieferte Eda.

»Ich hab mich verliebt«, gestand sie mir aus heiterem Himmel.

»Um Gottes willen, was machst du?«

»Ich weiß nicht, ich kann an nichts anderes mehr denken.«

»Hast du dich etwa schon mit ihm eingelassen?«

»Ja.«

»Und was wird aus dir und Bekir? Du bist eine verheiratete Frau, ihr habt zwei Kinder.«

»Das musst du mir nicht sagen.«

»Weiß Bekir Bescheid?«

»Nein, überhaupt nicht.«

Bekir hatte schon seit geraumer Zeit gemerkt, dass sie unzufrieden war, und alles versucht. Er hatte in einer Nachbarstadt eine Eigentumswohnung gekauft und sich hoch verschuldet, um alles nach Edas Wünschen einzurichten. Und jetzt das.

»Ich hab ja gemerkt, dass er Angst hat, mich zu verlieren. Deshalb hat er mich in einen goldenen Käfig gesperrt. Aber was nutzt das – ich habe ihn nicht gewollt, war kein einziges Mal wirklich bei ihm«, erklärte sie mir, als ich sie darauf ansprach.

Ich schüttelte den Kopf und flehte sie förmlich an: »Sei nicht so dumm, trenn dich nicht von Bekir. Schau mich an, welche

Schwierigkeiten ich habe, um mit meinem Leben fertig zu werden. Ich muss schuften, damit wir leben können, Sila und Umut haben darunter zu leiden. Sie müssen es ausbaden.«

»Ich weiß, das ändert aber nichts.«

Der ganze Stress ihrer Trennung, die konspirativen und die offiziellen Treffen, die Debatten, die Szenen, der gesamte Streit wurde quasi über mich und in meiner Wohnung ausgetragen. Sogar Jochen wurde involviert. Um Bekir in seinem Kummer zu helfen, machte er mit ihm auf mein Bitten hin einen zweistündigen Spaziergang unten am Fluss. Von Eda habe ich mich per SMS verabschiedet

Eines Tages erfuhr ich, dass sie Bekir verlassen hatte und mit den Kindern schon zu Ragib gezogen war.

Ragib war ihr Liebhaber. Mittlerweile wusste ich, dass er verheiratet war, auch zwei Kinder hatte und sich wegen Eda scheiden lassen wollte. Um das Glück perfekt zu machen, erfuhr ich auch noch, dass er drogenabhängig war, keine Berufsausbildung vorweisen konnte und seine Beschäftigung als angelernter Arbeiter in einer Fabrik verloren hatte.

Die Zukunftsaussichten des frischgebackenen Liebespaars sahen also alles andere als blendend aus. Zwei Jahre war Eda bei ihm, hielt sich und ihn durch Putzstellen geradeso finanziell über Wasser. Dann war der Rausch verflogen. Heute wohnen sie und die Kinder in einer kleinen Wohnung in einer Nachbarstadt. Ihren Lebensunterhalt bezahlt der Staat. Sie bereut es bitter, Bekir verlassen zu haben. Der hat allerdings bereits wieder geheiratet. Mutter hatte ihm eine »Importbraut« aus der Türkei besorgt und Vater hatte alles regeln müssen.

Du musst etwas ändern – Edas Affäre hatte meinen letzten Zweifel an dieser Erkenntnis ausgeräumt. Und ich änderte mein Leben, mein Verhältnis zu meiner Familie und zu meinen

Freunden rigoros: Ich brach jeden Kontakt ab. Ich hab sogar Songül rausgeworfen, als sie mich besuchte. Tufan auch. »Löst eure Probleme endlich selbst«, dachte ich und sagte es ihnen auch. Eda habe ich per SMS verabschiedet, ich ging endgültig nicht mehr zu meinen Eltern, war für niemanden mehr erreichbar. Auch meinen sogenannten Freundinnen machte ich klar, dass ich nichts mehr mit ihnen zu tun haben wollte. Die Einzigen, mit denen ich in Kontakt blieb, waren Kader und Jochen.

Plötzlich gab es niemanden mehr, der mein Leben belastete. Der Befreiungsschlag war gelungen.

Existenzkampf

Schmerz-Odyssee

Das Recht, Schmerz zu zeigen, hat mir Opa schon in frühester Kindheit aberkannt. Wenn ich hier trotzdem vom vergeblichen Kampf gegen meine Schmerzen berichte, dann deshalb, weil sie – seit sie mich überfielen – zu meinen ständigen Begleitern geworden sind und mir einen großen Teil meiner Kraft raubten, die ich eigentlich zur Bewältigung der vor mir liegenden Aufgaben benötigt hätte.

Ein knappes Jahr bevor ich von Izmir nach Deutschland zog, kämpfte ich einen aussichtslosen Kampf: Nach der Scheidung versuchte ich, mir in der Türkei eine Existenz als alleinerziehende Mutter zweier Kinder aufzubauen. Ich litt unter der Knute des Fabrikanten Nedred, der meine Notlage erkannt und die Pflichten einer »Privatsekretärin« auf alle Lebensbereiche ausgedehnt hatte. Damals wusste ich mit dem Begriff »Lebenskrise« noch nicht viel anzufangen. Rückblickend begreife ich, dass ich mich damals auf deren Höhepunkt befand. Die Krise geriet zur Katastrophe, als ich erfuhr, dass mein Lieblingsonkel Cem, Peris Mann, bei einem Verkehrsunfall ums Leben gekommen war. Cem war – neben Oma – der Einzige in unserem gesamten Familienclan, den ich liebte, dem ich vertraute, der mir stets zur Seite stand und der mir das Gefühl gab, geliebt und akzeptiert zu werden, so wie ich war.

Die Tage nach seinem Tod durchlebte ich wie in Trance. Ich

dachte nichts, fühlte nichts, hoffte nichts und träumte nichts. Deshalb kann ich auch nicht mehr genau sagen, wann dieses Gefühl mich zum ersten Mal überfiel, das weder das deutsche noch das türkische Wort »Schmerz« auch nur annähernd trifft. Ich weiß noch, dass es zum ersten Mal ohne jede Vorwarnung während der Arbeit auftauchte. Plötzlich konnte ich nicht mehr auf meinem Bürostuhl sitzen, stand auf und humpelte stöhnend um den Schreibtisch herum.

»Inci, was ist mit dir los?«, fragte meine Kollegin erschrocken. »Du siehst ja leichenblass aus!«

Sie lief zu mir, wollte mich stützen. Offensichtlich fürchtete sie, ich könne einfach umfallen.

»Lass mich. Es ist nichts weiter, ich hab nur plötzlich so ein ziehendes Gefühl im linken Bein.« Ich wollte mir nichts anmerken lassen. Aber der Schmerz hatte mich aus heiterem Himmel so heimtückisch überfallen, dass ich keine Zeit fand, mich zu beherrschen.

»Soll ich dich zu einem Arzt fahren?«, fragte meine Kollegin besorgt.

»Nein, nein, so schlimm ist es auch wieder nicht. Es kam nur so unvermutet. Bald gibt sich das wieder«, wehrte ich peinlich berührt ab. Damals, in der Türkei, konnte ich es mir sowieso nicht leisten, zum Arzt zu gehen – jedenfalls nicht zu einem, der sich ernsthaft mit meinem Problem beschäftigt hätte. Keiner von uns dreien war in dieser Zeit krankenversichert.

In einem hatte ich mich gründlich geirrt: Es gab sich nicht wieder. Im Gegenteil: Die Schmerzen sind sozusagen zum treuesten Begleiter meines Lebens geworden.

Eine Art Grundschmerz lauert immer – ständig, egal was ich gerade tue. Daran habe ich mich fast gewöhnt. Manchmal unvermutet und ohne besonderen Anlass, manchmal aber auch in bestimmten Situationen, die ich zwar kenne, aber nicht vermeiden kann, steigert sich der Schmerz zu einem feurigen Crescendo, das mir die Tränen in die Augen treibt.

Die Tatsache, dass diese Schmerzanfälle immer dann besonders heftig auftreten, wenn ich längere Zeit sitzen muss, führte bei der Arbeit zu paradoxen Situationen. Im Imbiss stand ich hinter der Kasse und empfand das Stehen als große Erleichterung, da ich so mit dem Schmerz halbwegs fertig werden konnte. Auch im »Casa«, im »Doppelherz« und bei Sepp kam ich gut zurecht, weil ich nirgends zum Sitzen gezwungen war.

Probleme bekam ich später, als ich an Kassen von Supermärkten und Einkaufszentren arbeiten musste: Deren ergonomisch geformte Sitze entsprechen zwar den Vorgaben der Arbeitsmediziner und den Richtlinien der Berufsgenossenschaften und werden von den anderen als bequem und komfortabel empfunden. Ich litt schon nach wenigen Minuten so, dass ich mich fast nicht mehr konzentrieren konnte. Der Not gehorchend lernte ich trotzdem, auch das auszuhalten. Prinzipiell vermied ich es aber mit allen Mitteln, einer sitzenden Tätigkeit zugeteilt zu werden. Ab und zu mit Erfolg.

Am schlimmsten war für mich, dass ich niemandem erklären konnte, warum ich diese Probleme habe. Einerseits kann ich Fremden gegenüber keine Schmerzen zeigen. Andererseits hätte mein Deutsch damals für komplizierte Erklärungen nicht ausgereicht. So machten es sich die Kollegen und Kolleginnen oft sehr einfach und stempelten mich als Querulantin ab, die sich mit nichts zufriedengab.

Als ich dann in Deutschland krankenversichert war, begann eine wahre Schmerz-Odyssee. Ich wechselte von Hausarzt zu Hausarzt, von Orthopäde zu Orthopäde, von Spezialist zu Spezialist. Ich wurde geröntgt, kam zur Tomografie in die Röhre, erhielt Medikamente, die entweder nicht wirkten oder mich fast betäubten. Bei Letzteren fand ich wenigstens kurzzeitig Linderung. Auf Dauer blieb aber jede Maßnahme erfolglos. Die meisten Ärzte stellten am Ende lapidar fest: »Keine körperliche Ursache.«

Es lag auf der Hand, dass ich gegenüber jemandem, der mich so gut kannte wie Jochen, meinen Zustand auf Dauer nicht verheimlichen konnte. Eines Tages sprach er mich ohne Umschweife darauf an: »Jetzt erklär mir mal, was mit dir los ist.«

»Was meinst du damit?«, versuchte ich auszuweichen.

»Du kannst mir sagen, was du willst, irgendetwas stimmt mit dir nicht. Ich sehe doch, dass du unter Schmerzen leidest.«

Es war, als hätte er einen Damm eingerissen. Ich erzählte ihm alles über Onkel Cems Tod, über Nedred so viel, wie ich es damals für nötig hielt, über die Qualen in meiner gescheiterten Ehe. Wie es seine Art ist, hörte Jochen mir aufmerksam zu, bevor er Fragen stellte.

»Wo und wie empfindest du den Schmerz?«

»Es ist ein Ziehen und Brennen. So, als ob zwischen meinem Kreuz und den linken Fußzehen ein Bündel blanker Drähte läge, durch die Strom gejagt wird.«

»Wie oft hast du diese Attacken?«

»Immer.«

Er schaute mich überrascht an. »Immer gleich stark?«

»Nein.«

»Wo würdest du den Dauerschmerz auf einer Skala von null bis zwölf einordnen?«

»Bei fünf.«

Sein Blick wurde ungläubig. »Immer, bist du sicher, nicht einmal darunter?«

»Nein.«

»Auch nicht, wenn es dir gerade richtig gut geht, etwa beim Tanzen in der Disco?«

»Auch dann nicht. Der Schmerz ist immer da. Ich hab nur gelernt, ihn zu ignorieren. Wenn ich Alkohol trinke, wird es schlimmer – neun, zehn oder sogar noch darüber.«

»Wann ist es am schlimmsten?«

»Bei Stress und Streit, nachts, wenn ich davon wach werde, und vor allem, wenn ich lange sitzen muss. Manchmal überfällt es mich einfach ohne Grund.«

»Wie hältst du das aus?«

»An den Dauerschmerz hab ich mich gewöhnt. Aber die Anfälle sind unerträglich. Ich kann die Attacken nicht beschreiben. Es gibt keine Worte – in keiner Sprache. Weder für das Gefühl selbst noch dafür, was es in mir auslöst. Glaub mir, wenn es nur auf den Fuß begrenzt wäre, hätte ich mir den schon längst selbst abgeschnitten. Aber es fängt ja im Rücken an und strahlt über das ganze Bein bis in die Zehen – was kann ich da tun?«

Jochen sieht mich nachdenklich an. »Wenn keiner der Ärzte eine körperliche Ursache feststellt, dann ist es psychisch. Deine Seele setzt sich gegen die ganzen Probleme zur Wehr. Geh zur Krankenkasse und versuche die Behandlung bei einem Psychotherapeuten durchzusetzen.«

»Das kann ich mir nicht leisten. Ich hab gehört, dass die von der Kasse nicht übernommen wird.«

»Und ich hab gehört, dass einige Kassen in bestimmten Fällen doch bezahlen. Du musst eben fragen und nicht von vornherein ›Nein‹ sagen.«

Er behielt recht: Die Kasse übernahm die Kosten, und ich besuchte ein Jahr lang zwei Mal im Monat einen Psychologen. Ich hatte nicht das Gefühl, dass die Stunde, die das Gespräch mit ihm dauerte, völlig verloren war. Er half mir, viele Einflüsse zu erkennen, die mein Leben bisher geprägt hatten, und die Auswirkung auf mich zu verstehen. Aber an das Zentrum meines Schmerzes gelangte er nicht.

Jochen gab nicht auf: »Ich weiß, dass es eine zentrale Schmerzklinik auf Länderebene gibt. Ich kann den Kontakt herstellen. Da musst du hin.«

»Meinst du, dass die mehr finden, als alle Ärzte bisher?«

»Du darfst nicht resignieren, ehe du alle Möglichkeiten ausgeschöpft hast.«

Ich tat ihm den Gefallen. Allerdings dauerte es fast ein drei viertel Jahr, ehe die Modalitäten mit der Krankenkasse geklärt waren, und ich einen Termin erhielt. Die Klinik schickte mir im Vorfeld einen sehr ausführlichen Fragebogen, und Unklarheiten, die sich für mich ergaben, ließen sich in einigen Telefongesprächen mit kompetenten Mitarbeitern des Zentrums problemlos klären. So fuhr ich schließlich recht optimistisch hin.

Dort wurde ich gründlich untersucht – und bald hatte ich das Gefühl, mich im Kreis zu drehen: Alle Fragen hatte ich schon ungezählte Male bei meinen vielen Arztbesuchen beantwortet.

»Versuchen Sie es mit Eiseinreibungen«, gaben sie mir als Rat mit auf den Weg. Die erwiesen sich als unangenehm und genauso erfolglos wie alle anderen Versuche bisher.

»Na, hatte ich recht?«, trumpfte ich auf, als Jochen auf dieses Ergebnis betroffen reagierte.

»Wenn dich hundert Ärzte untersuchen und nichts finden, heißt das noch lange nicht, dass es nichts zu finden gibt. Das Einzige, was wir bisher geklärt haben, ist, dass es keiner von denen, bei denen du bisher warst, gefunden hat.«

Im Herbst 2006 konnte Jochen schließlich die letzte Maßnahme durchsetzen, von der er sich Erfolg versprach. Nach monatelangem Hin und Her bekam ich eine Kostenzusage für eine vierwöchige Kur an einer psychosomatisch orientierten Klinik. Leider hatte die Landesversicherungsanstalt als Kostenträger darauf bestanden, sie in einem eigenen Haus durchzuführen. Dabei hatte Jochen lange recherchiert und eine Klinik gefunden, die dafür bekannt war, dass die Ärzte sich sehr intensiv mit den Patienten und deren Schicksal beschäftigten.

Von einer solchen Behandlung war während meiner Kur nichts zu sehen. Dafür arbeiteten dort auch türkische Ärzte und Pfleger, denn die Patienten waren durchweg Türken oder Migranten. Ich verbrachte vier entspannende Wochen – während sich Freunde zu Hause um Sila und Umut kümmerten. So lange hatte ich mich ohne sie noch nicht erholen können.

»Es gibt wirklich keinerlei Ansatz, dass sich hier jemand speziell mit dir und deiner Schmerzsituation befasst?«, fragte Jochen bestürzt, als er mich besuchte.

»Nein, wir haben zwar Gruppen- und auch einige wenige Einzelgespräche. Aber die spulen hier ihr Pensum nach einem vorgegebenen Schema ab. Mit der Therapie bei meinem Psychologen Dr. Hartmann kann man das nicht vergleichen. Komm, wir gehen mal ins ›Café Istanbul‹.«

So hatten wir den Aufenthaltsraum genannt. Bilder der großen Moscheen, der Kalksinterterrassen von Pamukkale und Ölü Deniz, der Traumbucht bei Fethiye an der türkischen Mittelmeerküste, schmückten die Wände. Die meisten der Frauen trugen Kopftücher, die Männer saßen zusammen – eigentlich fehlten nur noch ein, zwei Wasserpfeifen, und die Illusion wäre komplett gewesen.

»Hallo, das ist Jochen, mein deutscher Freund«, stellte ich ihn vor.

»Komm, setz dich zu uns – willst du einen Tee?« Jochen wurde als einziger Deutscher von der Runde so freundlich begrüßt wie ein Tourist in einem Café in Istanbul, Izmir oder Ankara.

»Jetzt ist mir klar, was hier passiert«, meinte Jochen, als wir später allein im Kurgarten saßen, »die sammeln hier die Türken, die ohne sichtbaren Grund längere Zeit krankgeschrieben werden. Die werden dann en bloc so kostengünstig wie möglich durch die Kur geschleust – und dann, mit dem ärztlichen Stempel ›gesund‹ versehen, wieder nach Hause an den Arbeitsplatz geschickt. Das ist nicht das, was ich mir für dich erhofft hatte. Jetzt ist es zu spät. Erhol dich gut, und mach dir noch ein paar schöne Tage.«

Er sah ratlos aus, und es war das erste Mal, dass ich erlebte, wie er mit seinem Latein am Ende war.

Kurswechsel

»Lass uns deine Situation auf den Punkt bringen«, sagte er. »Erstens: Dein ›Pflichtjahr‹ im Imbiss ist um, du musst dort nicht länger bleiben. Den Druck bist du endgültig los. Du kannst frei entscheiden, ob du dich weiter ausbeuten lässt oder ob du den Spuk beenden willst.«

»Soll ich kündigen?«

»Nein, das wäre falsch. Dann bekommst du erst nach zwei Monaten Arbeitslosengeld. Wovon willst du bis dahin die Miete bezahlen? Du musst sie so weit bringen, dass sie dir kündigen. Du bist doch wegen deiner Schmerzen in Behandlung. Sag einem deiner Ärzte, dass du es nicht mehr aushältst und er dich krankschreiben soll. Was meinst du, wie lange die sich das beim Imbiss gefallen lassen?«

»Höchstens vier, fünf Wochen.«

»Prima. Wenn du krankgeschrieben bist, können sie dir nicht einfach kündigen. Ich meine, du müsstest schon noch bis Ende November Krankengeld von ihnen bekommen.«

»Ist das nicht unfair?«

»Komm mir nicht mit Moral. Dieser Konzern beutet weltweit die Arbeitskraft von Hunderttausenden aus, indem er – wie bei dir – die Zwangssituationen seiner Mitarbeiter ausnutzt und einen Teil des Geldes, das er ihnen eigentlich für ihre Leistungen auszahlen müsste, in die eigene Tasche steckt. Deine Abhängigkeit ist beendet. Jetzt bist du für zwei, drei Monate am längeren Hebel. Zeig denen ruhig mal, dass es auch andersherum geht – sie haben es verdient.«

»Wie soll es dann weitergehen?«

»Fragen wir uns doch zuerst: Was willst du erreichen?«

»Ich möchte einen Beruf erlernen, mit dem ich einen Arbeitsplatz finden kann, an dem ich meine Fähigkeiten einbringen und weiterentwickeln kann.«

»Und in dem du genügend verdienst, um für dich und deine Kinder zu sorgen?«

»Richtig.«

»Und der dir am besten außerdem noch Spaß macht?«

»Daran wage ich noch gar nicht zu denken.«

»Alle diese Wünsche sind ohne jede Einschränkung berechtigt. Du träumst von einem Beruf mit Zukunftsaussichten, in dem du dich mit deinen Neigungen wiederfindest. Davon träumen wir alle. Wenn du deinen Traum auf dem freien Arbeitsmarkt verwirklichen willst, brauchst du als Basis eine solide Ausbildung mit einem offiziell anerkannten Abschluss. Ich sehe bei dir drei Hindernisse: Du hast keine abgeschlossene Schulausbildung. Ohne Schulabschluss bekommst du keine Lehrstelle.«

»Und ich kann nicht gut genug Deutsch.«

»Das ist zweitens.«

»Drittens: Ich bin mit einunddreißig zu alt?«

»Das weniger. Der dritte Grund ist ein ganz banaler: Du und deine Kinder müssen leben. Das bedeutet, ihr braucht Monat für Monat Geld. Wenn du aber deine Energie in eine hoch qualifizierte Ausbildung einbringen willst, musst du aufhören, deine ganze Kraft in schlecht bezahlten Aushilfsjobs zu verschleudern.

Also müssen wir herausfinden, wie euer Lebensunterhalt während der Ausbildung finanziert werden kann.«

»Ist das denn möglich?«

»Die Frage kann ich noch nicht beantworten. Eigentlich übernehmen das ja die Eltern – normalerweise lange bevor ihre Enkel zur Schule gehen.«

»Damit musstest du ja kommen.«

»Allerdings, denn damit haben wir dein Lebensdefizit auf den Punkt gebracht: deine Eltern haben auf ganzer Linie versagt. Statt dir die Chance zu eröffnen, dein Leben selbstbestimmt zu gestalten, haben sie dir wieder und wieder brutal ihren Willen aufgezwungen. Zwar war deine Mutter die treibende Kraft, aber dein Vater ist genauso beteiligt, weil er ihr nicht entschieden genug entgegengetreten ist.«

Jochen sah, dass ich widersprechen wollte und hielt mich mit einer Handbewegung davon ab.

»Ich weiß, du willst deinen Vater in Schutz nehmen, aber ich sehe es nun einmal so. ›Du sollst deinen Vater und deine Mutter ehren‹, so oder so ähnlich heißt es bei allen Religionen, auch im Islam. Interessanterweise geht der Koran sogar ein bisschen weiter als die Bibel, denn sinngemäß steht da ja der Zusatz ›so wie sie dem Wohl ihrer Kinder verpflichtet sind‹. Jedes Kind hat ein Recht darauf, von seinen Eltern auf ein Leben vorbereitet zu werden, das seiner Veranlagung, seinen eigenen Wünschen, Vorstellungen und Möglichkeiten entspricht. Auch wenn die Praxis fast überall anders aussieht, im Grunde genommen schreiben sich doch die Eltern jeden Erfolg ihrer Kinder auf ihre eigenen Fahnen, habe ich recht?«

»Worauf willst du hinaus?«

»Ganz einfach. Dann ist der Misserfolg eines Kindes auch der Misserfolg der Eltern. Aber die Gesellschaft stellt diese Schlussfolgerung auf den Kopf: Erfolglose Kinder sind ›missraten‹.

Damit sprechen sich die Eltern selbst frei und schieben den Kindern die Verantwortung in die Schuhe. Und jetzt frage ich dich: Was haben deine Eltern dir mitgegeben? Welche Fähigkeiten, welches Wissen, welche Werte, welches Selbstbewusstsein haben sie dir vermittelt? Wie sind deine Eltern also mit deinen ›Grundrechten‹ – wie ich es formulieren möchte – umgegangen? Mein Urteil ist verheerend: sie haben es nicht nur versäumt, dir das zu verschaffen, was dir zusteht, sie haben es im Gegenteil verhindert, dass du dir Wissen aneignest, haben dich von jeder Entwicklung isoliert, mit der du eigene Erfahrungen hättest sammeln können. Ich werte diese aktive Verhinderung, wie sie deine Mutter betrieben hat, schon als kriminelle Handlung. Und deinen Vater befinde ich der unterlassenen Hilfeleistung schuldig.«

»Gehst du nicht zu weit? Sie haben doch entsprechend unserer Tradition gehandelt.«

»Erzähl mir nix von eurer Tradition. Als deine Eltern dich aus Ankara zurückgeholt haben, hatten sie schon über zwölf Jahre lang die Gelegenheit, zu erkennen, dass man mit dieser Tradition in unserer Gesellschaft keine Chancen hat. Und so, wie du sie schilderst, wären sie durchaus intelligent genug dazu. Die Berufung auf eine Tradition, die Fähigkeiten und Möglichkeiten der Kinder unterdrückt, ist in meinen Augen nichts anderes als eine Ausrede. Was hilft uns das jetzt? Nichts. An der Vergangenheit lässt sich nichts mehr ändern. Lass uns also über die Zukunft reden.«

Ich schwieg. Noch keinem hatte ich bisher gestattet, so über meine Eltern zu reden. Aber ich fühlte, dass Jochen recht hatte. Zugeben wollte ich es aber noch lange nicht.

Jochen sprach sachlich weiter: »Ich weiß, dass es Förderprogramme vom Arbeitsamt, von kirchlichen, staatlichen und privaten Institutionen gibt, mit denen arbeitslose junge Menschen ohne Schulabschluss gefördert werden, um Ausbildungsplätze und damit Anschluss an den Arbeitsmarkt zu finden. Ich weiß auch von Projekten für alleinerziehende Mütter, in denen gerade die Frage ›Lebensunterhalt‹ im Blickpunkt steht.«

»Wo kann man mehr darüber erfahren?«

»Ich werde mich erkundigen. Und du meldest dich sofort krank. Mit dem Krankengeld sichern wir die Miete ab. Euren Lebensunterhalt verdienst du zwischenzeitlich noch bei Sepp und im ›Casa‹. So müsstest du euch über Wasser halten können, bis die Kündigung vom Fast-Food-Imbiss da ist. Dann meldest du dich sofort arbeitslos. Und dann musst du auch beim Sozialamt einen Antrag auf Unterstützung stellen.«

»Das will ich nicht. Ich habe mir geschworen, niemals Geld vom deutschen Staat anzunehmen.«

»Du wirst nicht drum herumkommen. Vom Arbeitsamt erhältst du dann ja viel weniger, als jetzt vom Fast-Food-Konzern. Es wird nicht einmal für die Miete reichen. Wovon willst du leben? Du kannst ja dann nicht mehr schwarz arbeiten, wenn du Arbeitslosengeld bekommst.«

»Ich will das nicht. Ich bin doch kein Bettler.«

»Das hat mit Betteln nichts zu tun. Wir leben in einem Sozialstaat, und dazu in einer der reichsten Industrienationen der Welt. Wir – das sind die Wähler unserer Regierung – wir wollen, dass denen, die unverschuldet in Schwierigkeiten geraten sind, geholfen wird. Wie, das haben wir gesetzlich und in Verordnungen geregelt. Ganz wichtig ist dabei die Hilfe für alleinerziehende Mütter. Und ganz besonders werden Maßnahmen unterstützt, die den Betroffenen die Rückkehr oder den Eintritt in die Arbeitswelt ermöglichen sollen. Ihr drei, du, Sila und Umut, ihr seid geradezu ein Paradebeispiel für die Personen, für die diese Hilfen geschaffen wurden. Also entwickle bitte keinen falschen Stolz.«

»Muß ich eigentlich immer befolgen, was du sagst?«

Bisher hatte Jochen ruhig, sachlich und ernst geredet. Jetzt antwortete er lachend: »Nein, mein Kind, du musst nicht parieren«, fuhr dann aber mit gleichem Ernst fort: »Ideal wäre, wenn du zuerst den Hauptschulabschluss nachholen könntest und dann eine reguläre Lehre durchlaufen würdest. Vier Jahre wirst du dafür mindestens benötigen – eher fünf. Das dauert zu lange. Das Arbeitsamt übernimmt die Kosten meist nur für zwei, vielleicht auch drei Jahre.«

»Wenn das Arbeitsamt bezahlt – warum muss ich dann zum Sozialamt?«

»Weil dein Arbeitslosengeld nicht reicht, um deinen Gesamtbedarf abzudecken, verlangt das Arbeitsamt, dass du als Empfängerin von Sozialhilfe anerkannt bist. Und weil du die Zeit überbrücken musst, bis wir etwas Passendes gefunden haben. Ich weiß, dass es dir sehr schwerfällt – aber es muss sein.«

»Kommst du wenigstens aufs Sozialamt mit?«

»Das kannst du alleine. Du gehst hin, fragst nach den Anträgen. Dann füllen wir sie gemeinsam aus, und du gibst sie ab. So einfach ist das – was soll ich dabei?«

»Wenn du meinst«, antwortete ich spitz.

Damals fühlte ich mich von ihm im Stich gelassen. Heute verstehe ich, was er bezweckte: Er wollte, dass ich lernte, mich ohne seine Hilfe durchzusetzen. Und er hatte recht. Am Anfang fiel es mir noch ungeheuer schwer, aber mit der Zeit sammelte ich so viel Erfahrung, dass ich mich fast überall alleine durchsetzen konnte. Und meinem Deutsch tat es ausgesprochen gut.

Wie vorausgesagt, hielt ich Anfang Oktober meine Kündigung vom Imbiss in der Hand. Aber es gab Komplikationen: Mitte September hatte ich mich krankgemeldet und sofort kein Geld mehr bekommen, nicht einmal die monatliche Abrechnung. Ich musste erst vor dem Arbeitsgericht klagen, ehe es im November zu einem Vergleich kam und sie mein Gehalt bis zum Ende des Monats bezahlen mussten.

Außerdem fehlten mir die Einnahmen aus dem »Casa«. Walter, der Inhaber, hatte offensichtlich finanzielle Probleme und bezahlte uns einfach nicht mehr. Als er bei mir mit fünfhundert Euro im Rückstand war, stellte ich ihm ein Ultimatum und hörte auf, dort zu arbeiten, als sich nichts änderte.

Noch heute frage ich mich, wie ich diese Zeit überstanden habe, in der mir faktisch nur noch das blieb, was ich bei Sepp verdiente. Ende Oktober war mein Konto bis zum Anschlag überzogen, eine Monatsmiete war ich im Rückstand, und bei Kader hatte ich ein paar hundert Euro Schulden. Sie war die Einzige, die ich fragte, wenn ich überhaupt nicht mehr weiterwusste.

Wie so oft, kam mir ein Zufall zu Hilfe. Ich hatte mich mit Horst Steiner, dem Kriminalbeamten, zum Abendessen getroffen, als Walter in das Restaurant kam, sich an die Bar setzte, ein Bier bestellte.

»Kennst du den?«, fragte ich Horst, »das ist der Inhaber des ›Casa‹. Ich habe dort aufgehört, weil er mich nicht mehr bezahlt hat.«

»Wie viel schuldet er dir?«

»Etwas über fünfhundert Euro.«

Horst stand auf, setzte sich neben Walter und ließ sich auch ein Bier kommen. Sie unterhielten sich einige Minuten, dann trank er aus, kam an unseren Tisch zurück, lachte mich an und berichtete: »Du kannst morgen Abend um zwanzig Uhr im ›Casa‹ dein Geld abholen.«

Als ich pünktlich dort erschien, hielt Walter tatsächlich ein Kuvert in der Hand und sagte verlegen: »Inci, es tut mir leid, dass es so gekommen ist. Willst du nicht wieder bei mir anfangen?«

Ich antwortete kühl: »Walter, als ich meinen Kindern nichts zu essen geben konnte, hast du dich satt ins Bett gelegt. Vergiss es.«

Das brachte mein Konto wieder einigermaßen ins Gleichge-
wicht, und als dann die Abfindung vom Imbiss eintraf, konnte
ich auch meine Schulden bei Kader bezahlen.

Rosarote Wolken

Wie ich es mit Jochen besprochen hatte, startete ich – sofort
nachdem der Prozess mit dem Imbiss abgeschlossen war –
meine Irrfahrt durch die Ämter. Arbeitsamt, Sozialamt,
Wohngeldstelle, Jugendamt. Nach einer Woche war ich um
einige bunte Broschüren, vor allem aber um einen Stapel Formulare reicher – mehr aber auch nicht. Um Jochen zu imponieren, machte ich mich selbst ans Ausfüllen, musste aber schnell
kapitulieren. Mehr als meinen Namen, das Geburtsdatum und
die Adresse hätte ich nicht platzieren können. Und selbst da
war ich mir nicht immer sicher, die richtige Stelle gefunden zu
haben. Also rief ich Jochen an.

»Ich war jetzt überall und habe jede Menge Fragebogen. Hilfst
du mir beim Ausfüllen?«

»Na klar.«

Wir benötigten einen ganzen Nachmittag, und ich erkannte,
dass ich alleine niemals damit fertig geworden wäre. Es mussten
ja nicht nur die Zeilen ausgefüllt werden, es wurden alle möglichen Belege und Nachweise gefordert, die ich entweder aus
meinen Unterlagen heraussuchen oder wiederum von Ämtern
und sogar vom türkischen Generalkonsulat besorgen musste.

Nachdem wir uns auch noch den zweiten Nachmittag um die
Ohren geschlagen hatten, bat ich ihn: »Jochen, kommst du mit
mir zu den Ämtern? Ich bin mir sicher, dass ich damit alleine
nicht fertig werde.«

»In Ordnung, Inci. Aber geh hin oder ruf an und vereinbare

feste Termine mit den Sachbearbeitern. Wenn ich etwas hasse, dann das stundenlange Warten.«

Es gelang mir, alle Treffen an einem Tag zu vereinbaren. Es deprimierte mich immer wieder, wenn ich sehen musste, wie allein schon Jochens Anwesenheit auf muffige, unfreundliche Beamte oder brummige, unwillige Sachbearbeiter und Sachbearbeiterinnen wirkte. Wenn ich ohne ihn kam, ließen sie mich deutlich merken, wie sie sich von mir als Ausländerin – gelinde ausgedrückt – angeödet fühlten.

»Füllen Sie das erst aus, und kommen Sie dann wieder«, gehörte zu den ersten Sätzen, die ich in den deutschen Amtsstuben lernte.

»Da steht alles drin«, lautete die andere Standardformulierung.

Wenn Jochen dabei war, verwandelten sich dieselben lustlosen Zeitgenossen in beflissene Berater, die in Gesetzen, Anweisungen und Verordnungen blätterten und in den Broschüren die einschlägigen Passagen erläuterten. Ab und zu nahmen sie sogar einen Dienstkugelschreiber zur Hand und strichen eigenhändig an, was für mich von Wichtigkeit sein könnte. Dabei sprachen sie ausschließlich mit Jochen – mich behandelten sie einfach wie Luft. Jochen stand nun einmal »Deutsch«, vor allem aber wohl »Presse« auf die Stirn geschrieben. Und in unserer kleinen Stadt kennt ihn fast jeder.

Jochen widerte das sichtlich an.

»Glaub mir, ich schäme mich für diese Typen. Mich macht deren Verhalten richtig wütend«, schimpfte er, als wir nach einem solchen Termin in einem Café saßen.

»Reg dich nicht auf. Letztlich bin ich froh, wenn mir überhaupt geholfen wird.«

»Aber weißt du, warum ich mich so ärgere? Die sind bei einer öffentlichen Institution fest angestellt. Mit Tarifgehalt, mit

Kündigungs- und Krankenschutz, sie bekommen Urlaubsgeld, Weihnachtsgeld, regelmäßige Tariferhöhungen, werden nach Dienstjahren und nicht nach Leistungsnachweis befördert.«

»Ich glaube, sie verdienen nicht einmal schlecht – vor allem wenn ich an die oft erbärmliche Entlohnung der Staatsdiener in der Türkei denke.«

»Die man mit Bakschisch aufbessern muss, wenn man eine gute Behandlung haben will? Oh ja. Vor allem sind ihre Arbeitsplätze sicher. Sie müssen sich keine Sorgen um das Morgen machen. Wer bezahlt ihre Gehälter? Wir. Die Gesellschaft. Der viel zitierte Steuerzahler. Selbst du mit deinen erbärmlichen Einkünften. Welche Gegenleistung können wir dafür erwarten? Eigentlich nur, dass sie ihre verdammte Pflicht und Schuldigkeit erfüllen. Also haben sie die beste Lösung für dich und deine Situation zu finden, und zwar so, wie sie der Gesetzgeber vorgegeben hat. Sie haben dich optimal aufzuklären, zu beraten und dir bei deinen Entscheidungen zu helfen. Und das nicht nur dann, wenn du zufällig einen deutschen Journalisten kennst und ihn zur Beratung mitbringen kannst.«

»Du glaubst gar nicht, wie erniedrigt ich mich fühle, wenn ich sehe, wie sie dich behandeln und im Gegensatz dazu mich, wenn ich allein komme.«

»Ich kann es mir vorstellen, und es deprimiert mich. Aber was kann ich daran ändern? Einerseits fürchten sie die Presse wie der Teufel das Weihwasser. Ich könnte ihnen Druck machen, das wissen sie. Aber sie würden wiederum den Druck postwendend an dich zurückgeben, wenn du nächstes Mal alleine zu ihnen kommst. Sie wissen, dass du sie letztlich brauchst. Damit sitzen sie immer am längeren Hebel. So, nun weißt du, warum ich mich aufrege.«

Jetzt war mir klar, weshalb Jochen die Sachbearbeiter stets mit erlesener, fast schon ironischer Höflichkeit behandelte, eine

Engelsgeduld im Umgang mit ihnen an den Tag legte und die Faust erst dann ballte, wenn wir wieder auf der Straße waren: Er musste sie bei Laune halten, damit sie mir halfen.

Selbstverständlich traf ich gelegentlich auch auf Mitarbeiter, die sich ernsthaft bemühten, mir zu helfen. Einige lernte ich durch Jochen kennen, andere fand ich nach und nach alleine. Manche waren nicht für mich zuständig, gaben mir aber viele nützliche Tipps.

»Ich glaube, ich habe jetzt einen Überblick und weiß, was wir vom Arbeitsamt zu erwarten haben«, bilanzierte Jochen, als wir nach unserem letzten Besuch in ein Café gegangen waren. »Prinzipiell würden sie die Kosten für eine zweijährige Umschulungsmaßnahme übernehmen. Der Traum, auf diesem Weg eventuell den Hauptschulabschluss nachzuholen, ist damit ausgeträumt, selbst wenn der im Rahmen der Berufsförderung angeboten würde, dauert es zu lange. Und unterschätze die Anforderungen einer verkürzten Lehrzeit nicht. Du musst in zwei Jahren das lernen, wozu normalerweise drei Jahre Zeit ist.«

»Davor hätte ich keine Angst, wenn ich in diesen zwei Jahren nicht arbeiten müsste, sondern mich völlig auf die Ausbildung konzentrieren könnte.«

»Das Amt ermittelt deinen Bedarf als alleinstehende Mutter zweier Kinder einschließlich der Miete, und den würde es übernehmen. Angerechnet werden natürlich deine Einkünfte wie Lehrlingsgehalt, Kindergeld und Ähnliches. Wahrscheinlich bekommst du unterm Strich sogar etwas mehr, als du jetzt durch das Arbeitslosengeld und die Sozialhilfe erhältst.«

»Und was muss ich jetzt tun?«

»Du musst eine Lehrstelle für dich finden, deren Abschlussprüfung du schon nach zwei Jahren ablegen kannst. «

»Wo und wie finde ich die?«

Jochen lachte bitter auf und schüttelte den Kopf. »Ja, genau das wird das Problem werden. Auf dem freien Stellenmarkt wirst du keinen Erfolg haben. Ich habe die Internetangebote durchforstet, die uns die Berater beim Arbeitsamt empfohlen haben. Es werden viele Lehrstelle angeboten. Aber ich habe darunter keine einzige gefunden, in der nicht mindestens der Hauptschulabschluss mit ›befriedigend‹ gefordert wird. Meist wollen sie sogar Realschule, also die Mittlere Reife, sehen. Eine Gärtnerei hat eine Lehrstelle für eine Floristin ausgeschrieben, für die sie sogar ein Abitur mit Durchschnittsnote drei als Voraussetzung nennt. So, und jetzt stell dir vor, du wärst der Personalchef. Um jeden Ausbildungsplatz bewerben sich zwanzig, dreißig und mehr Aspiranten mit teilweise tollen Zeugnissen. Wen würdest du aussuchen?«

»Also habe ich keine Chance.«

»Dein Pessimismus hilft uns keinen Schritt weiter. Ich gebe dir ja recht: Auf diesem Weg musst du es nicht einmal versuchen. Aber es gibt noch andere Möglichkeiten. Ich habe übermorgen einen Termin bei Claus Weber, dem Leiter einer Einrichtung der evangelischen Kirche, die es sich zur Aufgabe macht, Jugendliche in deiner Situation auszubilden und ihnen den Eintritt in die Arbeitswelt zu ermöglichen. Wenn ich mit ihm gesprochen habe, sehe ich weiter. Bitte halte dich bereit, es kann sein, dass wir ganz schnell einen Termin bekommen.«

»Die Einrichtung einer christlichen Kirche. Glaubst du allen Ernstes, dass die einer Muslimin helfen werden?«

»Kapier doch endlich, dass du hier in Deutschland lebst, und wirf deine türkischen Vorbehalte über Bord.«

Tatsächlich rief Jochen schon am nächsten Nachmittag an: »Morgen früh um elf sollen wir dort sein. Wir gehen eine Viertelstunde früher hin, dann können wir vorher noch durch die Abteilungen gehen, damit du einen Eindruck gewinnst.«

Was ich dort zu sehen bekam, war imponierend: In einem

vierstöckigen ehemaligen Fabrikgebäude hatten sie zwei Stockwerke belegt. Wir liefen von Raum zu Raum, überall standen Jungs und Mädchen an Drehbänken, Bohrmaschinen, Arbeitstischen, Schraubstöcken.

»Hier werden alle möglichen praktischen Berufe gelehrt. Metallarbeiter, Autoschlosser, Feinmechaniker, Elektriker und so weiter«, erklärte Jochen.

»Das ist ja eine richtige kleine Fabrik, und die sind toll ausgestattet. Stellen die hier irgendetwas her?« Ich war begeistert.

»Das fragen wir am besten den Chef, wenn wir gleich bei ihm sind«, antwortete Jochen.

Claus Weber begrüßte uns freundlich in seinem Büro. Er war einer der wenigen, der sich nicht an Jochen, sondern direkt an mich wandte.

»Sie haben sich mit Jochen schon ein wenig bei uns umgesehen?«

»Ja. Ich bin begeistert. Ist das eine Fabrik, und was stellen Sie her?«

»Wir stellen nichts her, wir bilden aus. Wir arbeiten hier unter anderem wie imaginäre Firmen, die fiktive Aufträge erhalten und sie so wirklichkeitsnah wie möglich abwickeln. Sie können mit einem fiktiven Gewinn arbeiten, aber auch gnadenlos pleite gehen. Wenn wir in diesem Rahmen etwas herstellen, verkaufen wir die Produkte nicht. Den Betrieben in der freien Wirtschaft machen wir keine Konkurrenz. Im Gegenteil: Wir sind darauf angewiesen, beste Kontakte mit ihnen zu pflegen, denn wir wollen ja möglichst vielen nach ihrer Ausbildung Arbeitsplätze besorgen.«

»In welchen Berufen bilden Sie denn aus?«

»Eigentlich in fast allen. Hier lernen unsere Klienten überwiegend metallverarbeitende Berufe. In anderen Städten unterhalten wir noch mehr Einrichtungen wie diese, in denen wir in anderen Berufen ausbilden. Aber ich glaube, es ist besser, wenn ich Ihnen zunächst das Konzept erkläre: Die Zahl der Schulabgänger ohne Abschlussprüfung wird immer größer. Im gleichen Maße schaffen ständig mehr Auszubildende den Abschluss ihrer Lehre nicht. Andere scheitern aus allen möglichen Gründen beim Eintritt ins Arbeitsleben. Denen eröffnen wir die Chance, einen Beruf ihrer Wahl zu erlernen und so doch noch den Weg ins Arbeitsleben zu finden.«

»Das klingt gut. Genau diese Chance suche ich auch.«

»Ich weiß, Jochen hat mich auf Sie vorbereitet. Bitte sagen Sie mir doch ganz spontan, welchen Beruf Sie gern ergreifen würden.«

Jochen klinkte sich ein: »Ich hab mich schon mit Inci darüber unterhalten. Wenn sie eine Ausbildung zur Mediengestalterin machen könnte, würde das ihren Fähigkeiten am nächsten kommen.«

»Sehen Sie das auch so?«, wollte Claus Weber von mir wissen.

»Ja, ich habe auch schon einige Erfahrung am Computer. Ich fände es toll, in einem Beruf arbeiten zu können, in dem ich meine Fähigkeiten einbringe.«

»Gut. Wir haben eine halbe Autostunde entfernt eine Schule, in der wir diesen Beruf ausbilden. Aber Deutsch wäre eines der Unterrichtsfächer, und die Verantwortlichen dort gehen davon aus, dass die Schüler in etwa die sprachlichen und grammatikalischen Kenntnisse der achten Hauptschulklasse einbringen«, gab Claus Weber zu bedenken.

»Erstens kann man alles lernen. Aber das ist nicht mein Argument«, antwortete Jochen und fuhr fort: »Ihr Deutsch ist gut genug, um dem Unterricht weitgehend folgen zu können. Wenn sie etwas nicht versteht, muss sie halt fragen – Lehrer, Mitschüler oder meinetwegen auch mich. Anders sieht es dann in der Praxis aus. Doch es gibt genügend Arbeitsplätze in der

Branche, in der die Mitarbeiter gar nicht in die Textverarbeitung eingreifen müssen, ja es nicht einmal dürfen. Wenn sie die Gestaltungs- und Bildbearbeitungsprogramme beherrscht, kann sie ohne Probleme höchst anspruchsvolle Arbeiten am Computer verrichten, die ein hohes Spezialwissen erfordern.«

»An was denken Sie da«, fragte Weber.

»Nehmen Sie den Umbruchredakteur an einer Tageszeitung oder den Layouter einer Zeitschrift – manche nennen ihn auch ›art-director‹. Der bekommt fertige Texte mit den Überschriften, gestaltet die Seiten und baut sie am Computer zusammen. Wenn sich dann bei einem Artikel fünf Zeilen Überstand ergeben, schiebt er ihn zum Kürzen an den Redakteur zurück. Der würde sich eh beschweren, wenn ein anderer in seinen Text eingreifen würde. Oder nehmen Sie den Bildbearbeiter. Fotos frei stellen, retuschieren, für den Druck vorbereiten, Grafiken und Tabellen anfertigen. Außerdem entwickelt sich das Internet rasant weiter. Hier braucht man programmsichere Gestalter. Bei all diesen Tätigkeiten sind perfekte Sprachkenntnisse sekundär. Inci muss überhaupt nicht in die Texte eingreifen, weil ihr diese wie Bilder zugeliefert werden. Außerdem glaube ich daran, dass ihre Deutschkenntnisse nach zwei Jahren ohnehin kein Thema mehr wären, wenn sie erst einmal Tag für Tag mit Kollegen und Kolleginnen in einem kreativen Beruf arbeiten und sich ergänzend durch Fernkurse in deutscher Grammatik fit machen würde.«

»Das klingt logisch, und was meinen Sie, Frau Y.?«

»Ich habe das schon oft mit Jochen besprochen. Er hat mir auch einiges am Computer gezeigt. Ich lerne solche Dinge schnell. Ich weiß, dass ich es schaffen würde. Ich weiß es. Ich brauche nur die Chance, um es zu beweisen.«

Weber dachte einige Zeit nach und bat mich dann: »Geben Sie mir eine Woche Zeit, ich muss mit verschiedenen Leuten sprechen und sage Ihnen dann Bescheid.«

Als ich danach mit Jochen einen Kaffee trank, wäre ich ihm am liebsten um den Hals gefallen und fing euphorisch an zu schwärmen: »Ich glaub, ich träume. Wenn das wahr werden könnte. Das ist genau das, worauf ich gewartet habe. Was meinst du? Werde ich einmal im Leben Glück haben? Nehmen die mich? Hab ich dem Weber gefallen? Sag doch endlich was!«

»Inci, mach langsam. Freu dich nicht zu früh. Nichts ist schlimmer als falsche Hoffnungen.« Dann sah er die Angst in meinen Augen und fügte beschwörend hinzu: »Claus Weber hast du gewonnen. Du warst gut und überzeugend, und er ist von dir beeindruckt.«

»Wirklich? Aber wenn wir ihn gewonnen haben, ist das auch dein Verdienst.«

Jochen lachte mich an, dann wurde er wieder ernst: »Claus Weber ist die erste Stufe auf der Leiter. Ich glaube, dass er sich bemühen wird. Was er erreicht, lässt sich allerdings nicht voraussehen. Hoffen wir das Beste.«

Gleich zu Beginn der darauffolgenden Woche rief Claus Weber an – mich und nicht Jochen. Der nimmt mich wahr, dachte ich. Und das tat mir ungeheuer gut. Zwei Tage später saßen wir wieder in seinem Büro.

»Es wird sicher nicht einfach für Sie, aber ich glaube, Sie können es schaffen«, sprach er mich direkt an und erklärte, was auf mich zukam: »Im Frühjahr fängt in unserer Schule ein neuer Kurs an. Dieser bietet eine grundlegende Ausbildung zur Mediengestalterin und dauert zwei Jahre. Er ist auch vom Arbeitsamt als förderungswürdig anerkannt.« Er machte eine Pause und sah mich nachdenklich an. Ungeduldig fragte Jochen: »Und, wo ist der Haken?«

»Es ist kein eigentlicher Haken, vorgeschaltet ist ein gründliches Auswahlverfahren: Es wird einen Auswahlkurs von einem

Monat geben, in dem sich entscheidet, wer dann an der eigentlichen Ausbildung teilnehmen kann.«

»Wann fängt das an?«, wollte Jochen wissen.

»Langsam, die Latte für die Auswahlkriterien ist ziemlich hoch gelegt: Zunächst muss Frau Y. eine Vorprüfung bestehen.«

»Um zu dem Auswahlkurs zugelassen zu werden? Wirklich, die Latte liegt hoch.« Jochen zog die Luft zwischen den Zähnen ein und sah mich an.

Ich sah die Zweifel der beiden und wischte sie energisch vom Tisch: »Ich werde an den Prüfungen teilnehmen und sie bestehen. Ich bin noch nicht ein einziges Mal durchgefallen.«

»Diese Energie bewundere ich an Ihnen, deshalb glaube ich auch an Sie«, meinte Claus Weber und sagte mir, wie es weiterging: »Auch bei uns gibt es die unvermeidlichen Formulare. Füllen Sie sie bitte aus und geben Sie sie dann hier in meinem Büro zu meinen Händen ab. Ich werde alles Nötige veranlassen und mich dann bei Ihnen melden.«

Auf der Straße hätte ich tanzen können. Endlich, endlich sah ich das ersehnte Licht am Ende des Tunnels. Ich bemerkte Jochens zweifelnden Blick und lachte ihn an.

»He, du Miesepeter, mach nicht so ein Gesicht. Wir gehen jetzt ins Café und trinken ein Glas Sekt auf den Erfolg.«

Er sagte kein Wort. Ich glaube, er wollte meine gute Laune nicht zerstören.

»Prost, ich will dir noch etwas verraten«, sprudelte es aus mir heraus, als wir anstießen, »ich will mir ein Auto kaufen.«

»Wie denn?«

»Bei einem Autohändler, zu dem viele Türken gehen. Ohne Anzahlung mit ganz niedrigen Raten.«

»Die du wie bezahlst?«

»Mit dem Dispokredit bei der Bank.« Ich sah, wie Jochen die Luft wegblieb.

»Ich bin stumm vor Glück«, brachte er schließlich heraus.

»Lass dich doch nicht so auf den Arm nehmen. Ich weiß schon, was ich mache. Wenn ich in die Schule gehe, brauche ich ein eigenes Auto.«

Jochen unterbrach mich: »Wäre es nicht vernünftiger, Bahn und Bus zu benutzen? Die Verbindungen sind gut!«

»Seit ich im Bus kreuz und quer durch die Türkei gefahren bin, um meine Kinder aus Hikmets Gewalt zu befreien, habe ich mich kein einziges Mal mehr in einen Bus gesetzt. Wenn ich nur dran denke, bekomme ich schon keine Luft mehr.«

Es kam genau, wie ich es mir wünschte: Zur Aufnahmeprüfung fuhr ich – inzwischen mit deutschem Führerschein – im eigenen Auto. Etwa fünfzig Bewerber versuchten sich an den Fragen. Fünfundzwanzig bestanden – ich war dabei.

»Das war die zweite Stufe«, gratulierte mir Jochen, als wir wieder mit einem Glas Sekt auf den Erfolg anstießen, und er versprach: »Wenn du die nächste auch noch schaffst, trinken wir 'ne ganze Flasche.«

»Oder zwei«, ergänzte ich. Dabei vertrage ich Sekt überhaupt nicht.

Ich saß an meinem Computer vor einem riesigen Bildschirm. Um mich herum Kollegen, Kolleginnen, Hektik. Ein Fotograf stürzte auf mich zu, Kameras und Objektive baumelten um seinen Hals, eine schwarze Tasche hing an seiner Schulter. Er warf einen Stapel Fotos auf meinen Tisch, beschwor mich: »Inci, beeil dich, lass uns nicht im Stich, alle warten schon.«

Ich legte Bild für Bild in den Scanner, Kollegen versammelten sich um meinen Bildschirm. »Ja, gut, das nehm ich«, rief der eine, »das will ich haben«, der andere.

»Ich brauche dies hier, aber bitte frei gestellt – und schnell, Inci, wir sind alle unter Druck.«

Ich arbeitete wie besessen, schien vier Hände zu haben. Die Kollegen murmelten bewundernd: »Heute übertrifft Inci sich wieder selbst.«

Der Fotograf sah plötzlich aus wie Jochen. Was sucht der hier? Mit einem Mal sprachen alle türkisch, er auch. Vor dem Fenster spannte sich das blaue Band der Ägäis, durchpflügt von den weißen Spuren ungezählter Schiffe. Der unverkennbare Geruch Izmirs stieg mir in die Nase. Auf den Straßen brodelte die Metropole. Ich fühlte mich toll, war der Mittelpunkt des Geschehens. Alles hing an mir, und ich erledigte es mit links. Das Telefon klingelte. Ich hob ab: »Bildredaktion, Inci, was kann ich für Sie tun?« Niemand antwortete, es klingelte weiter. »Hallo, wer ist da?«

Keine Antwort. Stattdessen dieses Klingeln – monoton, gleichmäßig. Ich schlug die Augen auf, nahm den Hörer ab. Es war Jochen. Und er sprach deutsch.

»Guten Morgen, hast du gut geschlafen? Wir wollten uns treffen, Formulare ausfüllen.«

»Halbe Stunde?«

»Halbe Stunde!«

Ich kann mich an keine Zeit in meinem Leben erinnern, die ich so gespannt, so elektrisiert, so freudig erregt und gleichzeitig so glücklich durchlebt habe, wie die sechs Wochen zwischen der bestandenen Vorprüfung und dem Beginn des einmonatigen Auswahlkurses. Endlich hatte mein Leben eine Perspektive. Endlich konnte ich selbst mein Schicksal in die Hand nehmen. Endlich erlaubte ich mir Träume – nicht nur im Schlaf. Beim Sozialamt, beim Arbeitsamt galt ich jetzt als »gelöster Fall«. Alle waren viel freundlicher zu mir. Vielleicht empfand ich es auch nur so. Das war unwichtig. Ich träumte mit offenen und mit geschlossenen Augen. Und alles, alles, alles in meinem Leben schien rosarot.

»Inci, du hast so viel positives Potenzial, du solltest dich aktiv politisch betätigen«, sprach mich Ute, die Sozialarbeiterin, an.

Auch sie hatte die Veränderung in mir bemerkt. Seit sie uns die Wohnung besorgt hatte, haben wir uns immer wieder getroffen. Sie war es auch, die Jochen und Claus Weber zusammengebracht hatte.

»Wie meinst du das, was könnte ich tun? Ich hab doch überhaupt keine Ahnung von den Verhältnissen hier«, hielt ich ihr entgegen.

»Die Stadtverwaltung hat euer ›türkisches Dorf‹ entdeckt, in dem ja mittlerweile mehr Russen als Landsleute von dir leben. Es soll von der Gemeinde eine große Aktion gestartet werden. Unter dem Arbeitstitel ›Soziale Stadt‹ soll dort die Lebensqualität verbessert werden.«

»Das ist ja prima, aber was kann ich da tun?«

»Wir wollen einen Verein gründen, an den sich Frauen in allen Situationen wenden können, in denen sie Hilfe und Unterstützung benötigen. Du könntest unsere Anlaufstelle für Türkinnen übernehmen. Unsere städtische soziale Wohnungsbaugesellschaft, bei der ich angestellt bin, hat uns ein Appartement zur Verfügung gestellt, in dem wir uns treffen und einrichten können. Wir wissen, dass viele der Frauen unserer türkischen Mieter Schwierigkeiten haben. Doch helfen können wir ihnen nur selten, erstens, weil wir die Sprache nicht beherrschen, aber auch zweitens, weil wir ihre Mentalität nicht kennen und damit ihre Schwierigkeiten nicht verstehen. Deshalb wollen sie mit uns nicht reden – manche von ihnen dürfen es auch nicht. Mit deiner Hilfe könnten wir eine Beratungsstelle für türkische Frauen einrichten, die dann sicher auch von ihnen angenommen würde.«

Ich war Feuer und Flamme. Mein Auswahlkurs begann ja erst in knapp fünf Wochen, also stürzte ich mich mit voller Kraft in die Vereinsarbeit. Fast täglich traf ich mich mit vier deutschen

Frauen, die an dem Projekt mitwirkten. Wir hatten viel Spaß miteinander. Für einen Außenstehenden wäre es sicher lustig gewesen zuzuhören, wenn wir unter uns waren.

Mit Ute verband mich bald ein gutes Verhältnis. Sie überließ vieles, was zu erledigen war, mir. Und fast wie selbstverständlich übernahm ich nach und nach die Führung im Verein.

Als Erstes organisierten wir zum Weltfrauentag einen Protestmarsch. Tagelang diskutierten wir über Inhalte und Ablauf, organisierten bei Sponsoren Farbe und Leinwand und malten unsere Transparente. Für die türkischen Frauen hatte ich mir einen besonderen Slogan ausgedacht. Ehe ich in dem Verein darüber sprach, fragte ich vorsichtshalber Jochen.

»Was hältst du von ›Türkinnen, kommt raus aus eurem Schneckenhaus‹? Es trifft doch genau die Situation, als ich noch als verheiratete türkische Landfrau mit Blümchenrock und Kopftuch in Anatolien lebte. Vielen geht es doch hier auch nicht besser. Ich will sie animieren, sich hervorzuwagen und am Leben teilzunehmen.«

»Alle Achtung, du hast gute Ideen. Es ist gar nicht so einfach, ein so komplexes Anliegen mit einem Satz genau auf den Punkt zu bringen – du hast Talent«, antwortete Jochen. Ich glaube, er war stolz auf mich. Und ich auf mich selbst auch.

Ute hatte einen Namen in unserer kleinen Stadt, außerdem stand ihr die Presseabteilung ihres Arbeitgebers zur Verfügung. Also hatten die beiden Lokalzeitungen schon im Vorfeld über unser Vorhaben berichtet. Wir zogen mit achtzig oder hundert Frauen durch die Hauptstraße. Unsere Transparente hatten wir unter ihnen verteilt. Gemeinsam mit einer Kurdin, die ich flüchtig kannte, trug ich meines mit dem Slogan auf Deutsch und Türkisch. Auf beide Seiten hatte ich eine Schnecke gemalt, die ihre Fühler weit ausstreckt. Diese Zeichnung sollte später zum Logo unserer Aktion werden.

Wir gingen bis zum Rathaus und wurden dort vom Oberbürgermeister und seinen beiden Stellvertretern empfangen. Der OB lobte unsere Initiative, freute sich über den »internationalen Flair, über die kulturelle Vielfalt in unserer Stadt« und wünschte uns viel Erfolg.

Gnadenlose Realität

Voll freudiger Erwartung und äußerst gespannt fuhr ich etwa zwei Wochen später zur Schule. Hatte ich als Kind den Unterricht als »lästige Unterbrechung meiner Freizeit« betrachtet und die Pausenklingel herbeigesehnt, so konnte ich es diesmal kaum erwarten, meine Lehrer und meine Mitschüler kennenzulernen. Ich freute mich auf die neue Herausforderung und rechnete fest damit, hier während der nächsten zwei Jahre den Mittelpunkt meines Lebens zu finden.

An der Tür zum Klassenzimmer sprach mich ein junges Mädchen an: »Hallo, ich bin Acangül, du bist doch auch Türkin?«

»Ja, ich heiße Inci. Wo kommst du her?«

»Ich bin hier im Nachbarort aufgewachsen.« Sie sprach das typische Halbtürkisch der Gastarbeiterkinder. Deutsch beherrschte sie recht gut, aber ich hatte das Gefühl, durchaus mithalten zu können – ihre Grammatikkenntnisse waren besser, dafür verfügte ich über den größeren Wortschatz. Wir waren die einzigen Ausländerinnen unter den Fünfundzwanzig, die die Vorprüfung überstanden hatten. Ich vermied es, mich neben sie zu setzen, denn ich hatte vor, konzentriert am Unterricht teilzunehmen.

Ganz schnell entwickelte ich ein eigenes System, um die vielen neuen deutschen Worte – vor allem die Fachbegriffe aus der Grafiker- und Druckersprache – zu lernen: Während des Unterrichts schrieb ich jedes Wort mit, das ich nicht verstand. Entweder fragte ich den Lehrer nach der korrekten Schreibweise und der Bedeutung, oder ich bat in der Pause eine Mitschülerin um Hilfe. War mir dann immer noch etwas unklar, musste Jochen herhalten. Ich legte einen Ordner an, in den ich alles übertrug – korrekt geschrieben in deutscher und türkischer Version. Die Fachbegriffe konnte ich jedoch meist nicht übersetzen. So gab es erstmals ein Gebiet, auf dem ich mir einen rein deutschen Wortschatz aneignete.

Am Computer konnte mich so schnell keiner schlagen. Mit den gängigen Gestaltungsprogrammen wurde ich rasch vertraut. Die Lehrer bescheinigten mir großes Talent. Ich glaube, dass ich es auf diesem Gebiet mit jedem in der Klasse aufnehmen konnte.

»In meinen Augen sind das die zentralen Kenntnisse, die man euch in dieser Ausbildung vermitteln soll«, machte mir Jochen Mut, denn es fiel mir schwer, den Anforderungen im Deutschunterricht zu entsprechen. Von Grammatik hatte ich einfach keine Ahnung. In diesem einen Monat das zusätzlich nachzuholen, was andere während der gesamten Schulzeit Tag für Tag intensiv gelernt hatten, war mir schlicht und einfach nicht möglich. Grammatik ist für mich nach wie vor ein Buch mit sieben Siegeln.

Ähnlich ging es mir in Mathematik. Auch hier brachten meine Klassenkameradinnen und -kameraden die Grundlagen aus der Schulzeit mit. Für sie bedeutete ein Großteil des Stoffs im Lehrplan eine oft langweilige Wiederholung. Ich dagegen hörte das, worüber sie im Unterricht redeten, zum ersten Mal im Leben. Ich versuchte alles, um zu verstehen, um was es ging – dabei konnte mir sogar Sila Nachhilfe geben, die ja diese Dinge in der Schule lernte. Eigentlich sollte ich ihr ja helfen können. Ich schämte mich, wenn sie wieder einmal mit geringem Erfolg versuchte, mir etwas zu erklären.

Je weniger ich davon verstand, desto intensiver stürzte ich mich auf die Fächer, in denen ich glänzen konnte und meine Chance im späteren Berufsleben sah. Dabei beutete ich auch Jochens Fachkenntnisse hin und wieder schamlos aus.

»Jochen, was ist ein Flyer?«

»Das ist ein kleiner, leichter Prospekt, ein Flugblatt. Viele Flyer haben die Größe einer Schreibmaschinenseite, die ein- oder zweimal gefaltet wird.«

»Kannst du mir erklären, wie man einen Flyer im Computer anlegt?«

»Na klar. Komm, ich zeig's dir.« Jochen hatte mir einen Computer besorgt und mit der Bemerkung: »Das ist eine ganz alte Kiste, aber zum Üben tut sie's«, ins Wohnzimmer gestellt. Ihm verdankte ich auch, dass ich mit den Programmen arbeiten konnte, die wir in der Schule verwendeten.

Jochen erklärte mir alles und ließ es mich selbst machen. So verstand ich auf Anhieb, wie die Seiten angelegt werden müssen, und lernte mit Fachbegriffen umgehen und ihren Sinn verstehen, die für mich vor wenigen Tagen noch »böhmische Dörfer« gewesen waren.

»Ich brauche dich noch ein paar Minuten«, bat ich ihn. »Ich möchte morgen auf dem Schulcomputer einen Flyer für Utes Frauenverein gestalten.«

»Hast du denn überhaupt noch Zeit für so etwas?«

Ich merkte sofort, worauf Jochen hinauswollte, und erwiderte: »Du brauchst keine Angst zu haben, dass ich darüber die Schule vernachlässige. Hier schlage ich doch zwei Fliegen mit einer Klappe: Ich erstelle eine freie Gestaltung für die Schule und kann sie für den Verein nutzen.«

»Das leuchtet mir ein. Ich würde ihn so anlegen.« Er nahm einen Bogen Briefpapier, faltete ihn so, wie er es mir gesagt hatte, und skizzierte seine Ideen flüchtig mit einem Bleistift.

»Auf die Titelseite kommt dein Logo und der Schneckenhaus-Slogan. Sonst nichts. Auf der ersten Innenseite erklärst du kurz und knapp, wofür euer Verein steht. Auf der großen Innenseite präsentierst du eure Lösungsansätze. Und auf die Rückseite kommen die Sponsoren und Kontaktdaten. Leg noch eine Farbe unter die Seiten und vergiss nicht, drei Millimeter Anschnitt zu berücksichtigen, wie ich es dir gezeigt habe.«

»Okay.«

»Denk vor allem bei der Farb- und Schriftwahl daran, dass es von Frauen für Frauen entworfen wurde. Lass dir was einfallen.«

Drei Tage später konnte ich ihm das Ergebnis am Bildschirm präsentieren. Er war begeistert.

»Das sieht richtig gut aus. Es gibt ein paar Kleinigkeiten, die du noch nicht siehst. Aber das lernst du schnell. Ich finde außerdem die Farben toll, die du kombiniert hast. Auch mit der Schrift bin ich einverstanden.«

»Was ist mit den Texten?«

»Inhaltlich sind sie in Ordnung. Man kann ihnen trotz deiner Schreibweise eine entfernte Ähnlichkeit mit der deutschen Sprache nicht absprechen. Teilweise klingt es so lustig, dass ich es am liebsten so stehen lassen würde. Es ist ja von einer Türkin für Türkinnen geschrieben worden. Aber wahrscheinlich würde das niemand verstehen.«

»Hab ich die Seiten richtig angelegt?«

»Ja, das stimmt alles.«

»Man könnte es also so drucken?«

»Wenn die Texte korrigiert sind und du die Druckerei bezahlen kannst.«

Ich fühlte mich rundum glücklich. Wenn du das jetzt schon verstanden hast, dann kann mir nach zwei Jahren Ausbildung eigentlich nichts mehr passieren, redete ich mir ein.

Wenige Tage später rief Ute an: »Am Samstagvormittag um elf veranstaltet die ›Soziale Stadt‹ in der Turnhalle der Siedlungsschule eine Bürgerversammlung. Ich hab die anderen im Frauenverein schon verständigt. Bitte kommt möglichst alle mit.«

Als wir auf der Versammlung ankamen, verschlug es mir fast die Sprache: Über dreihundert Bürger füllten die Halle. Mit einem derartigen Interesse hatte ich nicht gerechnet. Ute ging mit uns nach vorne ans Podium, wo wir allen, die in unserer kleinen Stadt Rang und Namen hatten, gegenübersaßen. Hinter dem Podium standen Schautafeln, auf denen die Problemzonen des Stadtteils dargestellt waren und Lösungsansätze vorgestellt wurden.

»Keine Angst, ihr müsst nichts sagen, ich möchte nur, dass unser Frauenverein präsent ist«, beruhigte uns Ute, als sie sah, dass einige von uns zögerten, sich der Öffentlichkeit zu stellen. Ich hatte keine derartigen Vorbehalte und beobachtete das Geschehen mit großem Interesse.

Nachdem der Oberbürgermeister die Versammlung begrüßt hatte, erläuterten seine Referenten anhand der Schautafeln das Vorhaben der Stadt. Danach ließen der für Kultur und Bildung zuständige Bürgermeister und der Chef des Bauamts ihre Pläne per Computer und Beamer auf eine große Leinwand projizieren. Ich kannte das Programm, mit dem diese Präsentation erstellt worden war, und konnte damit umgehen. So langweilig hätte man das alles nicht darstellen müssen, dachte ich im Stillen und hatte ein Bündel von Ideen im Kopf, wie man es anschaulicher und lebendiger hätte machen können.

In der folgenden Diskussion beschwerten sich viele Bürger über Schwierigkeiten, die sie mit Türken hätten. Ich wartete darauf, dass jemand etwas dazu sagte, aber alles blieb offen im Raum stehen.

Dann meldete sich jemand und klagte: »Offensichtlich verursachen die Türken hier eine Menge Probleme. Jetzt, wo Gelegenheit bestünde, darüber zu reden, ist keiner von ihnen da.«

Da platzte mir der Kragen. Ich stand auf und rief ihm eine Nuance zu scharf zu: »Ich bin Türkin, und ich bin hier! Wenn Sie einen Ansprechpartner suchen, stehe ich Ihnen zur Verfügung.«

Tobender Beifall und dann Schweigen. Alle schienen zu erwarten, dass ich jetzt eine Rede halte. Mir rutschte das Herz in die Hose, denn darauf war ich nicht vorbereitet. Kurz und bündig fügte ich hinzu: »Viele Türken können nicht lesen und schreiben. Manche, vor allem die Frauen, sprechen nur wenig oder überhaupt kein Deutsch. Wie sollen diese mit Ihnen Kontakt aufnehmen? Sie lesen keine deutschen Zeitungen. Woher sollen sie von dieser Veranstaltung wissen? Hier müssen Sie ansetzen. Daran, das zu ändern, muss gearbeitet werden.«

Dann sagte ich noch »danke« und setzte mich wieder.

Nach der Versammlung wurde ich bestürmt. Ein Mitarbeiter des Arbeitsamtes stellte sich vor, wollte mit mir reden, Elternvertreter, die beiden Schulleiter und Lehrer von den beiden Siedlungsschulen folgten seinem Beispiel. Sie alle klagten über Schwierigkeiten mit den Türken, erkundigten sich über Möglichkeiten der Annäherung. Der Leiter des Bauamtes, der während der Diskussion neben dem Oberbürgermeister auf dem Podium gesessen hatte, kam auf mich zu und sagte: »Bitte rufen Sie morgen in meinem Büro an und vereinbaren Sie einen Termin für ein Gespräch. Wir brauchen Sie in diesem Projekt.« Als er sich verabschiedete, drückte er mir seine Visitenkarte in die Hand.

Er begrüßte mich sehr herzlich. Wir diskutierten, wie wir den Kontakt zu der türkischen Gemeinde verbessern könnten, und planten, eine Arbeitsgruppe einzurichten und eine Gesprächsrunde mit Türken zu organisieren. Ich würde die Einladungen übersetzen würde, und war, wenn die Runde zustande kam, als Dolmetscherin vorgesehen.

Ich fühlte mich wohl, und es tat mir gut, dass wir uns auf gleicher Augenhöhe trafen. Ich merkte, dass ich ernst genommen wurde, selbst wenn mein Gegenüber anderer Meinung war. Und ich freute mich darüber, dass ich konträren Meinungen etwas entgegenzusetzen hatte und ihnen standhalten konnte.

Schließlich erzählte ich, dass ich gerade zum ersten Mal in einer Schule ernsthaft am Unterricht teilnahm und alles versuchte, um den Stoff zu verstehen und weitermachen zu können. Sie reagierten prima. Karl, der Leiter des Bauamts, beschwor mich: »Inci, wir sind froh, dass Sie bei uns mitarbeiten. Doch ich bitte Sie um eines: Vergessen Sie vor lauter Spaß an Ihrer ehrenamtlichen Arbeit bei uns nicht, dass Ihr Erfolg an dieser Schule über Ihr zukünftiges Leben bestimmt.«

»Sie können sicher sein, dass ich weiß, um was es geht. Ich tue alles, wirklich alles, um dort zu bestehen«, versicherte ich ihm.

Das waren keineswegs leere Worthülsen. Ich strengte mich wirklich an. Mein Ordner mit den Fachausdrücken und den mir bisher fremden deutschen Worten wuchs und wuchs. Nicht dass ich es dabei beließ, ihn zu füllen, ich paukte jeden Tag mindestens eine Stunde und konnte bestimmt achtzig Prozent der Begriffe jederzeit aus dem Gedächtnis abrufen. Mein Sorgenkind blieb nach wie vor die Mathematik, aber bei der Arbeit am Computer, im Umgang mit den Gestaltungsprogrammen und vor allem im kreativen Bereich konnte ich es mit jedem aufnehmen.

»Darauf kommt es an«, beruhigte mich Jochen, »selbstverständlich müssen wir in unserem Beruf auch rechnen können, die Mathematikkenntnisse jedoch, die wir in der Praxis brauchen, beschränken sich fast ganz auf die Grundrechenarten. Was du wirklich brauchst, lernst du im Unterricht und später während der Arbeit. *Learning by doing* – Lernen durch Tun.«

214

Am Nachmittag vor dem letzten Schultag saßen wir im Café. Morgen würden wir die Ergebnisse unserer Anstrengung erfahren. Jochen versuchte alles, um meine Nervosität zu dämpfen. Also fuhr ich am nächsten Morgen gut gelaunt los.

Der Absturz dauerte nur einige Sekunden.

»Inci, das wird nichts. Mit Ihren Deutsch- und Mathematikkenntnissen würden Sie den Ausbildungslehrgang in Mediengestaltung nicht bestehen.«, eröffnete mir unser Klassenlehrer.

Eine eiskalte Faust umklammerte mein Herz, und ich stammelte: »Wie meinen Sie das?«

»Sie haben den Vorkurs nicht bestanden. Wir werden Sie nicht in den Hauptkurs übernehmen.«

»Aber Sie wissen doch, wie viel Deutsch ich allein in diesem einen Monat gelernt habe. Wenn ich ein Jahr weitermache, bin ich sicher, auch in Deutsch die Prüfung zu bestehen.«

»Sie haben zwar viele Worte gelernt, aber ihre Grammatikkenntnisse tendieren gegen null.«

»Ich nehme Unterricht und hole das nach. Wie soll ich das in einem Monat schaffen? Ich brauche nur mehr Zeit.«

»Da sind wir anderer Meinung«, wehrte er ab und gab mir mein Versagen schriftlich.

Die Einzige, die außer mir genauso betreten im Klassenzimmer stand, war Acangül, meine türkische Klassenkameradin. Auch sie war durchgefallen. Alle anderen hatten bestanden.

Ich kann mich nicht mehr daran erinnern, wie ich nach Hause gekommen bin. Ich muss wohl Jochen angerufen haben. Als ich aus meiner Erstarrung erwachte, saß ich wortlos mit ihm in meiner Küche. Unaufhaltsam stieg die Wut in mir auf. Ich funkelte ihn an.

»Da siehst du, was du von deiner christlichen Einrichtung zu halten hast. Die Einzigen, die aussortiert wurden, sind die beiden muslimischen Frauen. Alle anderen haben bestanden. Selbst die, die keinerlei Gefühl für Gestaltung mitbringen, oder die, bei denen der Verdacht aufkam, dass sie mit dem Kurs lediglich die Zeit totschlagen und ihn als Alibi benutzen, um die Zuschüsse vom Staat einzustecken.«

Ich habe Jochen selten sprachlos gesehen. Aber jetzt saß er nur da, schüttelte immer wieder den Kopf, war unfähig, auch nur ein Wort zu sagen. Nach einigen Minuten richtete er sich kerzengerade auf seinem Stuhl auf und sagte: »Ich werde sofort hinfahren und mit denen reden.«

»Das kannst du dir sparen. Da ist keiner mehr. Sie sind alle in die Ferien gefahren.«

Er rief Claus Weber an, diskutierte eine ganze Weile mit ihm, legte schließlich auf, ballte die Fäuste und murmelte vor sich hin: »Nichts als Ausflüchte, Ausreden, leeres, wertloses Blabla.«

Später erfuhr Jochen, dass Claus Weber zu dieser Zeit bereits einen Vertrag mit einer anderen gemeinnützigen Organisation in der Tasche hatte. Nur wenige Wochen später wechselte er in deren Geschäftsführung.

»Inci, was jetzt?« Fragend schaute mich Jochen an.

»Das war's«, antwortete ich resigniert.

»Nein, das war's noch nicht. Aber ich muss nachdenken«, widersprach er trotzig.

Er ging und ließ mich mit der größten Enttäuschung meines Lebens zurück. Zum ersten Mal war es mir nicht gelungen, ein gestecktes Ziel zu erreichen. Jetzt stand ich wirklich auf der Straße. Am liebsten hätte ich mich zu Hause eingeschlossen und niemanden mehr an mich herangelassen. Aber das ging nicht. Ich war brutal abgestürzt, hart aufgeschlagen und lag halb tot am Boden, aber liegen zu bleiben konnte ich mir nicht leisten. Wovon sollten wir leben?

Mir stand der unangenehmste, blamabelste und peinlichste Rundgang bevor, den ich mir denken konnte: Die Mitarbeiter beim Arbeitsamt, beim Sozialamt und bei allen anderen Stellen mussten informiert werden, dass der »Fall Inci« nicht mehr abgeschlossen, sondern erneut akut geworden war, weil ich die Prüfung nicht bestanden hatte. Ich hing ja an deren Tropf, weil ich im vergangenen Monat bei allen Arbeitsstellen aufgehört hatte. Bei null angekommen musste ich meine Zukunft ganz neu aufbauen.

Kader rief mich an: »Inci, hast du bestanden?«

»Nein, die haben mich nicht genommen.«

»Das darf doch nicht wahr sein.«

»Doch. Acangül und mich – die einzigen beiden Türkinnen – haben sie geschasst. Alle sonst haben bestanden.«

»Was sagt Jochen dazu? Weiß er es schon?«

»Ja, er war bis vor wenigen Minuten noch da. Ich habe ihn selten so wütend und gleichzeitig so hilflos gesehen.«

»Und jetzt?«

»Kader, ich weiß es nicht. Ich fühle mich leer, ausgebrannt, nutzlos und völlig überflüssig.«

»Inci, willst du dich dennoch weiter in diesem Frauenverein engagieren?«

Ach ja, die gibt's ja auch noch, schoss es mir durch den Kopf. In der vergangenen Woche hatte die Stadt zu einem dreitägigen Arbeitsausflug eingeladen. Jetzt war alles plötzlich so weit weg.

»Ja, ich bin noch dabei«, bestätigte ich Kader, »aber wahrscheinlich werde ich aufhören.«

»Hoffentlich nicht!«

»Warum? Ich hab nicht die geringste Lust mehr.«

»Inci, bleib unbedingt dabei. Das hat dir doch so viel Spaß gemacht und so viel Selbstvertrauen gegeben.«

»Du hast ja recht. Das war eine der bisher schönsten Erfahrungen in meinem Leben. Aber ich muss jetzt erst einmal wieder zu mir kommen.«

»So gefällst du mir schon besser. Ich hab da einen konkreten Fall, bei dem du helfen kannst. Ich melde mich damit in der nächsten Woche wieder.«

»Danke. Das ist besser so.«

Ute rief noch an und Papa. Ich war aber so deprimiert, dass ich mich an die Gespräche heute nicht mehr erinnern kann.

Ein paar Tage später besuchte ich Kader. Wir saßen im Wohnzimmer, die Kinder spielten in ihrem Zimmer. Ich griff das Thema wieder auf.

»Erzähl mir von dem Fall, bei dem ich helfen kann.«

»Paksoy und seine Frau Ögünc sind weitläufige Verwandte von uns. Sie wohnen seit Kurzem in deinem ›türkischen Dorf‹, wie du es immer nennst. Paksoy kann einen Vollzeitjob in der Industrie bekommen, wenn er so schnell wie möglich Deutsch lernt. Er weiß nicht, wohin er sich wenden soll. So stelle ich mir den typischen Fall vor, bei dem euer Verein helfen kann.«

»Ja, das sehe ich auch so.« Ich ließ mir die Anschrift und die Telefonnummer geben. Zuerst rief ich Ute an, erzählte ihr von den beiden und fragte nach Adressen, an die sich Paksoy wenden könnte. Ich merkte es Utes Stimme an, wie sehr sie sich freute, dass ich mich doch nicht ganz in meinem Schmerz vergraben hatte und wieder aktiv werden wollte. Am nächsten Morgen brachte sie mir eine Liste.

Ich erreichte Paksoy gleich danach und erzählte ihm von dem Verein, den wir gemeinsam mit der Stadt gegründet hatten, und dass er so schnell wie möglich an einem Deutschkurs teilnehmen müsse. Und ich bot ihm an, mit den entsprechenden Informationen zu ihm nach Hause zu kommen.

Wir vereinbarten einen Termin am nächsten Nachmittag. Paksoy und die hochschwangere Ögünc begrüßten mich freundlich. Wir setzten uns in die Küche, in einem Krabbelstall turnte ihr Kind herum. Wir tauschten die üblichen Formalitäten, tranken den obligatorischen Tee, ich stellte unseren Verein vor und erklärte den beiden, welche Möglichkeiten offenstünden, damit Paksoy schnellstmöglich Deutsch lernte, und was sie tun müssten, damit er den entsprechenden Kurs belegte. Dann schrieb ich ihnen meine Adresse und Telefonnummer auf, versicherte ihnen, dass sie mich jederzeit erreichen könnten, wenn sie weitere Fragen hätten, verabschiedete mich und fuhr heim.

Es dauerte keine Stunde, da rief Paksoy an: »Inci, stellen Sie sich vor, was passiert ist: Kaum waren Sie gegangen, da ist meine Frau über mich hergefallen und hat mich übel beschimpft. Ich hätte ein Verhältnis mit Ihnen. Ich hätte Sie nur eingeladen, weil ich Ihnen meine Wohnung hätte zeigen wollen. Sie ist richtig hysterisch geworden, hat versucht, mich zu schlagen, ist schreiend durch die Wohnung getobt, hat Geschirr an die Wand geworfen, und schließlich hat sie unser Kind genommen und ist zu ihrer Mutter gegangen. Sie will sich scheiden lassen. Was kann ich nur tun?«

Zunächst brachte ich kein Wort heraus. Dann versuchte ich, ihn zu beruhigen.

»Das ist doch absurd. Ich werde Ute, die Leiterin unseres Vereins, verständigen. Sie wird Ihrer Frau bestätigen, dass ich im Auftrag der Stadt zu Ihnen gekommen bin.«

»Ich glaube nicht, dass das reicht.«

»Meine Freundin Kader kann bezeugen, dass sie mir erst vor zwei Tagen von Ihnen und Ihrem Problem erzählt hat, dass ich Sie vorher gar nicht gekannt habe.«

Ich hörte die Angst in seiner Stimme, als er mich anflehte: »Bitte versuchen Sie alles. Ich möchte meine Frau und meine Kinder nicht verlieren.«

Sofort verständigte ich Ute und Kader. Kader versuchte sofort, Ögünc zu erreichen. Vergebens. Sie fuhr sogar zu ihr in die Wohnung und landete bei Ögüncs Mutter, die ihre Tochter hermetisch abschirmte. Sie rief mich gleich danach aufgebracht an:

»Du, das ist hoffnungslos. Die Mutter gibt jetzt den Ton an. Eine Stunde lang musste ich mir anhören, welch unmoralische, verkommene, hinterlistige Frau du bist. Sie hat die alte Lügengeschichte um dich und deinen Verlobten wieder ausgegraben.«

»Das war doch vor fast fünfzehn Jahren. Hört das denn niemals auf?« Ich hatte gehofft, dass sich diese Verhältnisse seitdem wenigstens ein Stück weit geändert haben. Aber die Zeit steht offenbar still. Paksoy hätte sich niemals von einer Türkin helfen lassen dürfen. Ich hätte es wissen können. Dahinter stecken über Jahrhunderte gewachsene Denkmuster, die wir so schnell nicht aufbrechen. Ute enttäuschte mich maßlos. Sie unternahm überhaupt nichts. Wenn sie bezeugt hätte, dass ich im Auftrag der Stadt gehandelt hatte, hätte sie die Folgen wahrscheinlich verhindern können.

So folgte eine Hexenjagd ohnegleichen, die sich wie ein Flächenbrand in der gesamten türkischen Gemeinde ausbreitete. Als hätten alle nur darauf gewartet, dieser Inci etwas am Zeug flicken zu können. Dieser geschiedenen, männermordenden Inci, die immer schon gegen die Gesetze türkischer Moral verstoßen, die sich von ihrer Familie losgesagt hatte, selbst Vater und Mutter ignorierte, lieber mit Deutschen paktierte. »Halb nackt« – gemeint war ohne Kopftuch und Blümchenrock – sei ich bei meinem Geliebten aufgetaucht, und die arme hochschwangere Ögünc hätte vor Schmerzen fast ihr Baby verloren. Für Ögünc gebe es keinen anderen Ausweg, mit dem sie ihre Ehre wiederherstellen konnte, außer einer Scheidung.

Tag und Nacht erhielt ich Anrufe mit den übelsten Beleidigungen, den obszönsten Angeboten. Auch per SMS traf Nachricht über Nachricht ein. »Miese Nutte und Dreckshure« waren noch die zahmsten Ausdrücke, mit denen ich belegt wurde. Auf der Straße sahen Leute durch mich durch, als sei ich aus Glas, die mich vor Tagen noch freundlich gegrüßt und sich immer gern für ein paar Minuten mit mir unterhalten hatten.

Ich hatte davon geträumt, durch politisches Engagement Brücken zwischen Türken und Deutschen schlagen zu helfen. Innerhalb von drei Tagen war mein Traum mir zwischen den Fingern zerronnen.

Paksoy und Ögünc wurden später tatsächlich geschieden. Die Kinder erhielt die Mutter zugesprochen. Paksoy hatte keine Chance. Bis heute frage ich mich: Wer hat das Scheitern dieser Ehe in Wirklichkeit verschuldet?

Zerplatzte Träume

Ganz unten

So war mein Traum von einer erfolgreichen und glücklichen Zukunft jäh geplatzt. Beides, meine Anstrengungen, im Beruf den Anschluss zu finden, und mein privates Engagement, hatten in einem Fiasko geendet. Plötzlich und unerwartet innerhalb einer Woche. Ich fiel in eine tiefe Depression. Vier Tage lang dämmerte ich apathisch im Bett vor mich hin. Sila und Umut verhielten sich phantastisch. Meine Traurigkeit blieb ihnen nicht verborgen, und sie versorgten sich alleine, gingen zur Schule, setzten sich ohne zu fragen an ihre Hausaufgaben.

Jochen kam vorbei, versuchte, mich mit ungebrochener Zuversicht aus dem Schwarz meiner Gedanken zu reißen: »Inci, dein Leben ist doch nicht zu Ende, es ist ein Einschnitt – zugegeben, es ist ein gravierender Einschnitt. Aber erst wenn du dich aufgibst, hast du wirklich verloren.«

»Was bleibt jetzt überhaupt noch für mich übrig?«

»Lass mich einen großen Politiker zitieren: Als Frankreich im zweiten Welkrieg geschlagen war, sagte Charles de Gaulle im Exil den klassischen Satz: *Nous avons perdu une bataille, pas la guerre* – Wir haben eine Schlacht verloren, nicht den Krieg.«

»Was hat das mit mir zu tun?« Eigentlich ging alles, was Jochen sagte, an mir vorbei. Ich zwang mich aber, ihm dennoch zuzuhören. Ich wollte ihn nicht verärgern. Was würde aus mir werden, wenn ich ihn auch noch verlieren würde?

»Was das mit dir zu tun hat? Es liegt doch auf der Hand. Du kannst das Negative in deinen Erfahrungen akzeptieren, daraus lernen und es dann ganz schnell ad acta legen. Auf das Positive baust du neu auf.«

Du hast gut reden, dachte ich und fragte ihn laut: »Willst du mir etwa weismachen, dass es irgendetwas Positives gibt, das ich aus dieser Sache mitnehmen könnte?«

Jochen antwortete in fast heiterem Ton, für den ich ihn hätte umbringen können: »Aber ja. Zuallererst doch die Erfahrung, dass du selbst solche Nackenschläge einstecken kannst, ohne daran zu zerbrechen. Lass mich weiterreden«, bat er mich, als ich ihn unterbrechen wollte. »Außerdem hast du herausgefunden, wie es nicht geht – und das in relativ kurzer Zeit. Stell dir vor, du hättest noch ein Jahr oder mehr an diese Fehleinschätzung verschwendet.«

»Das mag ja sein. Ich frag dich aber noch einmal: Was nutzt es mir?«

»Darf ich noch einmal den General bemühen? Was war für ihn das Negative? Frankreich und England waren vorerst geschlagen. Welches aber war der positive Effekt, den er und seine Verbündeten aus dem Geschehen mitnehmen konnten?«

»Ich weiß nicht. Eine Schlacht zu verlieren kann doch nichts Positives haben. Und bei mir waren es sogar zwei, beide von entscheidender Bedeutung. Was soll jetzt noch kommen?«

»Genau gegen diese Art zu denken hat sich de Gaulle gewehrt. Kapituliert hatten England und Frankreich nicht. Zugegeben, sie hatten eine vernichtende Niederlage erlitten. Aber daraus hatten sie doch gelernt. Die bittere Erfahrung hieß, dass selbst die beiden Verbündeten gemeinsam damals dem hoch gerüsteten Deutschland nichts entgegenzusetzen hatten. Aber auf der Grundlage der dabei gewonnenen Erfahrung waren sie in der Lage, eine neue Strategie zu entwickeln, in der sie alle Erkenntnisse berücksichtigten, die sie gewonnen hatten. So hatten sie auf jede Situation die passende Antwort. Der Erfolg ist bekannt.«

»Du willst mir also sagen, dass ich aufhören soll herumzujammern und mich stattdessen auf die Zukunft konzentrieren muss?«

»Genau. Ich wusste ja, dass du schnell verstehst. Schmerz darf man nicht verdrängen, man muss ihn bewältigen. Das ist wichtig. Aber du versuchst, deinen Schmerz in Selbstmitleid zu ersticken. Das ist tödlich.«

Eigentlich sollte ich jetzt beleidigt sein, sagte ich mir. Um ihn zu beruhigen, ging ich aber auf ihn ein: »Was sollen wir also tun?«

»Nicht wir, du. Du musst zum Arbeitsamt gehen und zum Sozialamt. Das ist ganz wichtig, denn die müssen erfahren, was geschehen ist. Wovon willst du leben, wenn sie die Zahlungen einstellen?«

»Du gehst nicht mit?«

»Die würden sich unter Druck gesetzt fühlen, wenn du von vornherein mit mir auftauchst. Ich gehe selbstverständlich dann mit, wenn es nötig wird.«

Es kam viel schlimmer als erwartet. Besser gesagt: Schlimmer hätte es nicht kommen können. Mein Verhältnis zu den Sachbearbeitern auf den verschiedenen Ämtern hatte sich ja gerade etwas normalisiert. Sie hatten erkannt, dass ich mich intensiv darum bemühte, aus der Sackgasse herauszukommen. Ihr Ton war etwas respektvoller geworden, und ich hatte das Gefühl, dass sie sich wirklich um mich bemühten – ohne dass Jochen dabei war.

Als ich jetzt mit leeren Händen zurückkam, reagierten sie so, als ob ich alles nur inszeniert hätte, um weiter auf Kosten des Staates zu leben. Ich konnte es ihnen nicht einmal verdenken, denn ich hatte ja in der Schule gesehen, dass etliche meiner Klassenkameraden genau mit dieser dreisten Masche reisten. Jetzt war wieder alle Höflichkeit von ihnen gewichen. Sie behandelten mich von oben herab mit einer Überheblichkeit, die kaum zu überbieten war. Niemand kam auch nur auf die Idee, mir dabei zu helfen, vielleicht doch noch etwas Adäquates für mich zu finden, mir Wege zu zeigen, wie ich vielleicht doch noch aus dem Loch herauskommen könnte, in dem ich mich befand.

»Jetzt müssen Sie nehmen, was wir Ihnen anbieten«, bekam ich von der Frau auf dem Arbeitsamt zu hören.

»Wir schicken Sie zum Unkraut Jäten in den Stadtpark«, drohte der Sachbearbeiter im Sozialamt.

Gleich nach zwei, drei Tagen erhielt ich vier Briefe vom Arbeitsamt. Das sind ja alles Putzstellen, dachte ich enttäuscht, die glauben offensichtlich, dass Türkinnen oder Ausländerinnen generell zu nichts anderem geeignet sind. Bin ich nach Deutschland gekommen, um so zu enden? Sind wir nicht mehr wert?

Fast täglich erhielt ich »amtliche« Post. Es waren durchweg Angebote als »Raumpflegerin«, wie es fast schon zynisch auf Deutsch heißt. Einmal fand ich die Ausschreibung für eine Bedienung in einem Biergarten. »Arbeitszeit saisonbedingt und je nach Wetter.« Ich bemühte mich dort zwei Tage lang. Wir mussten große Strecken mit den schweren Tabletts laufen, auf dem Weg zum Ausschank auch noch über zwölf Stufen. Schon nach einer Stunde schlugen meine Schmerzen so brutal zu, dass ich fast umgefallen wäre. Wahrscheinlich lief ich zu langsam, um dem Anspruch des Wirts und seiner Frau genügen zu können, vielleicht konnten die beiden am zweiten Tag mein vom Schmerz versteinertes Gesicht nicht mehr ertragen, jedenfalls bestellten sie mich für den dritten Tag nicht mehr ein.

Die Ämter, die Wohnungsbaugesellschaft, die Stadtwerke bombardierten mich dagegen fast täglich mit Briefen, Mahnungen,

Fragebogen und seitenlangen Formularen. Mir wurde das alles zu viel. Unfähig, auch nur eines ihrer Kuverts zu öffnen, legte ich sie alle nacheinander so, wie sie im Briefkasten lagen, in einen Karton. Meine Gedanken kreisten um ein einziges Thema: Ich will raus aus diesem Dilemma, ich bin jung, will leben, kann hart arbeiten, habe Talent – und werde immer nur zum Putzen geschickt.

Ich ging auf Tauchstation, trat keinen Schritt mehr vors Haus, außer um Lebensmittel für die Kinder einzukaufen. Ich fiel zurück in tiefste Schwermut. Nichts und niemand konnte mich mehr erreichen. Mein Selbstbewusstsein lag in Stücke geschlagen auf dem Boden, die Lust am Dasein war mir verloren gegangen, und ich konnte den Sinn meines Lebens nicht mehr erkennen. Ich kann mich nicht mehr erinnern, wie lange dieser Zustand dauerte. Vielleicht vier, sechs Wochen, vielleicht länger. Ich weiß nicht, wie ich diese Phase überstanden hätte, hätten mir Sila und Umut mit ihrer Liebe nicht so deutlich gezeigt, wie wichtig ich für sie war. Es war Umut, der mich schließlich aufweckte und aus der Lethargie riss: »Mama, es ist nichts mehr zu essen da. Ich hab Hunger, Sila auch. Wann kochst du wieder etwas?« In den letzten Tagen hatte ich ihnen aus Wasser, Mehl und Eiern Pfannkuchen gebacken. Jetzt war das Mehl alle, und die Eier auch.

Wir fuhren zusammen zum Supermarkt, packten einen ganzen Einkaufswagen voll – und mussten ihn wieder ausladen. Meine Euroscheckkarte war gesperrt. Bargeld hatte ich keines mehr. In einem peinlichen Spießrutenlauf brachten wir alles zurück, vorbei an den langen Schlangen vor den Kassen.

Ich rief Kader an: »Kannst du mir etwas Geld leihen?«

»Wie viel?«

»Zweihundert Euro?«

»Natürlich, kommst du vorbei?«

»Ich glaube, mein Benzin reicht nicht.«

»Gut, ich komme zu dir.«

Wir konnten uns aufeinander verlassen. Immer. In umgekehrter Situation wäre ich für sie auch da gewesen. Von Jochen habe ich mir prinzipiell kein Geld geliehen, außer zwei, drei Mal kleinere Summen, wenn ich wusste, dass ich sie ihm am nächsten Tag zurückgeben konnte.

Auf dem Heimweg druckte ich mir zum ersten Mal nach fast zwei Monaten wieder meine Kontoauszüge aus und erschrak. Die Ämter hatten die Zahlungen schon vor Wochen eingestellt. Mit über fünftausend Euro stand ich im Minus. Kein Wunder, dass die Bank die Karte gesperrt hatte. Es ist mir bis heute ein Rätsel, warum sie überhaupt so lange mitgemacht haben. Mir stand ein Dispositionskredit von zweitausend Euro zur Verfügung, und sie kannten meine berufliche Situation.

Mit Kaders Hilfe würde ich heute wenigstens den Kühlschrank wieder füllen können. Ich konnte deutlich sehen, wie sie erschrak, als sie meine Wohnung betrat. Sie kannte mich gut, sah auf den ersten Blick, was mit mir los war, und beschwor mich eindringlich: »Inci, du bist am Boden, ich weiß. Das ist schlimm. Aber eines kannst du dir nicht leisten: liegen zu bleiben. Du hast eine Aufgabe, die du erfüllen musst, egal, was auch immer geschehen wird. Du hast für deine Kinder da zu sein.«

»Und dafür zu sorgen, dass sie alles das erhalten, was mir durch die Verhältnisse, in die ich hineingeboren wurde, vorenthalten wurde«, ergänzte ich.

»Genauso sehe ich es auch.«

»Folglich steht für mich künftig nicht mehr mein Leben im Vordergrund, sondern das meiner Kinder. Daraus ergibt sich für mich die Pflicht, am Leben zu bleiben – physisch, aber auch finanziell –, um sie in eine Zukunft mit besseren Aussichten führen zu können.«

»Genau.«

»Aber wie, Kader, wie soll ich das fertigbringen? Seit meiner Scheidung kämpfe ich ja um nichts anderes. Du hast das doch alles bis ins Detail miterlebt. So weit unten wie jetzt bin noch nie gelandet.«

»Du musst kämpfen, Inci, du darfst nicht aufgeben. Wenn du dich aufgibst, bist du verloren. Wenn du anfängst, dir selbst leidzutun, ist das der Anfang vom Ende.«

»Genau das hat Jochen auch gesagt.«

»Siehst du, dann ist doch etwas dran. Wann hast du ihn denn zum letzten Mal gesehen?«

»Wie dich – vor sechs Wochen, zwei Monaten.«

»Dann ruf ihn an.«

»Nein, noch nicht. In meinem jetzigen Zustand soll er mich nicht sehen.«

Dann kehrte ich ins Leben zurück. Zuerst putzte ich die Wohnung von unten bis oben, räumte auf, wusch all die Wäsche, die schmutzig in der Ecke lag. Dann kaufte ich mir die Zeitungen mit den Stellenangeboten und besorgte mir die kostenlosen Anzeigenblätter. Vom Arbeitsamt wollte ich nichts mehr wissen, jedenfalls vorerst. Vom Sozialamt erst recht nicht. Ich suchte alles, was mich interessierte, heraus und schrieb Bewerbungen. Die Formulare hatte Jochen mir in meinem Computer angelegt. Ich telefonierte, vereinbarte Termine und stellte mich persönlich vor. Zunächst scheiterte ich wieder und wieder am längst bekannten Handicap: keine Ausbildung, kein Job.

Eines Tages antwortete ich auf eine Anzeige »Produktionsarbeiterinnen gesucht«. Das schwebte mir als Alternative schon lange vor: In einer Fabrik in der Produktion tätig zu sein und alleine fest vorgegebene Arbeiten zu verrichten. Im Fernsehen hatte ich beobachtet, dass die Arbeiterinnen dabei oft stehen. Das fand ich gut, denn so würde ich mit meinen Schmerzen zurechtkommen. Hinter dieser Anzeige stand »Axat«, eine der größten Leiharbeitsfirmen in unserer Region. Ich stellte mich vor.

»Sie suchen Produktionsarbeiterinnen, das würde mich sehr interessieren«, erklärte ich.

Sie wandte sich an mich: »Für diesen Job haben wir bereits genügend Bewerberinnen eingestellt. Haben Sie schon einmal für eine Leiharbeitsfirma gearbeitet?«

Ich verneinte.

»Wir haben immer Bedarf an guten, zuverlässigen Arbeitskräften in den verschiedensten Branchen. Würden Sie uns auch dafür zur Verfügung stehen, und gibt es Arbeiten, die Sie nicht verrichten können oder wollen?«

Mich erinnerte das an die Praktiken des Imbiss-Konzerns: Hier läuft das gleiche Spiel, sagte ich mir, die nutzen die Notlage der Arbeitslosen und der Ausländer schamlos aus. Sie schreiben einen begehrten Job aus, bei dem sie sicher sein können, dass sich viele Bewerber auf eine Anzeige melden. Denen wird dann eröffnet: »Der Platz ist schon vergeben.« In Wirklichkeit stand eine solche Beschäftigung gar nicht zur Verfügung. Sie spekulieren darauf, dass ein Großteil der Bewerber, wenn sie schon einmal bei »Axat« im Büro sitzen, schließlich alles nehmen, was ihnen vorgesetzt wird. Bleibt ihnen etwas anderes übrig? Viele haben schon zwanzig, dreißig und mehr erfolglose Bewerbungsgespräche hinter sich. Alle, die sich hier melden, sind dringend auf Arbeit angewiesen – so wie ich.

»Mein Deutsch reicht nicht für Korrespondenz oder Ähnliches, und ich gehe nicht putzen«, stellte ich klar.

»Putz- und Reinigungsarbeiten vermitteln wir auch nicht«, versicherte Elvira Kunze, »aber wir haben oft Bedarf an ungelernten Aushilfskräften im Büro, bei denen keine Sprachkenntnisse vorausgesetzt werden. Darüber hinaus setzen wir diese Mitarbeiter in allen Branchen ein, in denen keine Spezialkenntnisse erforderlich sind. Außerdem stehen bei uns Fachkräfte aus nahezu allen Branchen, vom Schweißer bis zum Ingenieur, unter Vertrag und werden an Firmen vermietet, die den entsprechenden Bedarf bei uns anmelden.«

»Wie wird es für mich in der Praxis aussehen, falls wir uns einig werden?«

»Wir rufen Sie an, wenn wir Sie für einen Einsatz benötigen. Das heißt, Sie sollten sich immer bereithalten. Sind Sie telefonisch erreichbar und haben Sie Führerschein und Auto?«

»Ja.«

»Beides ist für uns Grundvoraussetzung, denn wir müssen fast immer umgehend auf die Anforderungen unserer Kunden reagieren – manchmal innerhalb einer Stunde oder sogar noch schneller, wenn beispielsweise in einem Supermarkt Kassiererinnen plötzlich ausgefallen sind.«

»Ich möchte möglichst nicht an Kassen eingesetzt werden, da ich bei längerem Sitzen Schmerzen bekomme.« Als ich das gesagt hatte, lobte ich mich selbst: Du hast dazugelernt, endlich traust du dich einmal, schon im Vorfeld darüber zu reden.

»Es ist gut zu wissen. Wir versuchen, darauf Rücksicht zu nehmen. Es wird sich aber nicht völlig vermeiden lassen, da die Supermärkte vor allem am Wochenende zu unseren größten Kunden zählen. Wann können Sie anfangen?«

»Sofort, wenn Sie wollen.«

»Gut, ich habe ab heute Nachmittag für drei bis vier Tage eine schöne Arbeit für Sie: Preisvergleiche für einen Supermarkt.«

Ich konnte mir nicht richtig vorstellen, was ich da zu tun bekommen würde, unterließ es aber, sie zu fragen. Man wird mich schon einweisen, sagte ich mir. Ich wollte schon gehen, da fiel mir ein, dass ich mich nach dem Wichtigsten noch gar nicht erkundigt hatte.

»Was werde ich verdienen?«

»Bei Akkordarbeit werden wir Sie von Fall zu Fall unterrichten, wie viel Sie erhalten. Sonst bezahlen wir generell fünf Euro pro Stunde.«

»Brutto oder netto?«

»Netto.«

Ich erschrak ein wenig und rechnete im Kopf nach: Wenn sie mir in jeder Woche für vierzig Stunden Arbeit zuteilen, sind es zweihundert, pro Monat also knapp über achthundert Euro. Das ist schon mehr als beim Fast-Food-Imbiss, aber nicht genug, um uns drei zu ernähren. Nach Abzug der Miete und aller Festkosten werden zwischen zweihundert und zweihundertfünfzig Euro übrig bleiben.

Die Rückzahlung von Schulden oder irgendwelche Sonderausgaben kann ich vergessen. Aber andererseits ist es ein Anfang, beruhigte ich mich selbst. Vor allem werde ich wenigstens wieder eigenes, selbst verdientes Geld in der Tasche haben. Und ich hocke nicht trübselig zu Hause, sondern komme unter Leute. Vielleicht ergibt sich daraus ja eine Chance.

»Werde ich angemeldet?«, wollte ich noch wissen. Meines Wissens hatte uns das Sozialamt längst bei der Krankenkasse abgemeldet.

»Nicht sofort, aber wenn wir mit ihnen zufrieden sind und wenn sie entsprechend viele Einsätze wahrnehmen können, werden wir darüber reden.«

»Wann soll ich wo sein?«, erkundigte ich mich schließlich.

»Einen Moment«, antwortete sie, gab meine Daten in ihren Computer ein, druckte einen Zettel aus, gab ihn mir und erklärte, was ich zu tun hatte.

Mein erster Auftrag entpuppte sich tatsächlich als einfache Arbeit: Der Marktleiter drückte mir eine Liste in die Hand, auf der verschiedene Produkte standen. Damit sollte ich zu den Konkurrenzmärkten fahren und in die betreffende Spalte den dortigen Preis schreiben. Das klappte zwar relativ gut, da ich aber einige Kilometer gefahren war, stand die Nadel meiner Tankuhr danach fast am unteren Anschlag.

»Wir werden Ihnen bis zu einem gewissen Grad die Benzinkosten erstatten«, versprach Elvira Kunze, als ich sie auf die Nadel meiner Tankuhr hinwies. Ich sollte jedoch schnell lernen, dass sich die »Axat« auch hier freimütig bei ihren Mitarbeitern bediente. Ein Beispiel: Für einen Einsatz von fünf Stunden an einem knapp siebzig Kilometer entfernten Ort erhielt ich zehn Euro Spritgeld. Mit dem Stundenlohn ergab das fünfunddreißig Euro. Rund vierzehn Euro hatte ich für Kraftstoff verfahren, als ich wieder zu Hause ankam. Blieben einundzwanzig Euro für sieben Stunden, denn selbstverständlich zahlte das Leiharbeitsunternehmen für die Zeit der Hin- und Rückfahrt keinen einzigen Cent. Davon, dass ich unentgeltlich mein Auto zur Verfügung zu stellen hatte, wurde nicht einmal geredet. Hatte man keines oder ging es kaputt, erhielt man keinen Auftrag. Das Gleiche galt, wenn man krank wurde oder gar in Urlaub gehen wollte.

»Die beuten nicht nur eure Arbeitskraft aus, ich bezeichne das als Betrug«, eiferte sich Jochen, als ich ihm davon erzählte. Er rechnete mir vor: »Anständige Firmen zahlen derzeit pauschal rund fünfunddreißig Cent pro geschäftlich gefahrenem Kilometer. Diesen Satz erkennt das Finanzamt anstandslos an. Du hättest demnach neunundvierzig Euro allein für die Fahrt zu bekommen, noch ehe du auch nur einen Finger am Arbeitsplatz gekrümmt hast. Sie betrügen dich also allein bei diesem Auftrag um vierzehn Euro bei den Autokosten und um den gesamten Verdienst deiner Arbeit. Und ich bin mir sicher, dass sie ihren Kunden die entsprechenden Kosten in Rechnung stellen. Ob ich damit recht habe, werden wir wohl kaum erfahren.«

»Weißt du was Besseres?«

Ratlos schüttelte er den Kopf: »Nicht sofort. Aber du weißt ja, dass ich mich nach wie vor bemühe, für dich einen Weg zu finden.«

»Also bleibt mir nichts anderes übrig, als mit dem, was ich jetzt bekomme, zufrieden zu sein.«

Zugegeben, siebzig Kilometer entfernt lag der weiteste Einsatzort, zu dem ich von der »Axat« geschickt wurde. Im Schnitt dürften es etwa vierzig Kilometer gewesen sein. Aber dann bezahlten sie auch keine zehn Euro, und wenn ich weniger zu fahren hatte als zehn, fünfzehn Kilometer rechneten sie überhaupt nichts ab.

Schon nach vierzehn Tagen übernahmen sie mich in ein festes Arbeitsverhältnis. Nach der Festanstellung überwiesen sie mir durchschnittlich tausend Euro pro Monat, davon verfuhr ich etwa zweihundert. Ich hatte Glück, die Autosteuer und -versicherung waren noch für ein halbes Jahr bezahlt. Dafür war ich wieder mit Sila und Umut bei der Krankenkasse und auch bei der Renten- und Arbeitslosenversicherung angemeldet. Kaum jemand, der in Deutschland in einem tariflich geregelten Arbeitsverhältnis steht, kann sich vorstellen, was allein diese Tatsache für mich bedeutete. Sie konnten mich hinschicken, wohin sie wollten, ich lehnte keinen Job ab. Auch dann nicht, wenn mich Elvira Kunze mit einem bedauernden: »Inci, es geht leider nicht anders, ich habe außer dir niemanden«, an einem Samstag von zehn bis zwanzig Uhr an die Kasse eines Großmarkts schickte. Und immer erhielten sie positive Rückmeldungen von ihren Kunden: »Inci ist pünktlich und arbeitet sehr zuverlässig.« Leider dauerte keiner dieser Jobs länger als zwei Wochen, meist sogar nur wenige Tage. Für uns Leiharbeiter entsteht daraus eine traurige Konsequenz: Wir haben keine Kollegen. Zwar gibt es den einen oder anderen Auftrag, bei dem die »Axat« mehrere

Mitarbeiter schickt, aber auch die sieht man dann nur für die Dauer dieses einen kurzen Jobs.

Ich arbeitete in Büros, bei Handwerkern, wurde zu Verbrauchermärkten dirigiert und zu deren Zentrallager. Dort lernte ich das »Konfektionieren«, eine Arbeit, die ich besonders schätzte, weil man dabei kaum sitzen, sondern den ganzen Tag herumlaufen musste. Es ging darum, die Nachbestellungen der Filialen auf Paletten zusammenzustellen und für den Abtransport fertig zu machen. Bei dieser Gelegenheit lernte ich, dass eine »Ameise« im Deutschen nicht nur für ein Insekt steht, sondern auch für einen flachen Hubwagen, den man unter eine Palette schieben kann, um diese hydraulisch anzuheben und dann mit ihr, leer oder beladen, dahin zu fahren, wo sie benötigt wird.

Der Vorgang war einfach: Wir bekamen im Büro den Kommissionsauftrag, nahmen unsere Ameise und fuhren zu den Regalen, in denen die bestellten Artikel lagerten. Hatten wir den Zettel abgearbeitet und alles auf der Palette verstaut, fuhren wir in den Versand. Dort verpackten die Kollegen alles mit Schrumpffolie. Unser Teil der Arbeit war erledigt, und wir zogen mit unserer leeren Ameise zum Büro, um uns den nächsten Auftrag zu holen.

Wenn ich alleine war und mir den Ablauf selbst einteilen konnte, machte es mir Spaß. Wehe aber, wenn wir die Arbeit im Akkord bewältigen mussten. Das erwies sich als heimtückisch. Zwar war er so berechnet, dass wir etwa zwanzig Prozent mehr verdienen konnten, aber nur, wenn wir ihn tatsächlich erfüllten. Eine Vorgabe konnte so aussehen: Wir hatten zwanzig Paletten in vier Stunden zu konfektionieren. Zu viert bildeten wir eine Gruppe, die diese Vorgabe abarbeiten musste. Wenn vier Eingespielte sich daranmachten und die Ärmel hochkrempelten, war die Vorgabe zu schaffen. Waren wir fertig, erhielten wir vierundzwanzig Euro – jeder. Wenn aber auch nur eine Neue unter uns war, der man alles zeigen musste und die zudem keine Lust hatte, gab es zwei Möglichkeiten: Entweder wir ignorierten sie und versuchten, es zu dritt hinzubekommen, oder wir ließen uns von ihr blockieren. In beiden Fällen schafften wir die Vorgabe nur selten. Erbarmungslos zog uns die »Axat« dann die Minderleistung ab, und wir verdienten weniger, als wenn wir alleine arbeiteten. Manchmal teilten sie uns auch zwei solche »tauben Nüsse«, wie wir sie nannten, zu. Egal, wie wir es drehten und wendeten, wenn etwas schieflief, hatten wir bei der Akkordarbeit schlechte Karten.

Damit wälzten sowohl die »Axat« als auch deren Kunden das Risiko auf uns ab. Als ich dieses Spiel durchschaute, bat ich Elvira Kunze, mich nicht mehr zu Akkordarbeiten einzuteilen. Ihre Antwort lautete lapidar: »Es ist gut zu wissen. Wir versuchen, darauf Rücksicht zu nehmen.« Auch wenn sie mich dann dennoch zu einer Akkordarbeit einteilte, hatte sie mit Bedauern in der Stimme ständig den gleichen Satz parat: »Inci, es geht leider nicht anders.«

Bei einem Job schien mir unerwartet das Glück zu lachen. Die Chefin rief am Abend vorher an und instruierte mich: »Du fährst zur ›SÜGROHA‹ und meldest dich dort bei Gerhard Gruber.«

»Soll ich dort kommissionieren?« Das lag auf der Hand, denn hinter dem Namen verbarg sich ein Süßwarengroßhandel, der mir nicht unbekannt, bei dem ich aber vorher noch nicht eingesetzt worden war.

»Nein, im Hof soll ein alter Schuppen abgerissen werden. Was genau zu tun ist, weiß ich selbst nicht genau. Du wirst es von Gerhard Gruber erfahren. Er ist dort der Geschäftsführer.«

»Schickst du mich alleine hin?«

»Nein, ich rufe noch deinen Bruder an und die Birgit Weißmüller. Ich gehe davon aus, dass du den Einsatz leitest. Einer von euch soll vorher hier vorbeikommen und verschiedenes Werkzeug holen, das ihr bei diesem Einsatz benötigen werdet.« Offensichtlich war es nicht der erste Auftrag dieser Art, den unsere Firma abgewickelt hatte.

Gerhard Gruber staunte nicht schlecht, als der Abrisstrupp, den ihm die »Axat« schickte, aus zwei Frauen und einem Mann bestand.

»Sie müssen überhaupt nicht so skeptisch dreinschauen, Frauen können Häuser manchmal leichter zum Einsturz bringen als Männer«, flachste ich.

Er lachte laut und forderte uns auf: »Das möchte ich sehen. Nun legt mal los. Dort stehen zwei Container für den Bauschutt.«

Gruber blieb tatsächlich stehen und schaute uns zu. Wenn er das so haben will, spiele ich selbstverständlich eine Show für ihn, nahm ich mir vor. Mit meinen beiden Mitstreitern ging ich erst einmal durch das einstöckige Gebäude und entwickelte einen Plan.

»Das ist ein ganz leicht gebauter Schuppen, der wird uns keine größeren Schwierigkeiten machen. Wir fangen mit dem Dach an. Tufan, du bleibst unten am Container stehen, Birgit und ich decken das Dach ab und werfen dir die Ziegel zu. Die und später auch die Backsteine aus dem Mauerwerk wirfst du in den rechten Container, das Holz und die Fenster in den linken.«

Wir holten die Lederschutzhandschuhe, die Stemmeisen und das andere Abbruchwerkzeug, das sie uns bei »Axat« mitgegeben hatten, aus meinem Kofferraum. Dann spuckten wir in die Hände.

Gerhard Gruber blieb noch eine Viertelstunde stehen, schaute uns zu und ging dann kopfschüttelnd in sein Büro. Auch dort sah ich ihn öfter am Fenster stehen und uns bei der Arbeit beobachten. Kurz vor Feierabend lief ich staubbedeckt in Grubers

Büro. Meine Haare unter einer Schirmmütze verborgen, die Lederhandschuhe lässig in der Hand, erstattete ich Bericht:

»Ihr Dach liegt komplett in den Containern. Sie sind voll. Es wäre günstig, wenn sie bis morgen früh geleert werden könnten, vorher müssen wir gar nicht erst kommen. Außerdem benötigen wir dann, wenn wir die Mauern einreißen, einen Schlauch mit Wasser, weil es sonst zu stark staubt. Ich glaube, für ihre Schokoladenhasen und Fruchtbonbons wäre das nicht günstig.«

Er musste sich sichtlich das Lachen verbeißen. Dann stand er auf, salutierte und antwortete militärisch knapp: »Yes, Sir, ist schon erledigt.«

Da fing auch ich an zu lachen, salutierte und verabschiedete mich ebenfalls militärisch knapp: »Gute Nacht, Sir.«

Am Abend traf ich mich mit Jochen in einer Weinstube und erzählte ihm die Geschichte. Er kicherte und meinte: »Ich sehe die Szene vor mir. Du in eingestaubten Männerklamotten, energisch, selbstbewusst und attraktiv wie Anna Magnani, und er im weißen Hemd am Glasschreibtisch mit Chromfüßen. Köstlich!«

»Nimm mich bloß nicht auf den Arm«, wehrte ich ab. Aber seine Reaktion machte mich doch stolz.

Als wir am nächsten Morgen ankamen, standen drei leere Container parat, und ein dicker gelber Schlauch mit einem massiven Sprühkopf lag griffbereit daneben. Kurz vor Feierabend sah ich Gerhard Gruber über den Hof zu uns kommen und konnte Vollzug melden: »Wir haben die Stelle, an der Ihr Schuppen stand, dem Erdboden gleichgemacht.«

»Respekt«, antwortete er, »ich bin froh, dass Sie mich an den Schlauch erinnert haben.« Dann forderte er mich auf: »Gehen wir bitte in mein Büro.«

»Kann ich mich vorher noch waschen und umziehen?«

»Kommen Sie ruhig, wie Sie sind, das steht Ihnen gut.«

Wie meint er das? Will er mich auf den Arm nehmen? Ist er

nicht zufrieden mit uns? Ich wurde nicht schlau aus ihm, folgte ihm aber und setzte mich auf einen seiner Besucherstühle vor dem Schreibtisch.

»Ich habe Ihnen zugesehen und bin offen gesagt beeindruckt von der Art, wie Sie überlegt, entschlossen und ohne Umschweife an eine solche Aufgabe herangehen. Ich bin jetzt genauso direkt zu Ihnen: Es ist vielleicht nicht die ganz feine Art der ›Axat‹ gegenüber, aber ich frage Sie trotzdem: Wollen Sie für mich arbeiten? Mitarbeiter mit Ihrer Energie und Ihrem Organisationstalent kann ich immer gut gebrauchen.«

Mein Herz tat einen Freudensprung. War das meine Chance? Ihn ließ ich davon nichts merken und antwortete scheinbar seelenruhig: »Wo würden Sie mich denn einsetzen?«

»Zunächst zum Kommissionieren im Lager. Wie es weiterginge, würde sich ergeben.«

»Werde ich fest angemeldet?«

»Selbstverständlich.«

»Und was bezahlen Sie?«

»Am Anfang erhalten Sie neun Euro pro Stunde.«

»Netto?«

»Netto. Wir arbeiten in zwei Schichten. Überstunden werden selbstverständlich bezahlt.«

Neun Euro netto, rechnete ich im Kopf, sicher zahlt er fünfzehn, achtzehn brutto an die »Axat«. Und die geben mir dann fünf Euro weiter. Denk nicht weiter drüber nach, forderte ich mich selbst auf, das ist deine Chance, nimm sie wahr.

»Bekomme ich einen Arbeitsvertrag?«, fragte ich. Ich sah Jochen vor mir. Er behauptet immer, ich würde feilschen wie eine Türkin auf dem Basar. Nun, Türkin bin ich ja. Und bei meinen Händlern in Izmir war ich als zäh verhandelnde Kundin bekannt.

»Ja, selbstverständlich. Zunächst für ein Vierteljahr.«

Sechs Monate, wollte ich sagen, bekam aber weiche Knie, verkniff es mir dann doch und stimmte stattdessen zu: »In Ordnung. Wann soll ich anfangen? Ich meine, nicht vor dem nächsten Ersten. Ich möchte die ›Axat‹ nicht von heute auf morgen vor vollendete Tatsachen stellen und will dort während dieser zwei Wochen noch zur Verfügung stehen.« Selbst wenn sie mich noch so sehr ausgebeutet haben, fügte ich im Stillen hinzu.

»Das finde ich durchaus in Ordnung, auch wenn ich Sie am liebsten heute schon hier sehen würde. Sie können ab morgen Nachmittag zu meiner Sekretärin kommen, Ihr Arbeitsvertrag liegt dann für Sie zur Unterschrift bereit.«

Es stand haarklein alles das darin, was wir besprochen hatten, und Gerhard Gruber hatte ihn bereits unterschrieben.

»Sie können hier unterzeichnen«, forderte mich die Sekretärin auf.

Ich spielte weiter die Coole: »Ich möchte ihn erst einmal in Ruhe durchlesen und bringe ihn morgen vorbei.« Gerhard Gruber sollte nicht glauben, er habe mich fest in der Tasche.

Während der Heimfahrt musste ich mich beherrschen, nicht vor lauter Freude zickzack zu fahren. Endlich ein regulärer Job zu üblichen Bedingungen. Überstunden werden bezahlt, die Modalitäten bei Krankheit, der Urlaub, alles ist tariflich festgelegt. Ich werde Schulden zurückzahlen und gleichzeitig unser Leben finanzieren können. Und ich werde genug verdienen, um meinen Kindern eine gesicherte Ausbildung zu ermöglichen. Vorbei das Warten, vorbei die Qualen, vorbei die Entbehrungen. Alles, was ich in den vergangenen Jahren auf mich genommen habe, hat sich gelohnt. Und dann die beiden Sahnehäubchen: Das Kommisionieren, für das mich Gerhard Gruber gerufen hatte, beherrschte ich. Hier konnte ich mich beweisen und keiner, kein Einziger würde nach Schulabschluss und Sprachkenntnis fragen. Und ich musste nicht sitzen, sondern konnte viel laufen. So würde ich meine Schmerzen beherrschen können. Ich war in Champagnerlaune.

Bisher hatte es sich immer wieder gezeigt, dass ich Champagner nicht vertrage.

Es fiel mir schwer, die zwei Wochen bei »Axat« abzudienen, die ich mir auferlegt hatte. Als es dann endlich so weit war, fuhr ich in Hochstimmung zu meinem neuen Arbeitsplatz. Gerhard Gruber empfing mich freundlich, ging mit mir in die Halle und stellte mich den Kolleginnen meiner Schicht vor. Zehn Türkinnen, ich war die elfte. Nahezu sämtliche Türken in hundert Kilometer Umkreis kennen sich untereinander – ich kannte einige. Alle waren verheiratet, alle in meinem Alter, plus minus vier, fünf Jahre. Sie besserten das Familieneinkommen auf – selbstredend mit ausdrücklicher Billigung ihrer Männer. Alle zehn sehr konservativ.

Sie kannten mich noch nicht, hatten aber bald alles herausgefunden: Inci Y., zweimal geschieden, hat ihren beiden Kindern den Vater genommen, hat sich von ihrer Familie losgesagt, wohnt alleine, ist sexbesessen, ist schuld an Paksoy und Ögüncs Scheidung. Jetzt hat sie was mit dem Chef. Wie sonst hätte sie an diesen Job kommen können, obwohl wir sie hier ja eigentlich gar nicht benötigen?

Es war mir schon klar, was sie hinter meinem Rücken zischelten. Sehr vorsichtig, weil sie ja nicht einschätzen konnten, wie ich zu Gerhard Gruber tatsächlich stand. Ich glaubte auch, dass ich dem allen würde standhalten können – und beging prompt meinen ersten und entscheidenden Fehler.

»Bitte führen Sie Inci durch den Betrieb, und zeigen Sie ihr, wie es bei uns läuft und was ihre Aufgaben sind«, forderte Gerhard Gruber Samiye auf. Sie war so etwas wie der Leitwolf im Rudel.

»Am besten bleibst du zwei Tage bei mir und schaust mir zu«, klärte sie mich auf und fügte mit Hohn in der Stimme hinzu: »Ich hoffe, du hast dann verstanden, um was es geht.« Davon bekam der Chef nichts mit, sie hatte Türkisch geredet. An ihn gewandt ergänzte sie auf Deutsch: »Sie können sich wie immer auf mich verlassen.«

»Ich weiß«, antwortete er und ging zurück in sein Büro.

Samiye schaute mich an wie eine Schlange, kurz bevor sie das Kaninchen verspeist, und forderte mich mit klirrender Freundlichkeit auf: »Komm mit. Ich werde dich einarbeiten.«

Nach zwei Stunden bat ich sie: »Ich kenne diese Arbeit, weiß nun, wie das hier läuft, und würde jetzt gern alleine damit anfangen.«

»Wie du meinst«, antwortete sie von oben herab, ließ mich stehen und rauschte wie eine beleidigte Diva davon. Ich aber ging zum Büro, holte mir einen Bestellschein, nahm eine Ameise, lud eine leere Palette auf, ging von Regal zu Regal, fand mich sofort zurecht und wickelte Bestellung nach Bestellung fehlerfrei ab, als wenn ich schon seit Jahren hier zu Hause wäre.

Das war der zweite Fehler, den ich mir leistete.

Für den dritten benötigte ich immerhin vier, fünf weitere Tage: Wenn ich arbeite, konzentriere ich mich schweigend auf die Erledigung meiner Aufgabe. Immer wieder wird mir vorgehalten, dass ich dadurch arrogant wirke, zumal ich dabei einen ziemlich abweisenden Gesichtsausdruck kriege. Sicher liegt das auch daran, dass mir mein Opa schon als Kleinkind mit drakonischen Maßnahmen abgewöhnt hat, Gefühle zu zeigen. Immer wieder versichere ich, dass es nicht meine Absicht ist, dass ich nicht böse, beleidigt oder eingeschnappt bin. Aber nur wenige verstehen es und nehmen mich so, wie ich bin.

Samiye als einzige Feindin wäre nicht in der Lage gewesen, mich zu Fall zu bringen. Ich bin mir sicher, ich hätte die ganze

Situation retten können, wenn ich mich »wie eine türkische Frau benommen« hätte. Ich hätte in ihre Welt aus Ratsch und Tratsch eintauchen sollen und darin schwimmen müssen wie ein Fisch im Wasser. Ich hätte meinen Teil einbringen müssen in diesen Mix aus Vermutungen, Unterstellungen, Falschinformationen, Bosheit und Niedertracht. Ich hätte gemeinsame Sache mit ihnen machen sollen, wenn sie sich über alles und jeden hermachten. Ich hätte ihre sexistischen Phantasien, für die ich sie so unsagbar verachtete, mittragen und daran teilnehmen sollen. Hätte ich mich an ihrem täglichen »Hinrichtungstratsch«, wie Jochen es nennt, aktiv beteiligt, dann, ja dann hätte mich die Gemeinschaft aufgenommen, der Hydra wäre ein neuer Kopf gewachsen, ich wäre unangreifbar geworden. Auch für Samiye.

So aber wurde ich Opfer statt Täter, Zielscheibe statt Schütze.

Prompt folgte mein vierter Fehler. Gerhard Gruber schaute immer wieder bei mir vorbei, erkundigte sich, wie ich zurechtkam. Ich fand das einfach nett, fühlte mich ein wenig geschmeichelt, dachte mir aber nichts weiter dabei.

Die Hydra aber wachte auf: »Klar, die haben was miteinander. Das sieht doch jeder.« Ihre Phantasie nagte an ihren Träumen, ließ alles, was sie sich heimlich für sich selbst ersehnten, vor ihre Augen ziehen. Sie sahen mich mit meinem Liebhaber in wilder Umarmung in den Betten der Luxushotels, beobachteten, wie wir in Nobelrestaurants dinierten, danach Hand in Hand über blühende Wiesen liefen, uns schließlich in die Arme fielen und uns in taumelnder Seligkeit auf den sommerheißen Boden sinken ließen.

Ich sah sie nicht, die Zeichen an der Wand, obwohl ich sie hätte sehen können und müssen, kannte ich das Spiel doch schon seit Jahren und hatte in der grauen Zeit meiner Ehe selbst daran teilgenommen. Vielleicht fühlte ich mich auch zu sicher, weil ich wusste, dass Gerhard Gruber tatsächlich große Stücke auf mich hielt. Beruflich, nicht privat, wie uns die Hydra unterstellte. Jedenfalls ging ich nach knapp einer Woche nach Feierabend in sein Büro und eröffnete ihm: »Ihr ganzes Leitsystem im Lager ist nicht gut angelegt. So, wie es jetzt gehandhabt wird, verwirrt es eher und führt zu Fehlern, statt Klarheit und Eindeutigkeit zu schaffen.«

Einen Moment lang schaute er mich an, als ob ich gerade von einem anderen Stern kommend genau vor ihm gelandet wäre. Offensichtlich hatte er Derartiges von mir nicht erwartet. Dann sah ich einen ganz eigenartigen Ausdruck in seinen Augen und er antwortete: »Ich meine das schon lange. Glauben Sie, daran etwas verbessern zu können?«

»Ich bräuchte ein, zwei Wochen und Ihren Computerspezialisten, der das System entworfen hat. Dann könnte ich ihm zeigen, wo die Schwachstellen in der Praxis liegen und wie das System künftig aufgebaut werden sollte. Die nötigen Änderungen müsste er dann durchführen, das kann ich selbstverständlich nicht.« Noch nicht, dachte ich, aber genau das würde ich gern lernen.

Womit ich nicht gerechnet hatte, geschah am nächsten Morgen: Er kam mit Harry, unserem »Computerfuzzy«, wie wir ihn nannten, ins Lager, rief alle zu sich und erklärte: »Ich habe Inci für ein bis zwei Wochen frei gestellt. Gemeinsam mit Harry wird sie in dieser Zeit die Schwachstellen in der Organisation und im Ablauf unseres Lagersystems suchen und abstellen. Ich bitte, sie in jeder Form zu unterstützen.«

Ich blickte in die Runde und sah nur blanken Hass in den Augen. Ich zog den Auftrag mit Harry durch. Nach zwei Wochen spielte er das überarbeitete System auf den Computer, und alle mussten zugeben, dass es jetzt deutlich besser lief. Was auch keiner bestritt – aber ihren Hass gegen mich auf die Spitze trieb. Wäre ich gescheitert, hätten sie mich in ihrer Mitte aufnehmen und meine Tränen trocknen können. In der Niederlage wären sie an meiner Seite gewesen, als Siegerin mussten sie mich vernichten.

Ich lernte ein neues Wort in der Urform seiner Bedeutung kennen: »Mobbing«. Sie mobbten mich unverfroren und offen in einer Form, die ich niemals für möglich gehalten hätte. Es verging nicht ein Tag, an dem nicht eine von ihnen zum Chef ging und sich über mich wegen irgendeiner frei erfundenen Sache beschwerte. Der Spruch, »Inci lügt, wenn sie nur den Mund aufmacht, sie ist eine Hure, treibt es mit jedem«, machte die Runde, sie teilten mir die schwierigsten Aufträge zu, unterstellten mir Fehler, die ich gar nicht gemacht hatte, bauschten die, die mir tatsächlich unterliefen, ungerechtfertigt auf.

Eines Tages, als ich mit einem wirklich dringenden Auftrag vom Büro kam, hatten sie mir meine Ameise weggenommen.

»Die brauchen wir jetzt, sieh zu, wie du zurechtkommst«, warfen sie mir geradezu hasserfüllt entgegen. Es war mir klar, sie rechneten damit, dass ich jetzt zum Chef gehen und mich beschweren würde. Sie würden dann sagen, dass ich mir alles eingebildet hätte. Mittlerweile hatte ich aber in der Nachbarabteilung ein paar deutsche Kollegen gefunden, mit denen ich mich gut verstand. Die liehen mir eine Ameise, was die Hydra natürlich erst richtig in Wut versetzte.

Gerhard Gruber blieb das alles nicht verborgen. Eines Abends rief er mich in sein Büro und warnte mich: »Ich weiß, wie gut Sie arbeiten, ich weiß auch, wie Sie sind, und ich schätze Sie sehr. Aber Ihre Kolleginnen wollen Sie nicht haben. Passen Sie auf und bringen Sie das bitte in Ordnung.«

Was sollte ich tun? Mir war klar, dass ich am kürzeren Hebel saß. Leider. Sie wollten mich herausbeißen, ich hatte ihnen wenig entgegenzusetzen. Wegen mir konnte er nicht eine ganze Abteilung mit allen Mitarbeitern entlassen, die zum Teil schon seit Jahren für ihn arbeiteten. Das ging rechtlich und auch moralisch nicht.

Die Entscheidung führte Samiye herbei. Sie lenkte ihre Ameise an einer Kreuzung zweier Gänge in voller Fahrt seitlich gegen meine. Die wurde zur Seite geschleudert und quetschte meinen linken Fuß gegen die Wand. Vor Schmerzen wurde mir schwarz vor Augen. Ehe ich zu mir kam, war Samiye verschwunden. Ich versuchte weiterzuarbeiten, als ob nichts geschehen wäre, aber die Schmerzen ließen mich fast bewusstlos werden. Meine deutschen Freunde aus der Nachbarabteilung waren aufmerksam geworden, kamen zu mir, betrachteten meinen immer stärker anschwellenden und mittlerweile blau angelaufenen Fuß und sorgten dafür, dass ich zu einem Arzt kam, geröntgt wurde und dann nach Hause ging. Zum Glück war nichts gebrochen.

Nach drei Tagen trat ich humpelnd wieder zur Arbeit an. Gerhard Gruber rief mich in sein Büro.

»Wer hat das getan: Was war da los?«, wollte er wissen.

»Es geht schon wieder. Da war nichts, das Ganze war meine Schuld«, log ich.

»Es geht mir um den Betriebsfrieden. So, wie es momentan läuft, kann es nicht weitergehen, Sie müssen versuchen, das zu ändern«, hielt er mir vor.

Ich verlor die Beherrschung, und ich beging meinen fünften und letzten Fehler. »Wenn Sie mir etwas zu sagen haben, dann sagen Sie es mir bitte direkt ins Gesicht und reden nicht drumherum wie die Katze um den heißen Brei«, funkelte ich ihn an.

Da zog er den Schlussstrich: »Schade, ich hatte Sie warnen, Ihnen helfen wollen. Ich bedaure es sehr, Sie zu verlieren, aber wenn Sie so mit mir reden, machen Sie es mir leicht. Ich kündige Ihnen zum Letzten des Monats. Sie sind ab sofort beurlaubt und können nach Hause gehen. Ihre Papiere und die Abrechnung werden Ihnen zugestellt.«

Ich muss sehr traurig vor ihm gestanden haben, denn er fügte leise hinzu: »Es tut mir wirklich und aufrichtig leid. Ich schätze Sie sehr, aber ich kann nicht anders entscheiden. Mehr kann ich nicht für Sie tun. Ihnen und Ihren Kindern wünsche ich alles Gute.«

Wie Don Quijote

»Du musst zum Arbeitsamt«, forderte Jochen mich auf, als ich ihm von meiner Misere erzählte.

»Ich will nicht.«

Er blieb unerbittlich: »Du musst, dir bleibt keine andere Wahl.«

»Da bringen mich keine zehn Pferde mehr hin.«

»Dann bin ich das elfte. Wie lange hast du jetzt bei der ›Axat‹ und bei der ›SÜGROHA‹ gearbeitet?«

»Etwas über ein Jahr bei der ›Axat‹, bei Gerhard Gruber waren es etwa sechs Wochen – mit der Zeit, in der ich beurlaubt war.«

»Urlaub oder Arbeit, das spielt keine Rolle. Hat er mit deinen Papieren ein Kündigungsschreiben geschickt?«

»Ja.«

»Das ist gut. Er versucht, dir selbst jetzt noch zu helfen. Dadurch hast du ab sofort Anspruch auf Arbeitslosengeld. Das musst du in jedem Fall gleich morgen früh beantragen.«

»Kommst du mit?«

»Nein, das erledigst du alleine. Unser Arbeitsamt hier ist ja nur eine lokale Filiale. Ich werde uns bei der Zentrale einen Termin bei einem Mann besorgen, der dir eventuell weiterhelfen kann.«

»Hast du deinen Plan, mir eine Ausbildung zu vermitteln, immer noch nicht aufgegeben?«

»Nur wer aufgibt, kann verlieren.«

Er ist zäh, bewunderte ich ihn in Gedanken. Wenn er so zäh und optimistisch dranbleibt, sollte auch ich wieder ein wenig Hoffnung schöpfen. Laut fragte ich: »Wen willst du denn treffen?«

»Bei einer Pressekonferenz in der Zentrale des Arbeitsamts wurde uns Bernd Haller vorgestellt. Er ist dort Psychologe und soll sich um die schwierigen, besser gesagt um die hoffnungslosen Fälle kümmern. Besonders betont hat man bei seiner Vorstellung, dass er für alleinerziehende Mütter in deiner Situation zuständig ist. Ich habe ihn schon wegen dir angesprochen. Er will mit uns reden.«

»Das klingt nicht schlecht. Was hältst du davon?«

»Ich weiß nicht so recht. Bei den Terminen in den Chefetagen hört man schnell tosenden Donner. Ob dem der ersehnte Landregen folgt, bleibt abzuwarten. Auf alle Fälle sollten wir die Chance wahrnehmen.«

Bernd Haller nahm sich tatsächlich über eineinhalb Stunden Zeit für uns, und wir konnten mit zwei handfesten Ergebnissen nach Hause gehen: Wir wussten jetzt genau über alle Möglichkeiten Bescheid, die dem Arbeitsamt bei Fällen wie mir als Hilfsmaßnahmen zur Verfügung standen, und er würde meine zuständige Beraterin über unser Gespräch informieren.

»Ich habe selbst keine Funktion, in der ich Ihren Fall selbst bearbeiten könnte. Aber ich werde einen Bericht mit meiner Einschätzung über Sie und über die Maßnahmen, die zu treffen sind, an die zuständigen Mitarbeiter der Filiale Ihrer Stadt geben. Darin werde ich zum Ausdruck bringen, dass Sie sich selbst sehr intensiv bemühen und dass man jede Möglichkeit ausschöpfen soll, um Ihnen zu helfen, Ihren Fall zu einem positiven Ende zu bringen. Wenn man dort weiß, dass ich mich eingeschaltet habe, werden sich die Kollegen sehr intensiv um Sie kümmern.«

»Wie schnell wird Ihr Bericht bei uns sein?«, erkundigte sich Jochen.

Haller griff zum Telefon und rief die Filiale in unserer Stadt an: »Wer ist Sachbearbeiter für Inci Y.? – Heide Lorenz – kann ich noch ihre Faxnummer erfahren? – Vielen Dank.« Er notierte sich die Angaben und wandte sich wieder an mich: »Hier sind die Telefon- und die Faxnummer von Ihrer Sachbearbeiterin. Heute ist Dienstag. Ich werde ihr spätestens am Donnerstag vorab ein Fax mit meinem Bericht geschickt haben. Ich werde Frau Lorenz auch anrufen und sie über unser Treffen ausführlich informieren. Wenn Sie sie am Freitag anrufen und mit ihr einen Termin für Anfang nächster Woche vereinbaren, wird sie auf dem neuesten Stand sein.«

»Was glaubst du, haben wir etwas erreicht?«, fragte ich Jochen auf dem Heimweg.

»Mit Sicherheit die Aufmerksamkeit aller, die bei uns mit deinem Fall beschäftigt sind. Ob es sich positiv auswirkt oder ob sie dich jetzt erst recht abblocken, werden wir sehen. Auf alle Fälle müssten sie allmählich gemerkt haben, dass du deine Situation ernsthaft ändern willst und nicht nur zu ihnen kommst, um dir Geld abzuholen.«

»Das klingt nicht sehr zuversichtlich.«

»Man weiß bei Ämtern letztlich nie, was sie tun und was sie lassen. Ich hoffe wirklich, dass wir jetzt einen Schritt weiterkommen. Bitte lass dir gleich am Freitag einen Termin für nächste Woche bei Heide Lorenz geben. Ich gehe in jedem Fall gemeinsam mit dir hin.«

Jetzt sah die Welt wieder ein wenig freundlicher aus.

Heide Lorenz zeigte sich gut informiert und sehr engagiert, als wir zum vereinbarten Termin zu ihr kamen. Die Mitarbeiter des Arbeitsamtes hatten sich bisher stets zuerst an Jochen gewendet, wenn wir gemeinsam auftauchten. Aha, dachte ich, es geht auch anders, als Heide Lorenz nicht ihn, sondern mich ansprach.

»Ich habe ausführlich mit Bernd Haller über Sie gesprochen und begrüße es sehr, dass Sie bei ihm waren«, beim zweiten Teil des Satzes schaute sie Jochen an. Sie weiß, wer ihr das »eingebrockt« hat, dachte ich vergnügt, als sie sich wieder an mich wendete: »Wir haben Ihren Fall auch ausführlich hier im Kollegenkreis besprochen und sind zu folgendem Ergebnis gekommen: Die Agentur für Arbeit hat gerade ein Programm aufgelegt, in dem Mittel bereitgestellt sind, die alleinerziehenden Müttern, die in der gleichen Situation sind wie Sie, zugutekommen sollen. Wir werden Sie in dieses Programm aufnehmen.«

»Wie wird das in der Praxis aussehen?«, schaltete sich Jochen ein.

Sie antwortete mir: »Wir werden in Absprache mit dem Sozialamt für die Dauer einer zweijährigen Lehre die Mittel für Ihren Lebensunterhalt bereitstellen.«

Wieder mischte sich Jochen ein: »Was beinhaltet das alles?«

Diesmal sah sie ihn an: »Wir werden ihren monatlichen Bedarf ermitteln einschließlich Miete, Nebenkosten und Ähnlichem, und ihr diesen Betrag für die Dauer der Lehre auszahlen. Dabei werden wir ausnahmsweise auf die Forderung verzichten, dass sie eigentlich den Hauptschulabschluss nachweisen müsste, um in dieses Programm aufgenommen zu werden.«

»Haben Sie so großen Ermessensspielraum?« Offensichtlich war Jochen von dieser Entwicklung angenehm überrascht.

»Es gibt keine Regel ohne Ausnahme«, antwortete Heide Lorenz.

»Wie sieht es mit den besonderen Kosten für die Kinder aus, die beispielsweise durch den Schulbesuch entstehen?«, wollte er wissen.

»Diese Dinge werden in der Bedarfsrechnung, in der ja ihre beiden Kinder enthalten sind, berücksichtigt.«

»Gibt es irgendwelche Abzüge?«, bohrte Jochen weiter.

»Selbstverständlich. Bedarfsberechnung bedeutet, dass sie das bekommt, was sie notwendigerweise zum Leben benötigt. Von dieser Summe, lassen Sie es mich Brutto nennen, wird abgezogen, was sie von dritter Seite bekommt.«

»Beispielsweise?« Äußerlich blieb Jochen völlig ruhig. Aber ich kannte ihn gut, und auf mich wirkte er plötzlich angespannt und hellwach. Das sieht nicht gut aus, dachte ich mir, wusste aber noch nicht, worauf er hinauswollte.

»Etwa würde eigenes Vermögen angerechnet oder Renten und Unterhaltszahlungen. Natürlich auch das Kindergeld und der Lehrlingslohn.«

»Der Lehrlingslohn?« Seine Anspannung war plötzlich greifbar. Mir war aber immer noch nicht klar, um was es ihm ging.

»Selbstverständlich rechnen wir die Zahlungen des Ausbildungsbetriebs auch auf das Brutto an.« Heide Lorenz tat überrascht und zuckte mit den Schultern. Sie wollte das Thema wechseln, aber Jochen hakte nach.

»Wie hoch sollen diese Zahlungen durch die Ausbildungsbetriebe sein?« Es fiel mir wie Schuppen von den Augen, als ich den Grund für seine Fragen verstand. Das war's, dachte ich resigniert. Und hörte die Antwort der Beraterin fast nicht mehr: »Das ist ja tariflich geregelt.«

»Können Sie Betriebe vermitteln, die in dieses Programm eingebunden und bereit sind, junge Menschen mit Incis Voraussetzungen als Auszubildende aufzunehmen, und dabei zusätzlich noch die tarifliche Lehrlingsvergütung bezahlen?«

»Wir haben ständig freie Lehrstellen anzubieten, die sie sich in unserem Internetportal heraussuchen kann. Wir werden ihr bestätigen, dass sie in dieses Programm integriert wurde und dass damit ihr Lebensunterhalt gesichert ist.«

»Im Klartext bedeutet das, dass sie mit den zwanzig und mehr

Bewerbern, die heute um jede Lehrstelle kämpfen, unter völlig gleichen Bedingungen konkurrieren muss. Dass sie sich also immer am Ende einer Schlange anstellen muss, in der sich selbst Bewerber mit blendendem Hauptschulabschluss hinter denen mit mittlerer Reife oder gar mit Abitur anstellen müssen?«

»Wenn Sie das so sagen, haben Sie recht.« Jochen schüttelte ratlos den Kopf. Ich sah, wie er sich beherrschen musste, um nicht zu explodieren, wusste aber, dass er in solchen Situationen umso ruhiger wirkte, je stärker seine Wut wurde. Jetzt war es wieder so weit, und er formulierte die entscheidende Frage in jenem glasklaren Hochdeutsch, das ich bereits so gut kannte:

»In den Mitteln des Programms ist keinerlei Anreiz für den Ausbildungsbetrieb enthalten?«

»Nein.«

»Und ich frage Sie noch einmal: Sie haben keine Abkommen oder Absprachen mit Firmen, die bereit sind, diesen Menschen, die in dieses Programm aufgenommen worden sind, außerhalb der normal üblichen Kriterien einen Ausbildungsplatz zu bieten?«

»Nein, wir haben da auch keinerlei Einfluss. Wir können lediglich Empfehlungen aussprechen.«

»Hand aufs Herz, Frau Lorenz, wenn Sie Personalchef wären, würden Sie unter zwanzig Kandidaten den vom Ende der Schlange auswählen? Würden Sie Inci den Vorzug etwa vor einer siebzehnjährigen Bewerberin mit mittlerer Reife und Durchschnittsnote ›gut‹ geben? Wie würden Sie diese Entscheidung gegenüber der Geschäftsleitung oder gegenüber ihrem eigenen Betrieb rechtfertigen?«

»Ich weiß, was Sie meinen, und ich verstehe Ihren Ärger, aber uns sind die Hände gebunden. Wir haben uns an unsere Vorgaben zu halten.«

Da mischte ich mich ein: »Und wenn ich auf einen Teil oder auf das gesamte Ausbildungsgeld verzichte?«

»Das geht nicht, weil Sie dann unter das von uns und dem Sozialamt berechnete Existenzminimum geraten würden. Derartige Konstruktionen dürfen wir nicht subventionieren.«

Jochen stand auf: »Frau Lorenz, wir haben genug gehört und bedanken uns ausdrücklich bei Ihnen, dass Sie uns so genau, umfassend und präzise über die Möglichkeiten informiert haben, die Ihnen rein theoretisch zur Verfügung stehen. Wenn uns das Kunststück gelingen sollte, unter den Voraussetzungen, die Inci vorweisen kann, eine Lehrstelle für sie zu finden, werden wir uns vertrauensvoll wieder an Sie wenden.«

»Ich verstehe Ihren Ärger ja.«

»Ich bin nicht verärgert, ich bin wütend«, schnappte er zurück, hatte sich aber sofort wieder in der Gewalt und meinte versöhnlich: »Aber lassen wir das. Sie können nichts an dem ändern, was sich oben irgendjemand ausgedacht hat und das für die Zielgruppe, an die es sich richtet, sicher ganz gut ist. Ich meine es wirklich so, wenn ich sage, wir bedanken uns für die Mühe, die Sie sich gemacht haben. Vielleicht fällt uns ja doch noch etwas ein, was in Incis Fall zum Ziel führen könnte. Komm Inci!«

Als wir im Café beim Arbeitsamt saßen, bilanzierte Jochen: »Das Förderprogramm, das die jetzt aufgelegt haben, ist schon gut und auch bitter nötig, nur zielt es auf eine ganz andere, relativ kleine Gruppe und bringt in deiner Situation rein gar nichts«.

»Wie meinst du das?«

»Es soll den jungen Frauen helfen, die vor oder unmittelbar nach ihrem Schulabschluss oder ihrer Ausbildung Mutter wurden, die Ausbildung abbrachen und ihre Kinder jetzt alleine erziehen. Wenn sie ihren Sprössling dann im Hort oder in der Ganztagsschule unterbringen, suchen sie einen Weg, um sich als Seiteneinsteiger doch noch ins Berufsleben einzubringen.

Die haben natürlich die Möglichkeit, eine Lehrstelle zu finden. Natürlich hilft es auch jungen Männern in ähnlicher Situation. Nicht immer bleiben ja die Kinder nach der Trennung bei der Mutter.«

»Mir bringt es wirklich gar nichts?«

»Nein. Du gehörst zu denen, die ohne Schulabschluss keinen Ausbildungsplatz finden werden. Diese Gruppe ist um ein Vielfaches größer als die der jungen Mütter. Für euch muss ein ganz neues Förderprogramm aufgelegt werden. Es muss Anreize für den Betrieb schaffen, der Fälle aus deiner Gruppe zusätzlich übernimmt, obwohl er eigentlich keinen Bedarf hat. Dabei muss man bedenken, dass jeder Azubi Zeit und Geld kostet. Die Zeit muss man sich nehmen, weil ihm ja gezeigt werden muss, was er während der Ausbildung lernen soll, und der zusätzliche Arbeitsplatz, der für ihn eingerichtet und unterhalten werden muss, kostet Geld. Es ist schon fraglich, ob wir einen Betrieb finden, der bereit ist, diese Kosten zu übernehmen.«

»Ich verstehe. Wenn jetzt zusätzlich noch ein Lehrlingsgehalt gezahlt werden soll, sprengt das den Rahmen.«

»Spätestens das sprengt den Rahmen dessen, was ein Unternehmer aus sozialer Selbstverpflichtung, wie ich es einmal nennen möchte, zusätzlich zu seinem normalen Ausbildungsprogramm auf sich zu nehmen bereit wäre. Bei den heute üblichen sechs- bis achthundert Euro pro Monat fallen da pro Lehrstelle in zwei Jahren immerhin fünfzehn- bis zwanzigtausend Euro an.«

»Das ist immerhin ein Drittel weniger, als wenn die Lehrzeit drei Jahre dauerte.«

»Das halte ich für einen leider weitverbreiteten Trugschluss.«

»Wieso das?«

»Nach etwa eineinhalb Jahren kommt ein Azubi, der sich ernsthaft um gute Leistung bemüht, in die Phase, in der er allmählich für den Betrieb produktive Arbeit leistet. Damit fließt ein Teil des investierten Geldes an das Unternehmen zurück. Bei der zweijährigen Ausbildung geht dieser Effekt weitgehend verloren.«

»Du meinst, dass deshalb Ausbildungsverträge lieber für drei als für zwei Jahre geschlossen werden?«

»Ja, natürlich. Außerdem musst du bedenken, dass die Betriebe früher so viele ›Lehrlinge‹, wie es einmal hieß, ausgebildet haben, wie sie später für den eigenen Bedarf benötigten. Die Karriere hieß Lehrling, Junggeselle, Geselle. Die Kosten für den Lehrbetrieb waren damals also Investitionen in den eigenen Mitarbeiterstamm. Jede Beziehung zwischen Menschen besteht aus der Balance aus Geben und Nehmen. Vor allem, wenn Arbeitskraft und Geld im Spiel sind. Jeder, der ständig mehr geben soll, als er zurückbekommt, wird sich irgendwann ausgenutzt fühlen.«

»So wie ich beim Imbiss oder bei der ›Axat‹!«

»Genau. Wenn die Betriebe schon bereit sind, mehr Jugendliche auszubilden, als sie später übernehmen, kann man ihnen nicht verdenken, wenn sie sich aus dem Überangebot die heraussuchen, von denen sie die besten Ergebnisse erwarten. Die besten Chancen auf eine Lehrstelle hat der ›ganz normale‹ Jugendliche, der mit vierzehn oder fünfzehn Jahren von der Hauptschule kommend oder mit sechzehn, siebzehn nach der mittleren Reife ins Berufsleben wechselt. Und jetzt kommt etwas ganz Wichtiges: Der noch bei seinen Eltern wohnt, sich also um seinen Lebensunterhalt keine Sorgen machen muss.«

»Welche Rolle spielt das in der Ausbildung?«

»Eine ganz entscheidende. Ausbildung heißt doch Fachwissen erlernen, sich ganz bestimmte berufstypische Fähigkeiten aneignen und seine Allgemeinbildung auf ein höheres Niveau bringen. Der Auszubildende, der seine ganze Kraft in dieses Ziel investieren kann, wird es immer leichter haben als der, der quasi auf einem zweiten Kriegsschauplatz um seine Existenz zu kämpfen hat.«

»Damit meinst du mich? Aber ich habe immer wieder bewiesen, dass ich Zusammenhänge schnell erkennen kann und sehr schnell lerne.«

»Das weiß ich, sonst würde ich ja nicht so sehr für dich kämpfen. Aber eine Lehre durchzuziehen ist doch ein ganz anderes Kaliber, als wenn du Samiye zwei Stunden lang zuschaust, dann weißt, wo du mit deiner Ameise hinfahren musst, um deine Aufträge abzuarbeiten, und so ganz nebenbei noch innerhalb von ein paar Tagen die Schwachstellen eines Systems erkennst.«

»Musstest du das jetzt so sagen?«

»Jetzt sei bitte nicht beleidigt, ich will dich ja gar nicht angreifen. Aber eines musst du erkennen: Nur wenn du deine Situation richtig bewertest, kannst du die nötigen Entscheidungen treffen, um sie zu verbessern.«

»Ist ja gut. Ich bin nicht beleidigt.«

»Wenn du ein Einzelfall wärst, eine seltene Ausnahme, dann könnte man zur Tagesordnung übergehen. Aber du bist ja kein Einzelfall, sondern einer von mittlerweile Hunderttausenden junger Menschen, die in der Schule oder auf dem Weg ins Arbeitsleben scheitern. Du stehst beispielhaft für eine ganz gefährliche Entwicklung mitten in der satten, trügerischen Ruhe unserer sogenannten Wohlstandsgesellschaft. Ich habe recherchiert: Heute besucht nur die Hälfte der fünfzehnjährigen Deutschtürken die Realschule oder gar das Gymnasium. Nur jeder fünfte schafft überhaupt einen Schulabschluss. Jeder dritte bekommt keinen Ausbildungsplatz. Das musst du dir einmal klarmachen: Ein Drittel aller türkischen Kinder, die heute zur Schule gehen, wird später genausohilflos aus dem Arbeitsamt kommen wie du heute. Jeder vierte von ihnen bleibt arbeitslos.«

»Das ist schlimm. Von der Seite habe ich es bisher noch nicht gesehen.«

»Verstehst du jetzt, warum ich vorhin so wütend geworden bin? Die da drin«, er deutete auf das Gebäude des Arbeitsamts neben dem Café, »die da drin präsentieren stolz Programme, die in einigen wenigen speziellen Fällen durchaus greifen. Aber sie kommen mir vor wie ein paar verzweifelte Helfer, die versuchen, mit Gartenschläuchen einen Waldbrand zu löschen. Und das ist noch nicht alles. Die Fakten, die für die türkischen Jugendlichen gelten, kannst du getrost auf alle Migrantenkinder anwenden. Und selbst unter den deutschen Schülern steigt die Zahl derer, die keinen Schulabschluss schaffen, in beängstigendem Maße und hat die der ausländischen Kinder fast schon erreicht. Sie alle werden genauso chancenlos wie du ins Berufsleben gespült. Wenn es so weitergeht, erwartet uns ein Millionenheer in der Unterschicht, wie es heute heißt. Zu ihr zählen auch alle jungen Menschen ohne Ausbildung, weil sie nicht die Voraussetzungen mitbringen, ihren Lebensunterhalt aus eigener Kraft zu verdienen, und finanziell auf den Staat angewiesen sind.«

»Wovon sollten sie sonst leben?«

»Gegenfrage: Wovon wirst du mit deinen Kindern leben? Deutschland will ein Sozialstaat sein, der allen Menschen, die dort leben, das Existenzminimum garantiert. Solange wir das bezahlen können, wird der ›Soziale Frieden‹ weitgehend erhalten bleiben. Ich sage weitgehend, denn es ist abzusehen, dass sich diese noch friedlichen jungen Menschen in zornige junge Menschen verwandeln, wenn sie sich von unserer Gesellschaft betrogen fühlen. Das ist spätestens der Fall, wenn ihre Zahl so groß geworden ist, dass die Gesellschaft sie über Sozialleistungen nicht mehr bezahlen kann. Sie werden sich dann nicht auf Dauer mit einer immer kleiner werdenden ›Überlebensdosis‹

begnügen. Sie wollen am Leben teilhaben, ein neues Auto fahren, in einer behaglich eingerichteten Wohnung fernsehen, sich im Urlaub an den Traumstränden der Welt in der Sonne aalen. Viele von ihnen werden sich einfach das nehmen, was sie haben wollen und was ihnen ihrer Meinung nach zu Unrecht vorenthalten wird. Und es zählen doch nicht nur die Türken, die Russen oder die Ausländer schlechthin zur Unterschicht. Alle Jugendlichen ohne Ausbildung und ohne Aussicht auf einen Arbeitsplatz gehören spätestens dann dazu, wenn sie das Elternhaus verlassen und auf eigenen Beinen stehen wollen – auch die deutschen.«

»Genauso wie ich.«

»Genauso wie du. Und dabei ist die Situation in Deutschland gegenwärtig durchaus paradox: Der großen Zahl von Arbeitslosen steht ein großer Bedarf an Fachkräften gegenüber. Und diese Diskrepanz hat ihre Ursache darin, dass unser Schul- und Ausbildungssystem den Anforderungen der Wirtschaft nicht mehr gewachsen ist. Es produziert zum einen diesen viel zu hohen Prozentsatz von Versagern, die Unterschicht von morgen, die künftig den Sozialetat belasten wird. Zum anderen verlassen viel zu wenige gut ausgebildete Spitzenkräfte unsere Schulen, Lehrbetriebe und Universitäten. Im internationalen Vergleich landet Deutschland abgeschlagen im Mittelfeld oder gar im unteren Drittel. Gegenwärtig kann man eine neue Gastarbeiterwelle bestaunen, allerdings unter umgekehrten Vorzeichen: Früher haben wir mit den Italienern, Spaniern, Griechen und zuletzt mit den Türken deren Arbeitskraft importiert. Heute führen wir das ein, was früher unsere Domäne war: die Elite. Und bei dem Stichwort denke ich wieder einmal, dass du ein Paradebeispiel für alles das bist, was bei einem jungen Menschen überhaupt schieflaufen kann.«

»Jochen, ich kann das nicht mehr hören.«

»Ich weiß. Aber ich kenne dein Potenzial und deinen Willen. Wenn du schon als Kind auch nur halbwegs normal von deinen Eltern und Lehrern unterstützt worden wärst, hättest du wahrscheinlich problemlos das Abitur geschafft, du wärst vor etwa vier Jahren mit dem Studium fertig geworden, könntest heute in einem akademischen Beruf arbeiten und entsprechend verdienen. Du würdest Steuern an den Staat bezahlen, statt von ihm Unterstützung zu erhalten.«

»Außerdem hätte ich Sila und Umut wesentlich intensiver in der Schule unterstützen können.«

»Was folgt daraus? Dass sich die Fehler, die bei dir in der Kindheit gemacht wurden, bis in die nächste und voraussichtlich sogar noch in die übernächste Generation auswirken. Und solche Konstellationen gibt es zuhauf.«

»Ja, stimmt. Im Moment sieht es bei Sila und Umut ja ganz gut aus, aber wenn ich an die erste Zeit denke, als wir aus Izmir gekommen waren. Es war mehr als problematisch. Umut war gerade sieben und nur kurz in die türkische Vorschule gegangen. Außer ›Tschüss‹ verstand er kein einziges Wort Deutsch. Trotz Vorschulkindergarten, Vorschule und Grundschule fing er erst in der zweiten Klasse allmählich an, die Lehrer zu verstehen. In der dritten Klasse bekam er endlich gezielt türkisch-deutschen Unterricht in einer anderen Schule, und erst als er die dritte Klasse wiederholt hatte, ging's aufwärts. Und sie mussten ja immer alles alleine schaffen! Wenn ich beispielsweise von Kader höre, wie viel Muhsin mit den Jungen lernt. Stattdessen zittere ich, dass Umut das mit der Realschule hinkriegt.«

»Dabei heißt es landauf, landab, ›unsere Jugend ist unser Kapital‹. Meistens Lippenbekenntnisse und Wahlkampfparolen. Klar ist doch, dass es kein Land auf Dauer verkraften kann, wenn es sein größtes Kapital so brachliegen lässt wie wir die Fähigkeiten unserer Kinder und Jugend.«

»Was würdest du denn ändern?«

»Wir müssen umdenken, und ich nehme dich wieder als Beispiel. Gerade hat dir das Arbeitsamt angeboten, zwei Jahre lang deine monatlichen Kosten zu übernehmen. Dass sie bei dieser Rechnung das Kindergeld abziehen, kann ich noch akzeptieren. Was in dem Paket aber völlig fehlt, ist der Ausgleich deiner schlechteren Voraussetzungen beim Suchen einer Lehrstelle. Ob der nun in Form eines finanziellen Anreizes für den Betrieb besteht, der dich nimmt, obwohl er dich eigentlich gar nicht braucht, oder ob die Kommunen besser eigene Ausbildungszentren in schulähnlichen Institutionen aufbauen, die eng mit Industrie und Handwerk zusammenarbeiten und beispielsweise den heutigen Berufsschulen angeschlossen werden könnten, kann ich nicht beantworten. Eines steht für mich aber so gut wie fest: Wir werden auf dem normalen Weg über Bewerbungen unter dem üblichen Ausleseverfahren durch die Personalabteilungen keinen Lehrbetrieb für dich finden. Das heißt, der Staat wird dich nicht nur für zwei, drei Jahre finanziell unterstützen müssen, sondern auf Jahre hinaus. Das wird erheblich teurer und dein Potenzial, das du einbringen könntest, geht unwiderruflich verloren. Das habe ich vorhin gemeint, als ich sagte, man müsse unter Umständen sogar für einen gewissen Zeitraum wesentlich höhere Kredite in Anspruch nehmen als bisher. Diese Kredite würden sich aber hinterher um ein Vielfaches zurückzahlen. Für Erfolge im Sport werden Milliarden ausgegeben, und Millionen zittern mit. Natürlich ist es aufregend, befriedigend und ehrenvoll, Weltmeister zu werden – wenn auch nur Weltmeister der Herzen. In der Bildung wieder an die Weltspitze zu gelangen bedeutet mehr als Aufregung, Befriedigung und Ehre – das ist die Voraussetzung dafür, dass wir uns im Haifischbecken der Globalisierung behaupten. So, das war's, jetzt geht es mir besser.«

Jochen atmete durch, lehnte sich auf der Bank zurück und bestellte noch einen Kaffee.

»Und jetzt reden wir über dich, und wie's mit dir weitergeht«, fuhr er fort, nachdem er ein paar Schlucke genommen hatte.

»Über was willst du denn noch reden? Du hast mir ja gerade klipp und klar gesagt, dass ich keine Chance habe.«

Sofort versuchte Jochen, mich mit seinem Optimismus anzu-stecken: »Auf dem offiziellen Weg. Wir müssen versuchen, auf der privaten Schiene etwas zu finden. Ich muss mit ein paar Leuten telefonieren. Am Freitag habe ich einen Termin, der viel-leicht zu einem Ergebnis führen könnte.«

Er telefonierte in den kommenden Tagen und Wochen mit Gott und der Welt. Wir hatten Tag für Tag neue Termine. Mindestens zwei Stunden diskutierten wir mit dem Vorsitzenden der Kreis-handwerkskammer, welcher der rund fünfzehnhundert Betrie-be, die in der Kammer organisiert waren, für mich infrage kom-men könnte. Er führte etliche Telefongespräche, vergeblich. Dann brachte mich Jochen zum obersten Stellenvermittler der hiesigen Industrie- und Handelskammer, der nahm sich viel Zeit für uns – ebenfalls ohne Ergebnis. Wir besuchten einige Betriebe, in denen Jochen Freunde hatte.

Ich kannte die Gestaltungsprogramme, mit denen die Grafi-ker dort auf den Computern arbeiteten, und ich hätte am liebs-ten gleich angefangen. Er zeigte mir zwei Druckereien, war mit mir in der Redaktion und der Herstellung seiner Zeitung. Vier seiner Bekannten wären bereit gewesen, mich nach Vorschrift auszubilden, ich hätte in zwei Jahren meine Prüfung bei der IHK ablegen können. Sie hätten mich genommen, Jochen zu-liebe oder weil ihnen meine Geschichte imponiert hatte. Sie hätten die zusätzliche innerbetriebliche Belastung akzeptiert, nicht aber das Lehrlingsgehalt. Jochen verhandelte zweimal, sogar dreimal mit dem Arbeitsamt. Aber dort hieß es nur: »Wir müssen darauf bestehen, dass der Betrieb sich an den Ausbildungskosten beteiligt.« Damit war der Traum endgültig geplatzt.

Selbst Jochen gab es zu, als er mir bei einem Tee in meiner Küche deprimiert gestand: »Ich komme mir vor wie Don Quijote. Ich glaube, wir haben verloren.«

Er erzählte mir noch die Geschichte vom Ritter von der traurigen Gestalt, von dem ich bis dahin noch nie gehört hatte. Und ich fragte mich, warum Ritter immer Männer sein müssen.

Die Zukunft sind die Kinder

Schulabschluss

»Warum machst du so ein Gesicht?« Mir schwante Böses, als Sila von der Schule nach Hause kam.

»Mama, ich bin durchgefallen, ich hab's nicht gepackt.« Sie bestätigte meine schlimmsten Befürchtungen. Nicht mal einen Hauptschulabschluss! Ich vergrub das Gesicht in den Händen.

»Mami, es wird schon irgendwie weitergehen.«

»Ja, irgendwie schon.« Ich versuchte, meine Verzweiflung zu verbergen. Auf einmal lachte Sila los, aus ihren Augen sprühten förmlich die Funken.

»Mami, dir kann man echt alles erzählen. Ich wollte nur mal sehen, wie du reagierst. Ich hab bestanden. Und was so irrsinnig ist, mit einer glatten Drei-Komma-null.«

Für Minuten brachte ich keinen Ton heraus, nahm sie einfach in die Arme und drückte sie an mich.

»Hast du das Zeugnis dabei?«

»Nein, nächsten Freitag haben wir eine Abschlussfeier in der Stadthalle. Dort bekommen wir sie vor allen Leuten. Mama, kannst du Jochen fragen, ob er kommt und Fotos macht?«

»Mach das doch selbst.«

»Mama, ich trau mich nicht. Bitte, bitte ruf ihn an!«

Ich wählte seine Nummer. Er war sofort am Apparat.

»Jochen, kommst du am Freitag um elf Uhr in den kleinen Saal der Stadthalle?«

»Warum, um was geht's?«

»Lass dich überraschen, aber bitte komm.«

»Ich bin ja jetzt schon völlig überrascht, vor allem darüber, dass du mir einen Termin mal eine Woche vorher mitteilst. Sehr ungewöhnlich. Wie könnte ich da Nein sagen?«

»Bitte sei pünktlich.«

»War ich schon jemals unpünktlich? Ich komme höchstens mal zu spät. Und dann habe ich einen Grund.«

Das ist Jochen, dachte ich und bat ihn: »Noch etwas: Bringst du deine Kamera mit?«

»Was gibt's denn zu fotografieren?«

»Du wirst es sehen.«

Er kam genau zwei Minuten nachdem alle Platz genommen hatten, suchte mit den Augen den Saal ab, sah den freien Stuhl neben mir, schob sich durch die Reihe und setzte sich ein wenig atemlos.

Mit einem Kopfnicken deutete ich auf die Schüler und Schülerinnen, die vorne saßen, die Gesichter uns zugewandt. Da entdeckte er Sila. Ich sah förmlich, wie bei ihm der Groschen fiel.

»Hat Sila bestanden?«

»Mit einer glatten Drei.«

»Halleluja«, rief er so laut, dass sich alle umdrehten. Mir war's egal. Ich war so stolz. Das Schulorchester spielte, der Direktor, die Elternvertreter, der Schulsprecher hielten kurze Ansprachen. Die Worte gingen einfach an mir vorbei. Ich sah nur Sila unter den anderen sitzen und hatte nur den einen Gedanken: Sie hat es geschafft. Ohne ein Wort Deutsch zu sprechen, musste sie damals in die fünfte Klasse Hauptschule. Sie hat es geschafft! Der Direktor und die Klassenlehrer riefen jeden einzeln zu sich, und als Sila an der Reihe war, in ihrem langen, dunkelblauen Samtkleid zu ihnen auf die Bühne ging, die Gratulationen und ihr Zeugnis entgegennahm, platzte ich fast vor Stolz.

»Jetzt gehen wir ins Café. Ich lade euch zu einer Flasche Sekt ein«, forderte uns Jochen auf. Als wir anstießen, gratulierte er Sila und fragte:

»Sila, worüber ich schon lange nachdenke und wovor ich den allergrößten Respekt habe ist, dass du ohne auch nur ein Wort Deutsch zu sprechen hier direkt in die fünfte Klasse der Hauptschule gegangen bist. Wie hast du es geschafft, da im Unterricht mitzukommen?«

»In der Schule wurden Deutschkurse für Ausländer aller Sprachen angeboten. Dort wurde nur Deutsch gesprochen. Die verschiedenen Begriffe wurden mit Zeichen und Bildern erklärt. Wir Ausländerkinder trafen uns dort jeden Tag für zwei Stunden. Außerdem habe ich in einer anderen Schule einen Förderkurs gemacht, der dort speziell für Türken angeboten wurde. Nach zwei Jahren konnte ich schon recht gut reden. Ich habe aber auch mein Türkisch nicht vernachlässigt. In der Familie sprach sowieso keiner ein Wort Deutsch, weder meine Mutter, noch Oma und Opa, Onkel oder Tanten, wir Kinder selbstverständlich auch nicht. Später, als ich in der Hauptschule gut zurechtgekommen bin, habe ich auch türkischen Unterricht besucht.«

»Gut, damit bist du vielleicht hier im Café zurechtgekommen, oder konntest jemanden nach dem Weg fragen. Wenigstens in den ersten zwei Jahren musst du doch erhebliche Probleme in der Schule gehabt haben, wenn du im Unterricht nichts verstanden hast. Wie hast du den Stoff gelernt?«

»Jochen, du wirst lachen, das kannte ich alles schon. Mir war immer klar, worüber sie redeten, auch wenn ich die Worte nicht verstanden habe. Ich bin ja in Izmir fünfeinhalb Jahre zur Schule gegangen. Da stand im Wesentlichen das gleiche im Stundenplan. Rechnen, Ethik, Erdkunde, Geschichte, Sport. Ab der vierten Klasse kamen Englisch und Arabisch dazu. In der Türkei waren wir allerdings im Stoff wesentlich weiter als hier. Was wir dort schon in der zweiten, dritten, vierten Klasse gelernt hatten, kommt hier erst in der sechsten, siebten dran.«

»Kannst du mir ein Beispiel nennen?«

»Bruchrechnen. Damit arbeiteten wir schon in der dritten Klasse. In Deutschland ging's erst Ende der fünften damit los. Wir waren ganz allgemein viel, viel weiter als hier, in allen Fächern. Auch die Abschlussprüfung an der Hauptschule stellt wesenlich höhere Anforderungen als hier.«

»Wie habt ihr das geschafft? Es stöhnen ja hier schon alle. Sind in der Türkei nicht viele auf der Strecke geblieben?«

»Nein, obwohl fünfzig bis sechzig Schüler in einer Klasse zusammen kamen. Jungs und Mädchen. Aber dort herrschte eiserne Disziplin. Bis zur dritten Klasse haben die Lehrer morgens sogar bei jedem Einzelnen die Fingernägel kontrolliert. Ohrfeigen gehörten zum Alltag, Schläge mit einem Metallstock auf die Finger war eine ihrer Spezialitäten.«

»Wirklich? Bei uns hieß das ›Tatzen‹. Seit über fünfzig Jahren ist das Schlagen von Schülern streng verboten.«

»Ich weiß. Bei uns gehörte es halt dazu, es war die Normalität, wir kannten es nicht anders. Aber es herrschte Disziplin, und es wurde gelernt. Und wir haben zusammengehalten.«

»Es ist eine alte Erfahrung: Druck schweißt eine Gemeinschaft zusammen.«

»Klar, jeder hat jedem geholfen. Ich glaube, ich war insgesamt einfach erfahrener und weiter als die Schüler in Deutschland. Deshalb hatte ich es hier relativ leicht.«

»Werden Schüler in der Türkei heute noch geschlagen?«

»Ich weiß es nicht. Ich möchte noch etwas sagen: Dadurch, dass ich den ganzen Stoff schon kannte, als er hier drankam, und ich immer wusste, worüber sie gerade redeten, habe ich das Deutsch gelernt, das ich in der Schule brauchte, um den

Stoff zu verstehen. Das Einzige, was mir bis zuletzt schwer gefallen ist, war Grammatik. Viel geholfen hat mir auch, dass wir in der Schule untereinander ausschließlich Deutsch geredet haben, egal, aus welchem Land wir kamen. Außerdem hatte ich viele deutsche Freundinnen.«

»Welche Deutschnote steht jetzt in deinem Abschlusszeugnis?«

Sie sucht es aus ihrer Tasche und zeigt es Jochen.

»Donnerwetter, eine glatte Drei«, höre ich ihn sagen und noch immer fühle ich mich so stolz wie vorhin in der Stadthalle, als Sila ihr Zeugnis bekam. Und nicht das erste Mal kommt mir der Gedanke, dass es nun bald Sila sein könnte, die eine Lehrstelle sucht, obwohl sie sich zunächst für eine weiterführende Schule entschieden hat.

Epilog

Nach der Pleite bei meiner eigenen Suche nach einer Lehrstelle, und nachdem selbst Jochen kapituliert hatte, wechselte ich von einer Hilfsarbeit zur anderen. Mal über die »Axat«, mal fand ich direkt etwas. Mehr als das Arbeitsamt erlaubte, durfte ich im Monat nicht dazuverdienen. Ich hatte mein Ziel verloren. Ich hatte den Kampf um eine bessere Zukunft, um meine Unabhängigkeit aufgegeben.

Eines Abends rief Hüseyin mich an: »Kommst du runter zum Fluss, ich möchte, dass wir miteinander reden.«
    Seit ich wieder in Deutschland lebte – und das sind mittlerweile sieben Jahre –, hatte ich mich immer wieder mal mit ihm getroffen. Hüseyin war die erste Liebe meines Lebens, wir hatten uns sogar verlobt. Doch das passte nicht in die Pläne meiner Mutter. Wie hatte ich von Hüseyin geträumt in den langen Jahren meiner aufgezwungenen Ehe mit Hikmet. Hüseyin galt mein erster Besuch, als ich wieder in unsere kleine Stadt zurückkehrte. Und wie enttäuscht war ich, als ich einen ganz normalen Mann vorfand, dem Alkohol zur Gewohnheit geworden war. Hüseyin war nicht aggressiv oder einer, der sich um seinen Besitz trank, aber immer, wenn wir uns trafen, roch er nach Alkohol. Und ich kann seit meiner Kindheit Männer, die nach Alkohol riechen, nun mal nicht ertragen. Fast täglich hatte Onkel Halil damals seine Kinder vor mei-

nen Augen zusammengeschlagen. Noch heute sehe ich ihn, Raki-fahne voran, zur Zimmertür hereinwanken, mit glasigem Blick ein fingerdickes Eisenrohr schwingen und brutal zuschlagen. Einen Grund fand er fast täglich, und nicht immer konnte uns Oma vor ihm schützen.

Doch Hüseyin roch diesmal nicht nach Alkohol, als wir neben-einander auf der Bank saßen, das Wasser vorbeifließen sahen und unseren Gedanken nachhingen.

Ganz leise fing er an zu reden: »Ich will mein Leben in Ordnung bringen. Sieh mal, wie alt wir schon geworden sind. Wie soll das wei-tergehen? Fangen wir beide doch noch mal zusammen bei null an. Ich verspreche dir auch, nichts mehr zu trinken.«

»In Ordnung«, sagte ich knapp, »treffen wir uns morgen und gehen mit den Kindern essen.«

Die Kinder kannten Hüseyin, wir waren schon öfter gemeinsam weggefahren oder beim Baden gewesen. Sie verstanden sich gut. Trotzdem fielen sie aus allen Wolken, als ich ihnen am nächsten Tag eine Ankündigung machte:

»Kinder, Hüseyin und ich haben beschlossen zusammenzuzie-hen.« Hüsein war überrascht darüber, wie direkt ich war. Sieben Jahre lang hatte er mit mir darüber geredet, und jetzt ging es so plötzlich. Manchmal wundere ich mich selbst darüber, wie schnell ich solche Entscheidungen treffe.

Gleich am nächsten Morgen rief ich Papa zum ersten Mal wie-der an: »Seid ihr zu Hause? Ich werde euch besuchen mit den Kin-dern und dem Mann, den ich heiraten werde.«

»Hüseyin, du bist es?«, Mutter war fassungslos, als wir alle vier bei ihnen auftauchten. Letztlich zeigte sie sich aber zufrieden darü-ber, dass ich mir wenigstens einen Türken ausgesucht hatte.

So habe ich mich mit meinen Eltern und meinen Geschwistern wieder versöhnt. Sie sind meine Familie. Ich bin ihre Tochter und Schwester. Ich hatte sie gehasst, sie waren von meinem Hass verletzt gewesen. Zwei Jahre lang hatte ich jeden Kontakt mit meinen Eltern abgelehnt. Papa war ich in dieser Zeit sogar einmal im Supermarkt begegnet. Wir liefen aneinander vorbei wie Fremde, haben zur Seite geschaut, uns nicht einmal begrüßt. Das ist vorbei. Was passiert ist, spielt keine Rolle mehr. Jetzt gehören wir wieder zusammen.

In den ersten Tagen und Wochen stritten Hüseyin und ich, dass die Fetzen flogen. Vor allem bekamen wir erbitterten Streit über das, was vor zweiundzwanzig Jahren passiert war. »Warum warst du damals so schwach? Warum bist du nicht einfach mit mir fortgegangen? Warum hast du mich im Stich gelassen?«, warf ich ihm wieder und wieder vor.

Und er antwortete jedes Mal: »Du hättest mich damals nicht in den Griff bekommen. Glaub mir, ich war furchtbar. Du kannst heilfroh sein, dass wir damals nicht zueinandergefunden haben.«

Schließlich haben wir uns zusammengerauft.

Ein Jahr später, an einem Sommernachmittag im Juni 2007. Im Krankenhaus in unserer kleinen Stadt. Ich liege im Bett und döse vor mich hin, als sich die Zimmertür öffnet. Ich schlage die Augen auf. Vor mir steht Papa, Mutter hinter ihm.

»Da ist sie ja«, strahlt Papa. Und er meint nicht mich, sondern beugt sich über mich hinweg und nimmt das Baby auf den Arm, hebt es hoch und zeigt es Mutter.

»Das ist also Nisa, unsere jüngste Enkeltochter.«

Nisa kräht ihnen fröhlich entgegen.

Jetzt bin ich eine richtige türkische Hausfrau geworden. Statt am Computer zu sitzen, lerne ich, wie man gut kocht. Es ist schade, dass ich den Kampf um meine Unabhängigkeit verloren habe. Aber es tut nur noch manchmal weh. Ich war an dem Punkt, an dem ich aufhören wollte zu atmen. Nisa ist der Grund, warum *ich wieder damit angefangen habe. Sie schläft ganz ruhig im Schlafzimmer in meinem Bett. Hüseyin ist zur Arbeit gefahren. Sila übernachtet zur Zeit bei Eda in der Nachbarstadt. Sie geht dort zur Abendschule, wird nächstes Jahr die mittlere Reife abschließen und will dann weitermachen bis zum Abitur. Umut ist in der Schule. Er hat Schwierigkeiten in Englisch. In den ersten zwei, drei Jahren seiner deutschen Schulzeit hat er mehr versäumt, als er bisher aufholen konnte. Jochen sitzt bei mir in der Küche. Wir trinken Tee.*

»Weißt du, Jochen«, sage ich, »manchmal muss ich wirklich darüber nachdenken, was aus mir hätte werden können, wenn alles vom ersten Tag meines Lebens an besser gelaufen wäre.«

Nachbemerkung

»Ich bin Türkin«, antwortete sie stolz, als ich sie zum ersten Mal sah. Sie saß am anderen Ende der Bar in Sepps »Chaiselongue«, dem Café, in dem sie damals arbeitete. Obwohl die Gäste sich dicht an dicht zwischen uns drängten, konnte ich ihre Ausstrahlung spüren. Ich ging zu ihr und sprach sie an. Das war im Herbst 2000. Türkische Frau zu sein, bekennt sie mit Stolz bis heute. Trotz aller seelischen und körperlichen Brutalität, die ihr durch die Zwänge der frauenverachtenden Tradition ihres Heimatlandes widerfahren ist.

Für mich ist sie Europäerin der ersten Stunde. Ich glaube, sie hätte die Fähigkeiten gehabt, selbst eine der großen zu werden, wenn das Schicksal andere Voraussetzungen für sie bereitgehalten hätte. Während der fast vier Jahrzehnte in meinem Beruf als Journalist habe ich viele hochintelligente Menschen in allen Positionen kennengelernt. Aber nicht einen, dessen Intelligenz, dessen außergewöhnliche Veranlagung von Kindheit an mit einer derartigen Konsequenz zugeschüttet worden war. Wie ein Schwimmer, der unter Wasser gedrückt, nach dem vielzitierten Strohhalm greift, hat sie sich dabei instinktiv das bewahrt, was sie trotz allem am Leben hielt: ihren unzerbrechlichen Stolz.

Und ihre Ehrlichkeit, mit der sie den Menschen begegnet.

Und die Wahrhaftigkeit, mit der sie mir ihre Geschichte erzählte. Wie oft haben wir um kleinste Nuancen gerungen.

Auf eines sind wir beide stolz: Wir hatten während der wochenlangen Gespräche, in denen sie ihr Schicksal schilderte, kein Wörterbuch nötig. Mittlerweile sprechen wir in unserer eigenen Sprache, und wenn uns die Worte fehlten, spielte sie mir die jeweilige Szene wie auf einer Bühne vor.

Eines beeindruckte mich von Anfang an zutiefst: Nicht nur, dass sie sich von all dem Schrecklichen, das sie erlebt hat, nicht zerbrechen ließ, sondern, dass dabei ihr Humor nicht auf der Strecke blieb. Ich kenne wenige, die spontan so herzhaft lachen und an kleinsten Dingen so viel Freude haben können wie sie.

Spätestens seit der PISA-Studie begreift unsere Gesellschaft langsam, welch gefährliche Dynamik die mangelhafte Bildung vieler unserer Kinder und Jugendlichen in sich birgt. Immer mehr Politiker und namhafte Persönlichkeiten melden sich zu diesem Thema zu Wort. Heute morgen, am 25. Juli, an dem Tag, an dem ich diese Nachbemerkung schreibe, zitierte der Südwestfunk den Direktor der Caritasdiözese Speyer, Prälat Alfons Henrich. Er brachte das Problem auf den Punkt:

»Wenn in jedem Jahr neun Prozent der deutschen und neunzehn Prozent der ausländischen Jugendlichen die Schule ohne einen Abschluss verlassen, ist das alarmierend. Die Gesellschaft kann es sich nicht leisten, ihre Kinder so zu vernachlässigen. Kinder sind angewiesen auf Menschen, die sie auf dem Weg in das Erwachsensein unterstützen und ihre Stärken fördern. Das bedeutet, jungen Menschen Mut zu machen, wenn sie auf Hindernisse stoßen.«

Rund eine Million jugendliche Schulabgänger weist das Statistische Bundesamt Jahr für Jahr aus. Über hunderttausend von ihnen werden demnach ohne Schulabschluss ins Berufsleben geworfen. Insofern steht das Schicksal der Inci Y. längst nicht mehr allein für das türkischer Mädchen und Frauen.

Jochen Faust im Juli 2007